마르크스주의자들의 여성해방론

콜론타이·체트킨·레닌·트로츠키 저작선

국립중앙도서관 출판예정도서목록(CIP)

마르크스주의자들의 여성해방론 : 콜론타이 · 체트킨 · 레닌 · 트로츠키 저작선 / 지은이: 알렉산드라 콜론타이, 클라라 체트킨, 블라디미르 레닌, 레온 트로츠키 ; 엮은이: 정진희. -- 서울 : 책갈피, 2015
p. ; cm

원저자명: Alexandra Kollontai, Clara Zetkin, Vladimir Lenin, Leon Trotsky
ISBN 978-89-7966-112-5 03300 : ₩13000

여성 해방 이론[女性解放理論]
마르크스 주의자[--主義者]

337.2-KDC6
305.42-DDC23 CIP2015015764

마르크스주의자들의 여성해방론

콜론타이·체트킨·레닌·트로츠키 저작선

알렉산드라 콜론타이, 클라라 체트킨,
블라디미르 레닌, 레온 트로츠키 지음 | 정진희 엮음

책갈피

마르크스주의자들의 여성해방론
콜론타이·체트킨·레닌·트로츠키 저작선

지은이 | 알렉산드라 콜론타이, 클라라 체트킨, 블라디미르 레닌, 레온 트로츠키
엮은이 | 정진희
펴낸곳 | 도서출판 책갈피

등록 | 1992년 2월 14일(제2014-000019호)
주소 | 서울 성동구 무학봉15길 12 2층
전화 | 02) 2265-6354
팩스 | 02) 2265-6395
이메일 | bookmarx@naver.com
홈페이지 | http://chaekgalpi.com

첫 번째 찍은 날 2015년 6월 15일
두 번째 찍은 날 2017년 1월 16일
세 번째 찍은 날 2019년 6월 10일

값 13,000원

ISBN 978-89-7966-112-5 03300
잘못된 책은 바꿔 드립니다.

차례

3장 러시아 혁명과 여성해방

4장 사회주의와 가족

일러두기

1. 이 책은 알렉산드라 콜론타이, 클라라 체트킨, 블라디미르 레닌, 레온 트로츠키가 여성해방에 관해 쓰거나 연설한 내용을 *Alexandra Kollontai on Women's Liberation*(Bookmarks, 1998), *Clara Zetkin: Selected Writings*(International Publishers, 1984), *Lenin: On the Emancipation of Women*(Progress Publishers, 1974), *Leon Trotsky: Women and the Family*(Pathfinder Press, 1973)와 https://www.marxists.org에서 골라 번역한 것이다. 대부분 영역본을 한글로 옮겼지만 간혹 러시아어나 독일어 원본과 대조해 최대한 원문에 가깝게 번역했다.

2. 인명과 지명 등의 외래어는 최대한 외래어 표기법에 맞춰 표기했다.

3. 《 》 부호는 책과 잡지를 나타내고 〈 〉 부호는 신문, 주간지를 나타낸다. 논문은 " "로 나타냈다.

4. 본문에서 [ ]는 옮긴이나 엮은이가 독자의 이해를 돕거나 문맥을 매끄럽게 하려고 덧붙인 것이다. 영어판 편집자가 덧붙인 것은 [— 영어판 편집자]로 표기했다.

5. 본문의 각주는 옮긴이나 엮은이가 넣은 것이다. 영어판 편집자나 지은이의 각주는 각각 ' — 영어판 편집자', ' — 지은이'로 표기했다.

6. 원문에서 이탤릭체로 강조한 부분은 고딕체로 나타냈다.

엮은이 머리말

오늘날 여성은 과거 어느 때보다 모순된 상황에 처해 있다. 21세기에 여성은 대다수 나라에서 법률상 상당한 평등을 성취했고 교육과 사회적 노동에 매우 높은 비중으로 참가하며 '성 평등'이 이제 주류 정치 담론이 됐다. 하지만 여성이 처한 현실은 여전히 평등과 거리가 멀다. 여성은 직장에서 임금과 노동조건의 체계적 차별을 받고, 여전히 가사와 양육의 주된 책임을 맡으며, 날로 확산되는 성 상품화 속에서 여성 비하나 편견 등에 시달리고 있다.

이런 모순에 더해, 2000년대 들어 신자유주의와 제국주의 전쟁에 맞서는 운동이 성장하면서 국제적 차원에서 페미니즘이 새로운 부흥을 맞았다. 특히 2007~2008년 글로벌 경제 위기 이후 많은 나라에서 긴축정책의 형태로 지배계급의 공격이 강화되면서 이에 맞선 저항도 일부 성장하고 불균등하게나마 급진화가 계속되고 있다.

페미니즘의 부흥은 북미와 유럽에서 두드러지는데, 1980~1990년대 서구의 여성운동과 1990년대 초 이후 한국의 여성운동을 지배한 정체성 정치의 파편성을 극복하려는 '새로운 페미니즘'이 위의 반자본주의적 급진화의 일환으로 부상했다('새로운 페미니즘'은 단일한 경향이 아니고 이질적 경향들이 뒤섞인 다원적 모습을 띤다). 이런 급진화 속에서 최근 몇 년 새 서구의 페미니스트들 사이에서는 특히 마르크스의 자본주의 비판과 마르크스주의적 여성해방론(가령 리스 보걸)에 대한 관심이 되살아나고 있다.

소련 붕괴(1991년) 이후 한국의 여성운동에서는 마르크스주의를 스탈린주의와 동일시하면서 여성해방과 무관한 것으로 간단히 기각하는 경향들이 주류가 됐다. 여성 억압에 대한 유물론적 분석을 거부하고, 가족제도를 자본주의 착취 구조에서 분리해 남성의 지배욕에 따라 작동하는 것으로 설명하는 분석들이 페미니즘의 주류를 이뤘다. 여성 차별을 더 넓은 자본주의적 사회관계와 체제 운영 원리에 근거해 파악하지 않다 보니 다양한 여성 차별이 남성의 욕망이나 심리 탓으로 설명되기 일쑤였고, 국가나 기업이 자행하는 여성 차별도 계급을 초월한 남성들의 공모로 흔히 설명됐다.

이런 분석은 여성의 삶이 역사적으로 크게 변화해 온 것과, 특히 현대 자본주의에서 여성이 처한 모순된 현실(많은 평등 조치가 제도화되고 성과 결혼이나 가족에 대한 사람들의 태도가 개방적으로 바뀌면서 여성의 권리가 신장되는 반면, 다수 여성의 삶이 크게 나아지지 않거나 심지어 더욱 악화되기도 하는)을 종합적으로 설명할 수 없었다. 무엇보다 여성 차별의 물질적 토대를 파악하지 못함으로써 여성해방을 어떻게 이룰 수 있는지 그 전망과 전략을 제시하지 못했다.

1990년대에 평등을 강화하는 개혁 입법들이 있었지만, 자본주의의 구조는 그대로 남음으로써 그런 개혁은 종종 상징적 조처에 머물렀고 흔히 정치인들의 생색내기에 그쳤다. 1997년과 2008년에 경제 위기를 겪으며 정부가 시행한 내핍 정책들로 말미암아 노동계급 여성들에게 법적 개선과 현실 사이의 간극은 더욱 커졌다.

지난 수십 년 동안 세계적으로 유행한 신자유주의 정책들로 기업주와 부유층이 더욱 부유해지면서 여성들 사이의 양극화도 심화됐다. 이제 한국을 포함한 세계의 많은 나라에서 극소수 여성이 정치·경제 권력의 핵심 부위를 차지하고 있지만, 대다수 여성의 삶은 그들과 현격히 다르다. 그뿐 아니라 노동계급 여성들의 삶은 지배계급 여성들이 같은 계급 남성들과 손잡고 벌이는 공격으로 갈수록 악화되고 있다.

2008년 위기로 드러난 자본주의의 구조적 위기가 지금껏 해결되지 않으면서 전 세계에서 노동계급과 서민의 삶을 파괴하고 있는 오늘날, 대다수 여성의 해방은 자본주의 체제에 맞선 투쟁과 분리될 수 없다는 것이 더욱 분명해지고 있다. 따라서 오늘날 여전히 심각한 여성 차별에 맞서 싸우고자 하는 사람들에게는 자본주의에 대한 근원적이고 총체적인 비판과 함께 근본적 체제 변혁 전략을 제시할 수 있는 마르크스주의 이론이 그 어느 때보다 절실하게 필요하다.

19세기 후반과 20세기 초반의 격변기에 활동하며 사회의 근본적 변혁을 위해 치열하게 투쟁한 알렉산드라 콜론타이(1872~1952), 클라라 체트킨(1857~1933), 블라디미르 레닌(1870~1924), 레온 트로츠키(1879~1940) 같은 혁명적 마르크스주의자들이 여성해방에 관해 쓰거나 연설한 내용 일부를 소개하는 책을 지금 펴내는 까닭이다. 고전 마르크스주의자들이 여성해방을 위해 투쟁한 역사를 오늘날 기억하는 사람들은 많지 않다. 그렇지만 지금처럼 불황이 장기화하고 국가 간 지정학적 갈등이 심화되는 시기에 불황과 세계대전 그리고 혁명의 시대를 살아간 마르크스주의자들이 여성해방을 위해 내놓은 분석과 실천적 경험을 곱씹어 보는 건 여러모로 유익할 것이다.

이 책은 알렉산드라 콜론타이, 클라라 체트킨, 블라디미르 레닌, 레온 트로츠키가 여성해방에 관해 쓰거나 연설한 내용을 영문 번역 출판물과[1] '마르크시스트 인터넷 아카이브'에서[2] 골라 번역했다. 대부분 영역본을 한글로 옮겼지만 간혹 러시아어나 독일어 원본과 대조해 원문에 가깝게 번역했다. 번역은 이수현, 이승민, 정종수가 나눠 맡아 수고해 줬다.

여기 실린 글들은 여성해방에 대한 마르크스주의자들의 접근법과 실천을 잘 보여 주는 글로서, 오늘날의 실천에 유용한 주제를 중심으로 골랐지만 그 글에 담긴 역사적 의미도 중요하게 고려했다. 여성해방에 대한 마르크스주의적 기여로서 여성 혁명가들인 콜론타이와 체트킨의 글이 가장 잘 알려져 있지만, 남성 혁명가들도 여성해방 투쟁에서 중요한 기여를 했기에 러시아 혁명의 지도자 레닌과 트로츠키의 글도 여기에 담았다. 1925년에 발표된 체트킨의 "레닌에 대한 회상"은 유명한 글이지만 이 책에 싣지 않았다. 체트킨이 1920년에 레닌과 대화를 나눈 지 5년이나 지나 레닌 사후에 "회상"이 출판돼 레닌의 진의가 왜곡됐을 가능성이 여러 차례 제기됐다.[3] 그래서 진위 논란이 없고 레닌의 여성해방에 관한 전반적 접근법을 더 잘 보여 주는 레닌 자신의 글과 연설문을 실었다.

이 책이 여성해방을 위한 고전 마르크스주의자들의 통찰과 실천을 이해하는 데 보탬이 되고, 근본적 사회변혁과 여성해방을 향한 투쟁에 영감을 불어넣길 바란다.

2015년 6월

엮은이

후주

1 *Alexandra Kollontai on Women's Liberation*, Bookmarks, 1998, *Clara Zetkin: Selected Writings*, International Publishers, 1984, *Lenin: On the Emancipation of Women*, Progress Publishers, 1974, *Leon Trotsky: Women and the Family*, Pathfinder Press, 1973.

2 https://www.marxists.org

3 콜론타이 전기 작가 포터나 프랑스 학자 나바이, 서울대 한정숙 교수도 체트킨의 "회상"이 일반에 공개된 시점에 의혹을 제기했다. 콜론타이의 비판자들이 당시 화제를 모으던 콜론타이의 '날개 달린 에로스'론을 공격하고자 레닌이 콜론타이의 견해를 비판한 것인 양 진의를 왜곡했을 가능성이 농후하다는 것이다(《여성주의 고전을 읽는다》, 한길사, 2012). 러시아 혁명 전후 동성애에 대한 태도 변화를 연구한 옥스퍼드대학교 역사학 교수 댄 힐리는 우리에게 알려진 레닌의 견해가 간접적으로 전달된 얘기라며 이 글이 나중에 스탈린주의 성 정치에 적합했기 때문에 자주 재출간됐다고 지적했다(Healey, *Homosexual Desire in Revolutionary Russia*, University of Chicago Press, 2001).

소개 글

고전 마르크스주의자들의 여성해방론

정진희

마르크스주의가 모든 문제를 계급 문제로 환원하므로 여성 차별을 이해하거나 없애는 데 별 도움이 되지 않는다고 주장하는 사람들이 많다. 그러나 마르크스주의의 고전적 전통을 보면, 여성 차별에 맞선 투쟁은 언제나 사회주의 운동의 핵심적 일부였다. 19세기와 20세기 초반에 활동한 고전 마르크스주의자들(카를 마르크스, 프리드리히 엥겔스, 클라라 체트킨, 로자 룩셈부르크, 블라디미르 레닌, 알렉산드라 콜론타이, 레온 트로츠키)은 여성해방 투쟁과 사회주의 투쟁을 결합시키는 전략을 내놓았다.

마르크스와 엥겔스는 초기부터 여성 차별에 주목하며 그 원인과 해결 방안에 많은 관심을 기울였다. 마르크스는 초기 저작인 《신성 가족》(1845)에서 유토피아 사회주의자 푸리에의 말을 빌려, 사회 진보를 여성해방의 진전 수준으로 파악할 수 있다고 주장했다. 마르크스와 엥겔스가 1848년에 쓴《공산당 선언》에서도 부르주아 가족제도를 비판하며 미래 공산주의 사회의 전망 속에서 여성해방을 분명히 강조한다. 마르크스와 엥겔스는 이런 전망을 미래의 꿈으로만 남겨 둔 채 현실의 문제를 회피하지 않았다. 그들은 당시 노동운동에서 여성의 노동 참여에 반대하는 세력과 논쟁을 벌였다. 독일의 라살레 지지자들과 프랑스의 프루동 지지자들은 여성은 노동시장에서 남성과 경쟁해서는 안 되고 '자연스러운' 영역인 가정에 있어야 한다며 여성의 노동 참여를 반대했다. 마르크스와 엥겔스는 이들의 사상을 경멸했고 여성의 노동권과 노조 가입을 옹호했다.

마르크스와 엥겔스는 역사와 여성 억압의 기원에 큰 관심을 기울였는데, 둘이 함께 그에 관한 책을 쓸 것을 계획하기도 했다. 이 작업은 마르크스 생전에 이루지 못하고 마르크스 사후 엥겔스가 해냈는데, 1884년에 출판된《가족, 사유재산, 국가의 기원》이 바로 그것이다. 엥겔스는 이 책을 마르크스가 남긴 방대한 초고를 참고해 썼다.

《가족, 사유재산, 국가의 기원》은 역사유물론을 적용해 여성 억압의 기원을 밝히며 여성해방의 전망을 밝힌 기념비적 저작이다. 19세기 후반은 가족을 자연적이고 영원한 제도로 보는 관념이 강력했는데, 엥겔스는 유물론적 분석을 통해 아내가 남편에게 종속되는 가족 형태가 인류 역사의 보편적 제도가 아니라 특정한 역사적 시기에 등장한 계급사회의 산물이라고 주장했다.

《가족, 사유재산, 국가의 기원》을 두고 그동안 많은 논쟁이 일어났고 이 책은 여러 비판을 받았다.《가족, 사유재산, 국가의 기원》에 일부 오류가 있지만, 여러 인류학자들의 연구 결과는 엥겔스의 기본 명제가 옳았음을 보여 줬다. 영국의 마르크스주의자 크리스 하먼은 현대 인류학과 고고학의 성과를 종합해 이 책에 담긴 오류를 교정하며 엥겔스의 핵심 통찰을 짚었다.[1] 수렵·채집 사회에 관한 여러 연구들 — 어니스틴 프리들, 리처드 리, 엘리너 리콕 등의 연구[2] — 은 여성에 대한 체계적 차별이 없는 사회가 있음을 보여 줬다. 초기 인류 사회처럼 생계를 주로 채집을 통해 해결한 이 사회들에서는 사유재산과 위계제가 없었고, 여성은 작업 일정과 분배, 거주지 이동 등 모든 주요 의사 결정 과정에 남성과 동등하게 참여했다.

《가족, 사유재산, 국가의 기원》은 여성 억압이 인류 역사의 보편적 특징이 아닌 계급사회의 산물임을 밝힘으로써, 노동계급의 혁명적 투쟁으로 자본주의를 철폐하면서 여성 억압을 끝장낼 수 있다는 전망을 제시했다. 비록 마르크스와 엥겔스가 자본주의 사회의 여성 억압에 관해 별도의 설명을 체계적으로 제시하지는 않았지만, 역사유물론과 자본주의의 동역학에 관한 분석, 노동계급 혁명 이론은 후대의 마르크스주의자들이 여성 억압에 관한 이론을 발전시킬 수 있는 귀중한 자원을 제공했다. 무엇보다, 마르크스와 엥겔스가 여성해방을 사회주의 건설에 필수불가결한 것으로 보며 여성의 동등한 노동권과 정치 활동 참여 등을 옹호한 것은 그 뒤 마르크스주의자들의 실천에 커다란 영향을 끼쳤다.

마르크스와 엥겔스는 여성이 임금노동에 참여하는 것의 중요성을 강조했다. 물론 이것이 '노동을 통한 해방'을 뜻한 것은 아니다. 오히려 노동자로서 여성이 갖게 되는 독립성과 자본주의 체제에 맞설 수 있는 잠재력에 주목한 것이었다. 체트킨, 콜론타이, 레닌, 트로츠키도 여성 노동자의 중요성을 강조했다. 여성이 임금노동자가 되면서 직장과 집에서 이중 부담을 안게 되지만 동시에 여성 노동자도 남성 노동자와 함께 자신들의 조건 개선을 위해 투쟁하고 나아가서는 사회혁명의 주체가 될 수 있다고 봤기 때문이다. 마르크스주의자들에게 노동계급의 중요성은 이 사회집단이 사회에서 비참한 처지에 있기 때문이 아니라, 이들이 무엇보다 자신들이 겪는 착취와 억압에 저항하고 궁극적으로 혁명을 통해 자신들의 해방뿐 아니라 억압받는 사람 모두의 해방을 성취할 능력이 있다는 데 있다.

노동계급의 특별한 능력에 관한 마르크스의 이론은 노동계급이 아닌 사람들이 겪는 차별을 무시하게 만든다는 비판이 종종 제기된다. 그러나 마르크스주의자들의 저작을 보면(마르크스와 엥겔스든 이 책에 실린 체트킨, 콜론타이, 레닌, 트로츠키든)은 모두 여성 억압을 단지 노동계급 여성이 겪는 억압으로만 협소하게 이해하지 않았다. 그들은 중간계급 여성과 심지어 지배계급 여성도 차별받는다는 점을 인식했고, 여성의 열등한 지위를 고착화하는 부르주아 법률과 가족제도를 비판했다.

그러나 마르크스주의자들은 모든 계급의 여성이 억압을 경험하지만 계급에 따라 여성의 처지가 상당히 다르다는 점, 무엇보다 억압을 없애는 데에 모든 계급의 여성이 지닌 이해관계가 동일하지 않다는 점을 인식했다. 지배계급 여성은 같은 계급 남성에 견줘 차별받더라도 그들이 누리는 계급적 특권 때문에 자본주의 체제를 유지하는 데 이해관계가 있다. 따라서 마르크스주의자들이 계급을 강조하는 이유는 여성 억압이 계급 착취와 구분되는 현상임을 부정하려는 게 아니라, 여성 억압의 근원을 이해하고 자본주의 체제를 전복할 잠재력이 있는 사회 세력을 파악하기 위한 것이다.

자본주의 체제 변혁에서 노동계급이 중심적 구실을 한다는 마르크스주의 이론은 노동계급을 이상화하는 것이라는 비판도 종종 받는다. 많은 페미니스트들은 마르크스주의자들이 노동계급 남성이 보이는 성차별적 태도를 무시한다고 비판한다(자유주의적 페미니스트뿐 아니라 사회주의적 페미니스트도 종종 이런 주장을 한다). 일부 좌파들도 마르크스주의가 노동자를 낭만화하면서 노동계급 내 분열을 경시한다고 주장한다.

그러나 마르크스주의적 노동계급 이론은 자본주의하 노동계급의 상태에 관한 이상화된 설명이 아니라 노동계급이 자본주의 체제에서 갖는 물질적 이해관계와 객관적 힘에 주목한 것이다. 마르크스는 계급을 개인들의 주관적 의식과 별개로 객관적으로 존재하는 사회적 관계로 이해했고 자본주의의 착취적 생산관계 속에서 계급이 하는 구실에서 자본주의 체제를 유지하거나 전복하는 이해관계를 파악했다. 마르크스에게 노동계급의 결정적 중요성은 자본가계급의 이윤이 노동계급의 착취에 의존하기 때문에 노동계급만이 지배계급인 자본가계급과 이해관계를 근본적으로 달리하고 또 체제를 파괴할 수 있는 힘을 갖고 있다는 것이다.

이것은 노동계급이 아닌 피억압자들의 투쟁을 무시하는 것이 아니다(마르크스주의에는 여성뿐 아니라 유대인, 이주민, 농민, 식민지 대중 등 다양한 피억압자들의 저항을 옹호한 풍부한 전통이 있다). 오히려 억압받는 사람들의 투쟁이 성공할 수 있는 전략을 제시한 것이다. 즉, 억압받는 사람들이 노동계급의 혁명을 지지하고 동참함으로써 해방을 성취한다는 것이다. 마르크스주의자들에게 사회주의 사회는 착취뿐 아니라 성·피부색·국적·종교 등에 따른 모든 억압을 없애는 인간 해방 프로젝트다.

마르크스주의자들에게 노동계급의 혁명적 잠재력과 실제 상태는 구분된다. 마르크스 이래 마르크스주의자들은 노동계급이 자본주의에서 단결할 수 있는 공통의 조건에 처해 있을 뿐 아니라 자본주의 경쟁 압박 때문에 분열도 한다는 점을 인식했다. 이간질을 통한 각개격파가 지배계급의 오랜 지배 전략이고, 따라서 노동계급의 단결은 자동적 과정이 아니라 노동계급의 일부인 사회주의자들의 의식적 개입을 통해 성취되는 것으로 이해했다.

바로 그런 이유로 마르크스주의자들은 현실의 노동운동을 그저 추수하는 것이 아니라 정치적으로 개입해, 노동계급을 분열시키는 온갖 부르주아 이데올로기와 싸우면서 노동계급의 단결을 도모하려 애썼다. 마르크스와 엥겔스가 제1인터내셔널에서 라살레와 프루동의 영향을 받은 노동자 단체들이 여성 노동자의 취업과 노조 가입에 반대한 것을 비판하며 여성의 노동권과 노조 가입을 옹호한 것이 한 예다. 체트킨, 콜론타이, 레닌, 트로츠키 등도 노동자 운동 내에 퍼져 있는 여성 차별 관념과 태도에 맞서 싸웠다. 레닌은 혁명가들의 구실을 "노동조합의 서기"가 아니라 "억압받는 사람들의 호민관"이라고 정식화한 바 있다.[3]

한편, 마르크스주의자들의 여성해방론이 곡해되고 잊힌 데는 또 다른 중요한 문제들도 있다. 핵심적 문제는 옛 소련과 1989년 이전 동유럽, 중국, 쿠바, 북한 같은 체제에 대한 이해 문제다. 이들 스탈린주의 체제가 '사회주의'로 불리며 '마르크스주의'의 이름으로 억압적 체제를 정당화하면서 마르크스주의 전통이 왜곡됐기 때문이다.

많은 페미니스트들이 스탈린주의 체제를 '사회주의'로 봤기 때문에 마르크스주의를 기각했다. 1970년대에 사회주의 페미니스트들이 내놓은 이중체계 이론(생산과 재생산이 별개로 작동하고 여성 차별은 자본주의와 분리된 가부장제의 산물이라는)이 나온 주요 배경도 바로 이것이었다.

그러나 팔레스타인 출신의 혁명적 마르크스주의자로서 국제사회주의 경향IST의 창시자 토니 클리프가 1947년에 내놓은 국가자본주의 이론은[4] 이른바 '사회주의 국가'로 불린 나라들에서 어떻게 여성 차별이 존재할 수 있는지 명료하게 이해할 수 있게 해 준다. 이 나라들은 공식 이데올로기와 달리 착취가 종식된 사회가 아니라 노동자들이 국가관료들에게 국가를 통해 간접적·집합적으로 착취당하는 사회였다. 노동자들은 국가권력은커녕 자신의 노동조건도 통제하지 못했다. 스탈린주의 관료의 이데올로기나 국유화라는 법적 소유 형태가 아니라 실제 사회관계에 주목하는 유물론적 분석을 바탕으로 클리프는 스탈린주의 체제가 자본주의의 한 변형태인 관료적 국가자본주의 체제임을 밝혔다. 소련 등 스탈린주의 체제는 서방 자본주의와 경쟁하면서 인간의 필요가 아니라 군사적 필요를 위해 강박적 축적을 해야 하는 체제였다. 바로 이 때문에 스탈린주의 사회에서 노동계급은 국가관료들에게 서방 자본주의 못지않게, 때로는 더 지독하게 착취당했고, 가혹한 농민 수탈과 민족 억압과 함께 여성 억압이 광범하게 존재했던 것이다.

부르주아 여성운동과 사회주의 여성운동

여성해방에 관한 마르크스주의적 접근법은 독일 혁명가 체트킨과 러시아 혁명가 콜론타이 같은 마르크스주의자들이 당대의 부르주아 여성운동을 비판하면서 구축한 사회주의 여성운동을 통해 더욱 명료하게 드러난다. 마르크스 사후부터 제1차세계대전 개전 전까지 국제적으로 사회주의 운동의 중심지는 독일이었는데, 19세기 후반과 20세기 초반 독일 사회주의 여성운동의 뛰어난 지도자는 클라라 체트킨이었다. 체트킨은 여성을 노동조합으로 조직하는 데서 중요한 구실을 했다. 당시 독일의 노동조합은 라살레 지지자들을 중심으로 여성의 가입을 거부하는 경향이 있었는데, 사회민주당SPD은 체트킨을 통해 이런 경향에 맞서 싸우면서 여성을 노조와 당으로 조직하는 데 힘을 쏟았다.

여성이 임금노동자가 되면서 생겨나는 변화, 특히 자본주의 체제를 변혁하는 주체가 될 수 있다는 것은 마르크스와 엥겔스부터 모든 마르크스주의자들의 강조점이었다. 바로 그런 이유로 마르크스의 딸인 엘리너 마르크스는 영국에서 여성과 이주민을 노조로 조직하는 신노동조합 운동을 건설하는 핵심 조직자가 됐다. 귀족 가문 출신의 러시아 혁명가 알렉산드라 콜론타이가 급진화하면서 여성 노동자 운동을 조직하려 한 것도 이 때문이었다. 콜론타이는 주로 여성 섬유노조에 영향을 끼쳤다.

노동계급의 해방은 스스로의 투쟁을 통해 이룩할 수 있다는 자력 해방 원칙에 따라 마르크스주의자들은 여성 노동자들의 투쟁을 고무하고 발전시키려 애썼다. 체트킨이 제안해 해마다 3월 8일에 기념되는 '세계 여성의 날'의 취지도 바로 여성 노동자들의 투쟁을 고무하기 위한 것이었다. 1908~1909년 여성 선거권과 노조 인정을 요구하며 싸운 뉴욕 여성 노동자 투쟁을 기리고자 1910년 코펜하겐에서 열린 여성 사회주의자 대회에서 세계 여성의 날을 정했다.

체트킨, 콜론타이 등 마르크스주의자들은 당대 서구의 페미니스트들보다 훨씬 다양한 쟁점을 다뤘다. 자유주의 페미니스트들은 자본주의 내에서 여성의 법적 권리를 확대하는 데 주력했다. 이 부르주아 페미니스트들은 여성 선거권 획득에 관심을 집중했는데, 투표권이 여성이 직면한 문제를 다 해결해 줄 것처럼 여겼다. 다른 한편, 체트킨과 콜론타이는 투표권이 여성 노동자들이 겪는 착취와 차별을 해결하는 만병통치약이 아님을 지적했다. 그리고 여성 노동자들의 투쟁을 투표권 쟁취에 한정하지 말고 노동권, 동일임금, 유급 출산휴가, 무료 보육 시설, 여성 교육 등을 위해 싸워야 하고, 나아가 남성 노동자들과 함께 사회주의 운동을 건설해야 한다고 주장했다.

여성 선거권 문제에서 부르주아 여권론자들은 모든 계급의 여성이 단결해야 한다고 주장했다. 그러나 계급적 차이 때문에 여성 선거권 투쟁에서도 곧 분열이 일어났다. 부르주아 페미니스트들은 모든 여성이 아니라 부유한 여성에게만 투표권을 주는 제한선거권을 지지한 반면, 마르크스주의자들은 재산과 소득 구분 없이 모든 여성에게 투표권을 부여하는 보통선거권을 한결같이 옹호했다(남성 노동자들도 투표권을 얻지 못한 사람들이 많았으므로 보통선거권 요구는 노동계급 모두에게 중요했다).

부르주아 페미니즘에 대한 태도 문제는 노동자 운동에서 논쟁거리였다. 온건한 사회주의자들은 부르주아 페미니즘에 불필요하게 타협했다.

1907년 슈투트가르트에서 열린 제1차 국제 여성 사회주의자 협의회에서 벌어진 논쟁이 한 예다. 15개국의 여성 대표 59명이 참가한 이 대회에서 오스트리아·벨기에·영국·프랑스 대표들은 제한선거권 요구가 보통선거권 요구보다 더 '현실적'이라고 주장했다. 영국과 프랑스 대표는 부르주아 페미니스트들과 타협하기를 거부한 체트킨과 콜론타이 같은 혁명적 사회주의자들을 '종파주의'라고 비판했다. 그러나 체트킨과 콜론타이는 절조 없이 사회주의 원칙을 포기하는 기회주의에 맞서, "모든 나라의 사회주의 정당은 여성 보통선거권 쟁취를 위해 맹렬히 투쟁해야 한다"는 내용이 담긴 결의문을 대회에서 통과시켰다.

이것은 또한 1905~1906년에 보통선거권 투쟁을 벌이면서 남성의 선거권만 얘기하고 여성 선거권 문제를 언급조차 하지 않은 오스트리아 사회민주노동당을 겨냥한 것이기도 했다. 그래서 슈투트가르트 국제 여성 사회주의자 협의회 결의문은 사회주의 정당들이 참정권 확대 운동을 벌일 때 여성 선거권 요구를 보통선거권 요구의 일부로 포함시켜야 함을 강조했다. 오스트리아 사회민주노동당의 기회주의에 분노한 레닌은 대회에서 벌어진 논쟁을 소개하는 기사("여성 선거권 투쟁 전술에 관한 논쟁")를 쓰며 원칙에서 일탈하는 실용주의를 비판했다. 이런 역사적 경험은 마르크스주의자들이 평등을 위한 투쟁을 미래의 사회주의 사회로 미뤄 놓는다고 비판하는 현대 여성운동 일각의 오해를 반증하는 사례다.

체트킨, 콜론타이 같은 마르크스주의자들은 부르주아 페미니스트들을 격렬하게 비판하곤 했는데, 부르주아 페미니스트들이 여성 차별 문제에서 보이는 협소함이나 비일관성 때문만은 아니었다. 부르주아 페미니스트들은 자본주의 체제를 옹호했기에 파업과 혁명적 투쟁에 반대하며 계급 협조주의를 추구해, 노동자 운동을 분열시키고 온건화 압력을 가했다. 여성해방을 착취받고 억압받는 노동계급의 해방운동과 분리하지 않았던 마르크스주의자들은 착취 질서를 옹호하는 부르주아 페미니즘에 단호한 태도를 취했다.

따라서 체트킨과 콜론타이를 '자율적' 여성운동의 필요성을 강조한 페미니스트로 묘사하는 흔한 시각(실라 로보섬 같은 사회주의 페미니스트 등이 퍼뜨린)은 잘못됐다. 두 사람 모두 당시 부르주아 페미니스트나 중간계급 페미니스트가 설파한 계급 협조주의나 분리주의에 단호하게 반대했다. 특히 콜론타이는 1908년 12월 러시아 최초의 페미니스트 대회인 제1회 전 러시아 여성 대회에서 부르주아 페미니스트들을 비판하며 논쟁을 주도해 그들 사이에서 악명을 얻었다(이 대회는 부르주아 페미니스트들이 주도했지만 여성 노동자들도 일부 참가했는데 여기서 콜론타이는 부르주아 페미니스트들의 계급 협력 사상을 강력히 비판했다).

1909년 출판된 "여성 문제의 사회적 토대"는 이 대회에 개입하기 위해 쓴 글로, 마르크스주의적으로 여성 억압을 분석한 중요한 기여다. 이 글에서 콜론타이는 여성의 세계도 남성의 세계와 마찬가지로 두 진영으로 나뉘고, 부르주아 여성과 노동계급 여성이 똑같이 '여성해방'이라는 슬로건을 지지할지라도 둘의 목표와 이해관계는 다르다고 강조했다. 이런 시각은 일찍이 1896년 10월 독일 사회민주당 고타 대회에서 체트킨이 한 연설("프롤레타리아 여성과 함께해야만 사회주의는 승리할 수 있다")에서 선구적으로 제시된 바 있다.

19세기 말과 20세기 초반 여성 선거권 운동이 강력하게 일어나면서 계급을 초월한 단결이 이뤄지는 듯했지만, 빈번히 계급적 차이가 부각되면서 단결이 깨졌다. 1914년 제1차세계대전 개전 이후 부르주아 페미니스트들은 완전히 우경화해 전쟁을 지지하며 자국 지배자들과 한편에 섰다. 독일의 사회민주당도 배외주의적으로 제국주의 전쟁을 지지했다.

체트킨은 지배계급의 살해 위협을 받으며 로자 룩셈부르크, 카를 리프크네히트 등 소수의 혁명적 사회주의자들과 함께 국제 사회주의의 원칙을 옹호하며 용기 있게 반전·반제국주의 주장을 폈다(이 책에 실린 체트킨의 호소문 "모든 나라의 여성 사회주의자들에게"는 그중 하나다).[5] 레닌, 트로츠키, 콜론타이 같은 러시아 마르크스주의자들도 독일 사회민주당의 배신을 규탄하며 노동계급의 혁명을 통해 제국주의 전쟁을 끝장내자고 호소했다.

제1차세계대전이라는 제국주의 간 전쟁에서 부르주아 페미니스트들이나 다수 좌파들과 달리 "주적은 국내에 있다"(카를 리프크네히트)며 용기 있게 자국 지배자들에 반대해 투쟁한 혁명적 마르크스주의자들의 국제주의는 21세기의 여성해방 투쟁에도 매우 중요하다. 2001년 9·11 이후 미국과 유럽에서 많은 페미니스트들이 서방의 아프가니스탄 침공을 페미니즘의 이름으로 정당화했고 무슬림 여성에게 히잡 벗기를 강요한 프랑스 지배계급의 법률과 정책을 옹호했다. 따라서 100여 년 전 당시 인류 역사상 가장 참혹했던 전쟁에 반대한 마르크스주의자들의 반제국주의와 계급투쟁 사상은 오늘날 여성해방 옹호자들에게도 귀중한 길잡이가 돼야 한다.

러시아 혁명과 여성해방

역사상 노동계급과 여성해방 투쟁의 정점은 1917년 러시아 혁명이었다. 여성 노동자들의 파업과 시위에서 시작된 2월 혁명으로 차르가 타도됐고, 볼셰비키가 이끈 10월 혁명의 성공으로 러시아 노동계급이 권력을 장악하고 새로운 역사를 만들기 시작했다. 러시아 혁명은 계급투쟁이 여성 평등과 해방운동의 진전에서 얼마나 중요한지를 보여 줬다. 10월 혁명으로 세워진 소비에트 정부는 여성해방을 위해 중요한 조처들을 단행했다.

여성에게 완전한 법적·정치적 권리를 부여하는 법률 개혁이 이뤄졌다. 혁명 전에는 부유한 여성만이 투표할 수 있었지만 이제 모든 여성에게 투표권이 부여됐다. 당시 모든 여성에게 투표권을 부여한 나라는 노르웨이와 덴마크, 핀란드 등 몇 나라뿐이었다.[6] 또한 소비에트 법은 동일노동 동일임금을 보장하고, 유급 출산휴가를 전면 도입했다. 교회가 통제하던 결혼을 민사혼으로 바꿨고 이혼을 간소화했다(혁명 전 러시아에서 이혼은 거의 불가능했지만, 혁명 뒤에는 배우자 가운데 한쪽만 요구해도 이혼할 수 있게 됐다). 또한 혼외 관계에서 태어난 자녀에 대한 법적 차별도 폐지했다.

1920년에는 낙태가 세계 최초로 합법화됐다. 소비에트 법률은 낙태 시술을 공공 병원에서 무료로 할 수 있도록 규정했고, 피임위원회가 구성돼 피임법을 보급했다. 간통, 근친상간, 동성애 처벌 같은 억압적 법률을 폐지했다. 혁명 이전 러시아는 유럽에서 경제적·문화적으로 가장 낙후된 사회였지만 1917년 혁명 뒤 2년여 동안 이룬 성과는 가장 선진적인 나라들이 50년 동안 이룬 성과보다 더 많았다.

그러나 볼셰비키는 이런 법적 개혁에 만족하지 않았다. 그런 조치는 여성해방을 위한 첫걸음일 뿐이라고 생각했다. 볼셰비키는 여성해방이 실질화되려면 가사를 사회화하는 것이 관건이라고 생각했다. 그래서 무료 어린이집과 공공 식당, 공공 세탁소 등을 운영해 양육과 가사를 사회화하려고 애썼다.

볼셰비키는 새로운 법이 사회적 현실로 바뀌려면 여성들 자신이 이 과정을 주도해야 한다고 봤다. 그래서 볼셰비키는 1919년 여성부인 제노텔을 만들었다. 초대 의장 이네사 아르망이 1920년에 사망하자 알렉산드라 콜론타이가 뒤이어 제노텔을 지도했다. 제노텔은 외국군의 침략과 내전에서 혁명을 지키고, 여성의 새로운 권리를 확인하고자 투쟁하는 여성들을 결집시켰다.[7]

가장 영향력 있는 지도자인 레닌은 "여성의 적극적 참여가 없다면 혁명은 승리할 수 없다"고 강조하며 제노텔 창설과 그 활동을 적극 지원했다. 내전에서 적군赤軍을 이끌며 눈코 뜰 새 없이 바쁘던 트로츠키도 레닌과 함께 여성 노동자·농민 대회에 참가해 여성들의 활동을 격려했다. 이 책에 실린 1917년 러시아 혁명 이후 콜론타이와 레닌, 트로츠키의 저작과 연설문은 볼셰비키가 혁명 뒤 여성해방을 위해 기울인 진지한 노력을 일부 보여 준다. 볼셰비키는 노동자 혁명이 성공하면 여성해방이 저절로 이뤄질 것이라고 결코 생각하지 않았다!

많은 페미니스트들이 러시아 혁명 이후 여성해방을 위한 콜론타이의 노력을 시종일관 남성 혁명가들, 특히 레닌의 적대 속에서 외롭게 고군분투한 양 묘사하고 있다. 그러나 콜론타이의 제노텔 활동은 레닌과 트로츠키를 비롯한 러시아 혁명의 가장 영향력 있는 지도자들의 지지를 받으며 이뤄졌다. 그리고 1920년대 초 콜론타이의 정치적 영향력 저하는 그가 성 쟁점에서 급진적 견해를 펼친 결과였다기보다 그가 이끈 노동자반대파의 주장과 강령이 당내 논쟁에서 패배한 결과였다. 노동자반대파는 내전으로 경제가 붕괴하면서 생겨난 노동자들의 불만을 반영했지만 그 분파의 강령은 경제적 난국을 해결할 구체적 대안을 제시하지 못했다.[8]

노동계급의 선진 부위가 내전에서 적군으로 나가서 싸우다 대거 사망하면서 당에는 농민 출신의 후진적 부위가 새로 들어왔고, 당원 구성의 이런 변화와 함께 당의 관료화도 진척됐다. 이런 상황에서 안타깝게도 콜론타이의 견해는 갈수록 비웃음거리가 됐다. 특히, 성의 자유와 전통적 가족의 해체에 관한 견해가 그랬다.

성에 관한 콜론타이의 견해는 1920년대에 당 안팎에서 종종 '물 한 잔' 이론(섹스는 물 한 잔 마시는 것처럼 쉬워야 한다는)으로 알려졌지만, 콜론타이의 견해가 이런 단순한 성개방주의와 달랐다는 것은 이 책에 실린 "성과 계급투쟁"(혁명 전인 1911년에 썼다)을 읽어 보면 잘 알 수 있다. "성과 계급투쟁"에서 콜론타이는 성 문제를 단지 금전적 문제나 개인들의 관계 문제로 환원하지 않고 개인들의 성적 관계가 형성되는 더 넓은 사회의 경제적·사회적 불평등과 관련지으며 깊이 있고 섬세하게 분석하고 있다. 특히, 불평등한 사회관계가 개인들의 심리에 미치는 영향을 묘사하는 대목은 놀랍도록 현대적이다. 콜론타이는 개인들의 성적 관계와 가족 관계에 대한 낡은 관념의 변화가 새로운 사회를 위해 투쟁하는 과정에서 형성된다는 점을 강조함으로써 여성해방과 성적 자유를 자본주의 체제에 저항하는 계급투쟁과 긴밀하게 연결시켰다.

콜론타이가 성 문제에서 레닌과 견해 차이가 있긴 했어도 이 차이를 과장해서는 안 된다. 두 사람은 본질적 문제에서 의견이 일치했다. 즉, 여성해방을 위해서는 자본주의를 타도하는 노동자 혁명이 필요하고, 혁명의 성공을 위해서는 그 운동 안에서 여성들의 활동이 매우 중요하다고 봤다. 또, 법적 개혁뿐 아니라 개별 가족 안에서 여성이 해 온 양육과 가사를 사회화함으로써 여성을 실질적으로 해방할 수 있다고 봤다. 그리고 여기에는 물적 자원이 절대적으로 필요하다는 점과 러시아에는 이런 자원이 너무나 부족해 서구의 도움이 없다면 여성해방의 과제를 진척시키는 것이 불가능하다는 점도 두 사람 모두 인식했다. 콜론타이와 레닌의 차이는 새로운 변화가 얼마나 빨리 일어날 수 있고, 사회의 구조가 근본적으로 바뀌기 전에 개인의 삶과 성적 관계를 논하는 데 어느 정도의 강조점을 둬야 하는지의 문제였다.

러시아 혁명 뒤 여성과 성 문제에 대한 콜론타이와 레닌의 의견 차이에 집중하는 식의 설명은 당시 여성해방의 성패가 마치 레닌과 볼셰비키의 이데올로기에 달려 있었던 것인 양 가정한다. 이런 시각은 러시아 혁명이 직면한 엄청난 경제적·정치적·군사적 난관을 단지 지도부의 의지나 지도로 극복할 수 있었다는 주의주의적 사고를 나타낸다(또, 혁명 전부터 볼셰비키가 여성해방을 위해 기울인 노력을 깡그리 무시하고, 혁명 뒤 몇 년간 이뤄진 급진적 개혁의 성과가 마치 우연의 산물인 양 치부하는 것이기도 하다).

그러나 1920년대에 많은 볼셰비키가 여성해방을 위해 헌신적 노력을 기울였지만, 여성해방의 운명은 혁명 자체의 운명과 직결돼 있었다. 러시아는 너무 가난하고 후진적인 사회였기 때문에 서구에서 노동자 혁명이 성공하지 못하고 있는 동안 혁명을 진척시키는 데 엄청난 어려움이 있었다. 결정적으로, 1918년~1920년에 벌어진 내전은 혁명을 질식사시키는 구실을 했다. 산업이 붕괴했는데 1920년의 산업생산은 1913년 수준의 31퍼센트에 불과했고 전체 생산은 38퍼센트에 그쳤다.[9] 3년 동안 전사자만 100만 명에 이르렀고 굶주림과 질병, 추위로 사망한 사람은 900만 명이었다. 대규모 인명 피해와 기근 때문에 수많은 고아들이 생겨나 전국의 거리를 배회하며 사회문제로 부상했다. 이런 상황에서는 여성해방이 계속 진척될 수 없었다.

경제 붕괴를 막기 위해 1921년 신경제정책NEP을 시행하면서 여성해방의 초기 성과가 후퇴하기 시작했다. 여성 실업이 늘어났고 한때 거리에서 사라졌던 성매매도 크게 증가했다. 내전기에 두드러지게 늘어난 어린이집과 공공 식당이 급속도로 줄어들었다. 이것은 사회 전체에서 여성에 대한 보수적 관념을 강화했다. 이혼의 자유와 성적 자유도 후퇴했다. 1920년대의 끔찍한 조건 속에서 이혼은 여성과 아이들에게 주로 자유라기보다 더 심한 빈곤으로 내몰리는 것을 뜻했기 때문이다.

러시아에서 여성해방의 후퇴는 혁명의 후퇴에 동반했는데, 1920년대 말이 되면 혁명 자체가 아예 역전됐다. 1920년대에 부상한 관료 집단은 1928~1929년 일부 남아 있던 혁명의 성과를 모조리 파괴하는 반혁명을 추진했다. 혁명의 성과가 모조리 분쇄되면서 여성의 지위도 역전됐다. 야간 노동과 지하 작업 금지법 등이 폐지됐고, 노동강도가 엄청나게 강화됐고, 동일임금 대신 성과급 제도가 추진됐다. 제노텔은 거의 쓸모없는 기구로 전락했다가 곧 해체됐다. 1930년대에 동성애 처벌이 부활하고 낙태가 금지됐고, 성적 방종과 간통에 반대하는 운동이 전국적으로 강력하게 일어났고, 이혼을 규제하는 조처들이 잇따랐다. 스탈린은 아이를 많이 낳는 여성에게 메달을 수여하며 가정을 예찬하고 전통적 여성상을 강조했다. 1920년대 말 이후 러시아가 국가자본주의 사회로 변모하면서 1930년대부터는 여성의 권리와 평등 문제가 더는 중요한 문제로 언급되지 않았다.[10]

여성해방을 성취하는 데서 노동계급 투쟁이 지니는 중요성은 러시아 혁명 뒤 몇 년간의 성취에서뿐 아니라, 러시아 혁명이 쇠퇴하고 마침내 1928년 이후 역전되는 과정을 통해서도 비극적으로 드러난다. 러시아 혁명의 쇠퇴는 피상적 설명과 달리 볼셰비키 자체에서 비롯한 결과가 아니라, 러시아 혁명이 국제적으로 확산되지 못하고 고립된 결과였다. 1918~1921년 유럽의 많은 나라에서 혁명의 물결이 일었으나 혁명을 이끌 지도력의 부재로 모두 패배했다. 결정적으로 1919~1923년 독일 혁명이 패배하면서 혁명 러시아는 고립됐고, 14개국의 침략을 받고 결국 적대적 자본주의 국가에 둘러싸여 관료적으로 변질됐다.

레닌 사망 뒤 트로츠키는 국제 사회주의를 저버린 스탈린주의 관료에 맞서 좌익반대파를 조직해 영웅적으로 투쟁했지만 참혹한 조건에서 비롯한 러시아 노동계급의 사기 저하와 원자화 속에서 결국 패배했다. 트로츠키가 "가족 관계의 테르미도르 반동"에서 예리하게 지적했듯이, 소련에서 가족 문제를 다루는 방식의 변화는 "소련 사회의 실제 성격과 그 지배층의 진화"를 나타냈다. 관료 집단은 1920년대 말 이후 착취적 공업화와 강제 농업 집산화를 실시하면서 자본주의적 가족제도를 재확립하며 여성과 성에 관한 보수적 이데올로기를 강화했다.

20세기의 가장 위대한 실험이었던 러시아 혁명은 고립돼 마침내 스탈린주의 관료에 의해 질식사했지만, 한동안 세계의 많은 투사들에게 엄청난 영감을 주며 착취와 억압에 맞서는 투쟁을 고무했다. 물론 러시아 혁명의 경험은 여성해방의 가능성뿐 아니라, 해방을 성취하는 것이 얼마나 힘든지도 보여 줬다. 혁명 뒤 낡은 관습과 편견에 맞서는 의식적 투쟁이 당연히 일어나야 하지만, 이런 노력은 인간의 필요를 충족할 수 있는 물질적 기초를 창출하는 과정과 결합돼야 한다. 그럴 때만 평등과 자유가 조화를 이루는 사회관계가 형성될 수 있다. 스탈린의 '일국사회주의'론이 아니라 고전 마르크스주의자들의 국제 사회주의만이 계급 착취와 모든 차별이 사라지는 사회주의 사회를 성취할 수 있다.

맺으며

제2차세계대전 뒤 자본주의 구조 변화와 노동계급과 여성들의 투쟁으로 여성의 삶은 고전 마르크스주의자들이 살던 시기와는 상당히 달라졌다. 여성 차별의 양상도 일부 바뀌면서 새로운 투쟁이 부상하기도 했다. 그러나 제1차세계대전 직후 유럽에서 일어난 노동자 혁명의 물결이 패배하면서 살아남은 자본주의가 세계적으로 확산·발전하면서 마르크스가 밝힌 자본주의의 본질과 핵심 특징은 바뀌기는커녕 더욱 뚜렷해졌다. 임금노동을 착취해 축적한 이윤이 지배계급의 부와 권력의 원천인 자본주의는 모든 것을 경쟁적 축적에 종속시키며 사회 전체에 거대한 혼란과 절망을 낳으며 계급적 적대를 심화시켜 왔다.

따라서 자본주의 체제의 본질과 동역학에 관한 인식은 오늘날 여성의 삶과 투쟁을 이해하는 데서 필수적이다. 21세기 여성의 삶에서 임금노동이 차지하는 비중은 20세기 초반에 견줘 훨씬 더 늘어났다. 갈수록 더 많은 여성이 노동자가 됐고 생애주기에서 더 긴 시간 노동자로 일하고 있다. 바로 이런 이유로 오늘날 착취와 차별에 맞선 투쟁에서 여성들의 활약이 전의 어느 때보다 두드러진다.

여성 차별을 끝장내고 싶은 사람들이라면 마르크스주의를 꼭 이해해야 한다. 마르크스주의는 자본주의에서 착취와 여성 차별이 구조화되는 방식을 분석할 수 있는 틀을 제공하고, 무엇보다 자본주의 체제를 파괴할 수 있는 세력인 노동계급의 잠재력에 주목함으로써 여성해방을 성취할 수 있는 전략을 제공한다. 여성 노동자와 남성 노동자가 단결하고 차별받는 집단과 노동계급이 단결해, 차별과 착취의 근원인 자본주의를 분쇄하고 이윤이 아니라 인간의 필요를 우선시하는 사회를 건설할 때 진정한 평등과 여성해방의 길이 열릴 것이다.

후주

1 C Harman, "Engels and the origins of human society", *International Socialism* 65(Winter 1994).

2 E Friedl, *Women and Men: An Anthropologist's View*, Holt Rinehart & Winston, 1975, R B Lee, *The !Kung San: Men, Women and Work in a Foraging Society*, Cambridge University Press, 1979, Eleanor Leacock, *Myths of Male Dominance: Collected Articles on Women Cross-Culturally*, Monthly Review Press, 1981.

3 블라미디르 레닌,《무엇을 할 것인가?》, 박종철출판사, 2014.

4 토니 클리프,《소련은 과연 사회주의였는가? — 국가자본주의론의 분석》, 책갈피, 2011.

5 이 글이 비록 제국주의 전쟁 반대와 여성해방 사이에 어떤 관련이 있는지 설명하고 있지는 않지만, 여성해방 투쟁을 자본주의 체제 변혁과 분리하지 않은 사회주의 여성운동은 제국주의 전쟁과 자국 지배계급에 단호하게 반대했음을 실천적으로 보여 준다.

6 프랑스 여성들은 제2차세계대전이 끝난 1945년에 투표권을 얻었고, 스위스 여성들은 1971년에야 투표권을 얻었다.

7 수천 명의 제노텔 노동자들이 노동자 지구와 농촌 마을로 가서 '여성 클럽'을 만들고 여성 노동자·농민 대표자 회의에 파견할 대표를 뽑는 선거를 조직했다. 수만 명의 여성 대표가 뽑혔는데(1923년 전체 대표자 수는 약 5만 8000명이었다), 대표자들은 병원·조산원·어린이집·학교 등 공공시설 건설에 힘을 쏟았다. 또, 대표자들은 수개월씩 훈련받고 재판관이 돼 민중법원에서 근무하기도 했다. 제노텔은 여성의 정치·사회 활동 참여를 촉진하고자 문맹 퇴치 활동에도 힘썼다. 러시아의 문맹률, 특히 여성 문맹률이 아주 높아서 제노텔은 특별히 여성 독자를 겨냥한 간행물을 많이 발행했다.

8 토니 클리프,《레닌 평전 4》, 책갈피, 2013, 177~183쪽.

9 M Haynes, *Russia: Class and Power 1917-2000*, Bookmarks, 2002, p 50.

10 1917년~1967년 당 결의안과 포고령 색인에 실린 '여성'이라는 주제어는 1917~1930년에는 301개가 실린 반면, 그 뒤 37년 동안에는 고작 3개에 그쳤다(R H McNeal, *Guide to the Decisions of the Communist Party of the Soviet Union 1917~1967*, University of Toronto Press, 1972).

1장
자본주의와 여성 노동

여성 노동과 여성해방

클라라 체트킨

(우레와 같은 박수를 받으며 베를린 여성 노동자들의 대표인 체트킨 씨가 여성 노동이라는 주제로 연설했다. 그녀는 여성 노동자의 상황이 남성 노동자와 다를 바가 전혀 없기 때문에 여성 노동자의 상황에 관해 이야기하려는 것은 아니라고 설명했다. 그 대신 자신을 대표로 보낸 사람들과 합의한 것처럼, 여성 노동의 일반적 원칙을 밝히려 한다고 말했다. 그 문제에 관해 엄청난 혼란이 있기 때문에 근본적 원칙을 파헤쳐 문제를 명확히 하는 것이 이 노동자 대회에 부여된 과제라는 것이었다.

체트킨은 반동적 세력이 여성 노동에 반동적 태도를 보이는 것은 전혀 놀라운 일이 아니라고 말했다. 정말 놀라운 것은 사회주의 진영에서도 여성 노동을 금지해야 한다는 잘못된 생각을 접하게 된다는 사실이

출처: 파리 국제 노동자 대회 연설(1889년 7월 19일).

라고 말했다. 여성해방의 문제는 결국 여성 노동의 문제고 경제적 문제이며 사회주의자들이 위에 언급한 잘못된 태도를 취하지 않으려면 경제학을 제대로 이해해야 한다고 말했다.)

사회주의자들은 지금처럼 경제가 발전한 상황에서는 여성 노동이 필연이고, 여성 노동은 자연스레 각 개인이 사회에 제공해야 하는 노동시간을 줄이고 사회의 부를 증대시키는 경향이 있으며, 남성 노동과 경쟁함으로써 임금을 떨어뜨리는 것은 여성 노동 자체가 아니라 자본가들이 여성 노동을 착취해 전유하기 때문임을 알아야 합니다.

특히, 사회주의자들은 사회적 노예인지 자유인인지가 경제적으로 의존하느냐 독립하느냐에 달려 있다는 사실을 이해해야 합니다.

모든 인간의 해방을 기치로 선언하는 우리가 인류의 절반을 경제적 의존을 통한 정치적·사회적 노예 상태로 내버려 둬서는 안 됩니다. 노동자가 자본가에게 종속돼 있는 것과 마찬가지로 여성은 남성에게 종속돼 있으며 여성이 경제적으로 독립하지 않는 한 그런 관계는 계속될 것입니다. 여성의 경제적 독립에 가장 중요한 전제 조건은 노동입니다. 만일 여성이 자유로운 인간으로, 남성과 동등한 사회 구성원으로 바뀌기를 원한다면 몇몇 특별한 경우를 제외하고는 여성 노동을 금지하거나 제한해서는 안 됩니다.

사회적 평등을 쟁취하기 위해 투쟁하는 여성 노동자들은 이른바 여성의 권리를 위해 싸운다고 주장하는 부르주아 여성운동으로부터 자신들의 해방을 얻을 수 있다고 기대하지 않습니다. 부르주아 여성운동에서 말하는 여성의 권리라는 사상은 모래 위에 쌓은 성처럼 현실적 근거가 전혀 없습니다. 여성 노동자들은 여성해방의 문제가 별개의 쟁점이 아니라 전체 사회문제의 일부임을 완전히 확신하고 있습니다. 그들은 현 사회에서 이 문제가 사회의 근본적 변혁 없이는 해결될 수 없다는 사실을 명확히 알고 있습니다. 여성해방의 문제는 기계시대에 의해 탄생한 현대의 산물입니다.

여성해방이란, 여성의 사회적 지위와 경제적 구실이 완전히 혁명적으로 바뀌는 것을 뜻합니다. 노동수단이 불충분했던 과거의 생산 형태에서는 여성이 가족에 매여 있어야 했고 활동 범위도 가정의 울타리를 벗어날 수 없었습니다. 가족생활 속에서 여성은 놀라울 정도의 생산력을 발휘했습니다. 여성은 거의 모든 생필품을 생산했습니다. 과거의 생산과 상업의 수준을 볼 때, 이런 물건들을 가족 밖에서 생산하는 것은 불가능하지는 않더라도 대단히 어려운 일이었습니다. 이런 전통적 생산방식 아래서는 여성이 경제적으로 생산적이었습니다. …

기계제 생산이 여성의 가내 경제활동을 파괴했습니다. 대공업은 조악한 도구로 작업하던 소생산자들보다 더 값싸고 빠르게 대량으로 모든 물건을 생산합니다. 여성들은 대공업에서 기계로 만들어 낸 완제품보다 더 비싼 가격으로 원재료를 구입해야 하는 경우도 있습니다. 원재료를 구입하는 비용 외에도 여성들은 자신의 시간과 노동을 쏟아야 합니다. 결과적으로 가내 생산 활동은 경제적으로 의미가 없어졌으며 시간과 노력의 낭비를 의미하게 됐습니다. 여성의 가내 생산이 일부 개인들에게는 도움이 되더라도, 이런 종류의 활동은 전체 사회 차원에서는 손실을 의미합니다.

과거와 달리 전업주부가 거의 다 사라진 것은 바로 이 때문입니다. 대공업 때문에 가내 상품 생산은 불필요해졌으며 여성의 가내 활동은 무의미해졌습니다. 동시에 대공업 덕분에 사회에서 여성이 활동할 수 있는 기반이 마련됐습니다. 기계제 생산은 근력이나 숙련노동 없이도 할 수 있기 때문에 여성이 대규모로 고용될 수 있었습니다. 여성은 가계소득을 늘리기 위해 산업 활동에 참여했습니다. 현대 산업의 발전에 따라 여성의 산업 노동은 필수적 요소가 됐습니다. 따라서 현대적 기술혁신이 이뤄질 때마다 남성 노동력이 남아돌게 돼서 수많은 노동자들이 거리로 내쫓겨 가난한 산업예비군을 형성했으며 임금이 지속적으로 낮아졌습니다.

이전 시대에는 남편의 임금과 아내의 가내 생산 활동만으로 가계를 충분히 꾸릴 수 있었습니다. 그러나 이제는 노동자 혼자 생계를 꾸리기에도 부족합니다. 결혼한 남성 노동자는 아내의 임금에 기댈 수밖에 없습니다.

이 덕분에 여성은 남성에 대한 경제적 의존에서 벗어났습니다. 산업 활동에 참여하는 여성은 가정에서도 단순히 남성의 경제적 부속물로만 남아 있을 수 없게 됩니다. 이렇게 해서 여성은 자신에게 남성으로부터 자립할 수 있는 경제력이 있음을 자각하게 됐습니다. 그리고 일단 여성이 남성으로부터 경제적 독립을 획득하고 나자, 여성이 사회적으로 남성에게 종속돼야 할 이유가 없어졌습니다. 그러나 지금 당장은 이렇게 새롭게 형성된 경제적 독립이 여성이 아니라 자본가에게만 도움이 됩니다. 생산수단을 독점하고 있는 자본가들은 이 새로운 경제적 요인을 활용해 자신들에게만 이익이 되게 만들었습니다. 여성은 남편에 대한 경제적 의존에서 벗어났지만 단지 주인만 바뀌어 이제는 자본가에게 종속됐습니다. 남편의 노예에서 이제는 사용자의 노예가 된 것입니다. 그럼에도 여성은 이런 변화에서 얻은 게 있습니다. 여성은 더는 남성과의 관계에서 경제적으로 불리하지 않고 동등합니다. 그러나 자본가는 여성 자체를 착취하는 데만 만족하지 않습니다. 그들은 여성의 노동을 이용해 남성의 노동을 훨씬 더 철저히 착취합니다.

우선 여성 노동은 남성의 노동보다 값이 쌉니다. 본래 남성의 임금은 가족 전체의 생계를 꾸릴 수 있도록 계산됐습니다. 여성의 임금은 처음부터 한 사람의 생계만, 그조차 빠듯하게 꾸릴 수 있게 계산됐습니다. 왜냐하면 여성은 공장에서 일할 뿐 아니라 집에서도 계속 일하는 것으로 간주됐기 때문입니다. 게다가 여성이 원시적 노동 도구로 만들어 내는 가내수공업 생산물은 대공업 생산과 비교하면 사회의 생산물에서 미미한 부분을 차지할 뿐이었습니다. 이 때문에 사람들은 여성이 남성보다 덜 생산하고 따라서 더 낮은 보수가 지급돼야 마땅하다고 생각하게 됐습니다. 이 밖에 일반적으로 여성이 남성보다 생활비가 적게 든다는 사실도 빼놓을 수 없는 요인입니다.

여성 노동이 자본가에게 특히 매력적인 것은 단순히 저임금 때문만이 아니라 여성이 훨씬 더 순종적이기 때문입니다. 자본가의 속셈은 다음의 두 가지입니다. 즉, 여성 노동자에게 가능한 한 낮은 임금을 지급하고, 여성 노동과의 경쟁을 이용해 남성 노동자의 임금을 가능한 한 낮추려는 것입니다. 이와 동일한 방식으로 자본가는 여성의 임금을 떨어뜨리기 위해 아동노동을 이용하며, 모든 인간 노동의 가치를 떨어뜨리기 위해 기계를 이용합니다. 여성의 노동이 자연스레 노동시간을 크게 줄이기는커녕 오히려 노동시간을 늘리는 정반대의 결과를 낳는 것은 오직 자본주의 체제 때문입니다. 마찬가지로 여성의 노동 덕분에 사회의 부가 늘어나도 모든 사회 구성원의 생활수준이 나아지지는 않습니다. 단지 극소수의 자본가에게만 이익이 될 뿐이며 대중은 점점 더 가난해지고 있습니다. 오늘날 여성 노동이 등장하면서 나타난 이토록 심각한 악영향은 자본주의 생산 체제가 소멸해야만 사라질 수 있을 것입니다.

자본가가 경쟁자에게 패배하지 않으려면 상품의 제조원가와 판매가 사이의 격차를 최대한으로 유지하기 위해 노력해야 합니다. 그래서 가능한 싸게 생산하고 가능한 비싸게 팔려고 합니다. 따라서 자본가는 노동시간을 최대한으로 늘리고 노동자에게 가장 낮은 임금을 주기 위해 혈안이 돼 있습니다. 자본가의 이런 노력은 남성 노동자뿐 아니라 여성 노동자의 이해관계와도 대립합니다. 따라서 진정한 이해관계 대립은 여성 노동자와 남성 노동자 사이에 있는 것이 아닙니다. 자본가와 노동계급 사이에는 화해할 수 없는 이해관계 대립이 엄연히 존재합니다.

여성 노동을 금지하기 어려운 데는 경제적 이유도 있습니다. 현재의 경제적 상황에서는 자본가도 남성 노동자도 여성 노동이 필요합니다. 자본가는 경쟁력을 유지하기 위해 여성 노동이 필요하고, 남성 노동자는 가족을 꾸리려면 아내의 노동에 의지할 수밖에 없습니다. 여성 노동을 법으로 금지하더라도 남성의 임금이 올라가지는 않을 것입니다. 자본가는 좀 더 성능이 좋은 기계를 재빠르게 도입해서 값싼 여성 노동의 결손을 보완할 것입니다. 결국 순식간에 모든 것이 원래대로 돌아갈 것입니다.

돌이켜 보건대, 대규모 파업이 일어나 노동조건이 개선되면 자본가는 좀 더 성능이 좋은 기계를 도입해서 노동자들이 쟁취한 성과를 파괴했습니다.

만일 여성 노동이 경쟁을 낳기 때문에 금지하거나 제한해야 한다고 요구한다면, 동일한 논리로 각 작업 유형에 따라 노동자의 수가 정확히 결정되는 중세의 길드 체제를 되살리기 위해 기계를 없애야 할 것입니다.

경제적 이유 외에도, 여성 노동의 금지에 반대해야 할 원칙적 이유가 있습니다. 여성 노동을 금지하려 한다면 여성들은 바로 이런 원칙에 근거해 필사적으로 저항해야 합니다. 여성들은 아주 격렬하게 저항할 수밖에 없고 그럴 만한 이유가 있습니다. 여성들은 남성과의 사회적·정치적 평등이 오로지 경제적 독립에 달려 있고 그러려면 가족을 벗어나 사회적 노동에 참가할 수 있어야 한다는 것을 알기 때문입니다.

이런 원칙적 관점에서 우리 여성들은 여성 노동을 제한하려는 시도에 아주 단호하게 반대합니다. 우리는 우리의 대의와 전체 노동계급의 대의를 분리하기를 원하지 않기 때문에 어떤 특수한 요구도 내세우지 않을 것입니다. 우리는 노동자들이 일반적으로 자본가에게 요구하는 보호 입법 외에 다른 것을 요구하지 않습니다.*

우리는 단지 하나의 예외만 인정할 수 있습니다. 여성 자신과 아이를 위해 특별한 보호 조치가 필요한 임신한 여성의 경우입니다. 우리는 어떤 특수한 여성 문제도 인정하지 않으며, 특수한 여성 노동자의 문제도

---

* 이 시기에 체트킨은 여성에게 유해한 특정 작업에 여성을 고용하는 것을 금지하는 법률처럼 여성 노동자를 위한 특별 보호 입법을 모두 거부했다. 유일한 예외는 임산부의 경우였다. 뒤에서 볼 수 있듯이 체트킨은 나중에 견해를 바꿨다 — 영어판 편집자.

인정하지 않습니다. 우리는 소위 자유기업 체제에 편입될 수 있는 권리나 동등한 교육권(비록 이 두 가지 권리에 대한 요구는 완전히 자연스럽고 정당한 것이지만), 참정권 보장을 통해 온전한 해방이 이뤄지리라고 기대하지 않습니다. 보통·직접·자유 투표가 이뤄지고 있는 나라들을 봐도 그런 것들이 그다지 대단한 권리가 아님을 알 수 있습니다. 경제적 자유를 수반하지 않은 투표권이란 결국 방향 없는 변화에 불과합니다. 사회적 해방이 정치적 권리의 획득에 달려 있다면 보통선거권을 시행하고 있는 나라는 사회문제가 전혀 없을 것입니다. 여성과 전 인류의 해방은 노동이 자본으로부터 해방되는 방식으로만 이뤄질 수 있습니다. 오직 사회주의 사회에서만 여성과 노동자가 온전한 권리를 획득하게 될 것입니다.

이런 사실들에 비춰 볼 때 여성해방을 진지하게 이루고 싶어 하는 여성이라면 사회민주당에* 가입하는 것만이 유일한 대안입니다. 사회민주당은 노동자의 해방을 위해 싸우는 유일한 정당이기 때문입니다.

여성들은 남성들의 도움 없이, 때로는 남성들의 바람을 거슬러 사회주의의 기치 아래로 모여들었습니다. 어떤 경우에는 단순히 자신의 경제적 처지를 명확히 자각하는 것만으로도 여성들은 본인의 의도와 무관하게 어쩔 수 없이 이런 발걸음을 내디뎠습니다.

그러나 이제 여성들은 사회주의의 기치 아래 서 있으며 앞으로도 그

---

* 당시 독일 사회민주당은 공식적으로는 마르크스주의 정당이었지만 실제로는 혁명가들과 개혁주의자들로 분열해 있었다. 훗날 체트킨은 로자 룩셈부르크, 카를 리프크네히트 등과 함께 사회민주당을 탈당해 공산당을 건설한다.

럴 것입니다. 그들은 그 기치 아래에서 자신들의 해방을 이루고 동등한 인간으로 인정받기 위해 투쟁할 것입니다.

사회민주당과 함께하면서 여성들은 이 투쟁에 수반하는 모든 부담과 희생을 기꺼이 나눠 질 것입니다. 그러나 또한 승리를 쟁취하고 나면 정당하게 얻은 자신들의 모든 권리를 열정적으로 단호하게 요구할 것입니다. 남성들이 모두 동등한 조건으로 투사들의 대열에 받아들여졌듯이 여성들은 권리뿐 아니라 희생과 의무도 남성 동지들과 전혀 다를 바 없이 부여되기를 바랍니다.

(우레와 같은 박수. 에이블링 씨가* 이 연설을 영어와 프랑스어로 통역한 뒤에도 박수가 터져 나왔다.)

---

* 에드워드 에이블링은 대회에 파견된 영국 대표 중의 한 명이었다. 그는 역시 대표로 참여한 엘리너 마르크스(카를 마르크스의 딸)와 사실혼 관계였다 — 영어판 편집자.

자본주의와 여성 노동

블라디미르 레닌

현대 자본주의 사회는 눈에 잘 띄지 않는 무수한 빈곤과 억압의 사례로 점철돼 있다. 수많은 도시 빈민, 수공업자, 공장 노동자, 사무직, 하급 공무원 가족은 말할 수 없이 가난하며 기껏해야 겨우 입에 풀칠하는 수준이다. 그런 가족에 속하는 수많은 여성은 얼마 안 되는 수입으로 가족을 부양하기 위해 매일매일 필사적으로 일하고 모든 것을 절약하면서 '가내노예'로 살아간다(아니 근근이 연명한다).

자본가들은 자신과 가족을 위해 '한 푼이라도 더' 벌기 위해 터무니없는 저임금도 마다하지 않는 이 여성들을 가내 노동자로 기꺼이 고용한다. 또 모든 나라의 자본가들은 이런 여성들 속에서 (고대의 노예주나 중세의 봉건영주처럼) 가장 '적당한' 가격에 여러 명의 정부情婦를 고

출처: 〈프라우다〉, 1913년 5월 5일.

른다. 아무리 성매매에 '도덕적 분노'(열에 아홉은 위선에 불과한)를 터뜨려도 여성의 육체를 사고파는 이런 일을 막을 수는 없다. 즉 임금노예가 존재하는 한 성매매도 필연적으로 존재할 수밖에 없다. 인류 사회의 역사를 통틀어 모든 피억압·피착취 계급은 언제나 지배자에게 첫째로 자신의 무보수 노동을 내주고(착취는 여기서 이뤄진다), 둘째로 자기 계급의 여성을 '주인 나리'의 정부로 내줄 수밖에 없었다.

이 점에서 노예제, 봉건제, 자본주의는 똑같다. 단지 착취의 형태만 달라질 뿐 착취 자체는 지속된다.

'세계의 수도'이며 문명의 중심지인 파리에서 '가내노동으로 착취당하는 여성들'이 만든 물건을 보여 주는 박람회가 열렸다.

각 물건마다 집에서 일하는 여성 노동자가 그 물건을 만든 대가로 얼마를 받으며 그에 따른 일당과 시급이 얼마나 되는지를 보여 주는 꼬리표가 붙어 있다.

그래서 얼마나 될까? 집에서 일하는 여성은 어떤 물건을 만들든 개당 1.25프랑, 즉 50코페이카* 이상을 벌 수 없고 대부분의 일은 훨씬 더 보수가 적다. 예를 들어 전등갓은 12개당 4코페이카를 받는다. 종이봉투는 1000개당 15코페이카로 시간당 6코페이카를 번다. 리본을 단 작은 장난감 같은 것은 시간당 2.5코페이카고 조화는 시간당 2~3코페이카다. 남녀 속옷은 시간당 2~6코페이카이며 이 외에도 무수히 많은 예가 있다.

우리의 노동자협회나 노동조합도 이와 같은 '박람회'를 조직해야 한

---

* **코페이카** 러시아의 화폐단위. 당시 볼셰비키 신문 〈프라우다〉가 2코페이카였다.

다. 그것은 부르주아지의 박람회가 벌어들이는 엄청난 이윤을 가져다주지는 않을 것이다. 프롤레타리아 여성의 가난과 결핍에 대한 폭로는 이와는 다른 이익을 가져다줄 것이다. 즉 그것은 남녀 임금노예들이 자신의 상황을 깨닫고 '삶'을 되돌아보고 어떻게 해야 가난, 결핍, 성매매, 그리고 가난 때문에 겪는 온갖 굴욕 등 이 영원한 억압에서 벗어날 수 있는지를 생각하게 만들 것이다.

여성 노동과 노동조합

클라라 체트킨

쾰른 당대회는 노동조합 조직화 문제, 즉 정치운동과 노동조합운동의 관계를 다뤄야 할 것이다. 이 문제를 다루는 이유는 노동조합 측의 제기가 있었기 때문이다. 최근 들어 노동조합 조직률이 하락하고 있다. 노동조합운동 내부에는 이 현상이 무엇보다 정치운동의 잘못된 노선 탓이라고 비판하는 경향이 있다. 옳게도, 정치적 노동 출판물들은 이런 비판을 싣기를 거부하고 이 문제를 쾰른 당대회에서 다시 한 번 다루면 현재 노동조합 측이 품은 불신을 해소하는 데 도움이 될 거라고 환영했다.

모든 자본주의 나라의 산업에서 여성 노동이 유례없이 커다란 구실을 한다는 것은 여전히 명백한 사실이다. 오늘날 여성이 아침부터 밤까지 노동에 허덕이고 있는 산업부문의 수는 해마다 늘고 있다. 전통적으

출처: 《디 글라이히하이트》, 1893년 11월 1일.

로 여성을 고용해 온 공장들은 더욱더 많은 여성 노동자를 고용한다. 산업에 고용된 여성의 숫자가 지속적으로 증가하고 있을 뿐 아니라 산업과 상업에서 일하는 노동자 가운데 여성의 비율도 늘어나고 있다.

산업	노동자 수(1882년)		여성 노동자의 비율(퍼센트)
	남성	여성	
레이스 제조업	5,676	30,204	84.1
의류·침구류	279,978	440,870	61.2
방적업	69,272	100,459	59.2
잡화류	13,526	17,478	56.4
식당 등 서비스업	172,841	141,407	45.0
담배 제조업	64,477	48,919	43.1
자수업·직조업	42,819	31,010	42.0
제지업	37,685	20,847	35.6
섬유업	336,400	155,396	31.6
집배원	9,212	3,265	26.2
상업	536,221	181,296	25.3
제본업·포장공업	31,312	10,409	24.9

어떤 산업부문(섬유공업을 생각하면 된다)은 사실상 여성 노동이 더 우세하며 남성 노동은 감소하거나 대체되고 있다.

여러 원인이 있지만, 특히 (지금 우리가 경험하고 있는 것과 같은)* 경기후퇴 동안에 남성 고용 노동자의 수는 감소한 반면, 여성 노동자의 수는 상대적으로나 절대적으로나 증가했다. 이미 보도했듯이 1892년 작

---

* 1893년에 전 세계적 불황이 닥쳤다. 미국에서는 1893년 12월에 약 300만 명이 일자리를 잃었다 — 영어판 편집자.

센에서 16세 이상의 여성 노동자가 2466명 늘어난 반면, 남성 노동자는 1633명 줄었다.

빈Wien대학교 J 징거 교수에 따르면 지난 몇 년 동안 독일의 산업에서 일하고 있는 여성이 500만 명에 달한다.

1882년 경기동향조사를 보면 독일에서 개별적으로 고용돼 있는 734만 789명 중에서 150만 9167명(20.6퍼센트)이 여성이다. 따라서 산업생산에 종사하는 사람 100명 중 21명이 여성이다.

공장 감독관들의 최근 연례 보고서를 봐도 여성이 산업 노동에 얼마나 많이 참여하는지 명백하게 알 수 있다. 노동법이 적용되는 공장만 보면 작센에는 24만 1088명의 남성 노동자와 12만 3548명의 여성 노동자가 고용돼 있고, 바덴에는 8만 4806명의 남성 노동자와 4만 1491명의 여성 노동자가 있고, 헤센에는 4만 1778명의 남성 노동자와 1만 2210명의 여성 노동자가 있으며, 작센알텐부르크에는 9553명의 남성 노동자와 4043명의 여성 노동자가 있다. 뷔르템베르크에는 2만 7719명, 프로이센에는 25만 명이 넘는 여성 노동자가 있다(이 수치는 가정부로 일하는 여성과 광업에서 일하는 여성은 제외한 것이다).

그러나 노동법이 적용되지 않는, 따라서 공장 감독관의 관리를 받지 않는 공장에서 일하는 수많은 여성은 제외됐기 때문에 이 통계는 실제 고용된 여성 노동의 근사치만 보여 준다. 가정부로 혹사당하는 여성의 숫자만 해도 얼마나 엄청난가!

여성 노동자 고용이 지속적으로 증가하는 이유는 여러 차례 설명했다. 즉 여성 노동이 저렴하고 생산수단과 생산방식에 기계를 도입했기 때문이다. 자동기계는 대체로 누가 조종할 필요도 없고, 엄청난 힘으로 작동하며, 기술·속도·정확성이 믿을 수 없을 정도여서 근력과 숙련 기술을 불필요한 것으로 만든다. 자본가 기업주는 전에는 여러 명의 남성 노동자를 쓰던 곳에 이제 단 한 명의 여성 노동자만 고용하면 된다. 그리고 여성 노동력이 남성 노동력보다 훨씬 더 싸기 때문에 여성을 고용하는 것을 아주 좋아한다.

여성 노동자의 생산능력이 남성 노동자에 뒤지지 않는데도 남녀 임금 격차는 대단히 크다. 여성의 임금은 남성 임금의 고작 3분의 1에서 절반 정도다.

라이프치히 상공회의소의 통계에 따르면 주급은 다음과 같이 지급된다.

	남성(마르크)	여성(마르크)
레이스 제조업	20~35	7~15
종이등 공장	16~22	7.50~10
모직업	15~27	7.20~10.20
면장갑 공장	12~30	6~15
피혁 제조업	12~28	7~18
마직물 공장	12~27	5~10
설탕 공장	10.50~31	7.50~10
고무 공장	9~27	6~17

1892년에 라이프치히 건강보험공단은 여성 노동자의 60퍼센트가 주급이 9마르크가 안 되고 32퍼센트가 12마르크 이하이며 고작 7퍼센트만이 12~21마르크를 받는다는 통계를 제시했다. 물론 임금에 관한 한 남성도 그다지 좋은 대우를 받고 있지는 못하지만 여성보다는 낫다. 남성 노동자의 37퍼센트가 15마르크 이하, 30퍼센트가 19마르크 이하, 33퍼센트가 21마르크 이하를 받는다.

베를린 화학산업의 여성 노동자들은 극도로 낮은 임금을 받고 있다. 74퍼센트가 주급이 10마르크 50페니히도 안 되며 고작 2퍼센트만 24마르크까지 받는다.

헤센, 바이에른, 작센, 튀링겐, 뷔르템베르크 등 독일제국 전역에서 공장 감독관들은 여성 노동자의 임금이 남성 노동자보다 훨씬 낮다고 보고한다. 바덴의 공장 감독관인 뵈리스호퍼는 공장 노동자의 사회적 처지를 대단히 철저하게 조사했다. 여기서도 산업에서 일하는 여성 노동자의 비참한 소득수준이 명확하게 드러난다. 뵈리스호퍼는 남녀 노동자를 임금수준에 따라 세 집단으로 분류했다. 주급이 15마르크가 안 되면 하위 집단, 15~24마르크면 중위 집단, 24마르크가 넘으면 상위 집단이다. 만하임의 여성 노동자 중 99.2퍼센트가 하위 집단에, 0.7퍼센트가 중위 집단에, 고작 0.1퍼센트만이 상위 집단에 속했다. 다시 말하면 만하임의 여성 노동자 100명 중 99명이 주급이 15마르크가 안 되고 그중 27명은 10마르크도 안 된다는 이야기다. 이 여성 노동자들의 비참한 소득수준을 보면 이들의 생활조건이 어떨지도 알 수 있다. 여성 노동자에게 이처럼 기아임금이 예사로 지급되기 때문에 당연히 수많은 여성이 프롤레타리아에서 룸펜프롤레타리아 처지로 전락한다. 절박한 궁핍 때문에 일부는 부업으로 또는 일시적으로 성매매를 할 수밖에 없다. 노동력 판매만으로 살 수 없으니 몸을 팔게 되는 것이다.

그러나 열악한 임금수준 때문에 고통받는 것은 여성 노동자만이 아니다. 남성 노동자도 마찬가지로 고통받는다. 낮은 임금 수준 때문에 여성은 단순한 경쟁자에서 남성의 임금을 떨어뜨리는 불공정한 경쟁자로 변한다. 값싼 여성 노동은 남성의 일자리를 빼앗는다. 그래서 남성도 어쩔 수 없이 낮은 임금을 받아들여야 한다. 따라서 여성 노동은 그저 값싼 노동 형태일 뿐 아니라, 남성 노동의 가치도 떨어뜨린다. 그 때문에 이윤을 갈망하는 자본가에게 여성 노동은 이중으로 이득을 준다. 여성 노동이 어떻게 임금을 떨어뜨리는 데 이용되는지를 생생하게 보여 주는 산업부문은 섬유산업이다. 섬유 노동자들의 임금이 낮은 한 가지 이유는 그 산업에서 여성 노동자를 광범하게 사용하기 때문이다. 섬유 자본가들은 전체 프롤레타리아의 노동조건과 생활조건을 극도로 낮추기 위해 여성의 값싼 노동을 이용해 왔다.

만일 합리적으로 조직된 사회라면 생산성을 수십, 수백 배 증대시키는 현대화된 생산수단과 수십만 여성 노동자의 만남은 프롤레타리아의 생활수준 향상을 가져다줬을 것이다(어떤 경우에는 실제로 그랬다). 그러나 프롤레타리아의 처지에서는 자본주의는 축복을 저주로, 부를 비참한 가난으로 바꿔 버렸다. 프롤레타리아 여성의 산업 활동에서 나오는 경제적 이익은 단지 극소수 착취자와 신성불가침한 금리생활자 집단에만 도움이 된다.

여성 노동과 그 오용으로 인한 경제적 결과에 놀라, 조직 노동자들은 처음 얼마 동안은 여성 노동을 금지하라고 요구했다. 이 문제를 단순히 임금 문제라는 협소한 시각으로만 봤기 때문이다. 그러나 사회주의 선전으로 계급의식화된 프롤레타리아는 이 문제를 다른 각도, 즉 여성의 노동이 여성의 해방과 프롤레타리아의 해방에 역사적으로 중요하다는 시각으로 볼 수 있게 됐다. 이제 계급의식을 갖춘 프롤레타리아는 여성의 산업 노동 금지가 불가능하다는 사실을 알고 있다. 그래서 그들은 이전 요구를 철회하고, 자본주의 사회에서(그리고 오직 자본주의 사회에서만!) 나타나는 여성 노동으로 인한 경제적 악영향을 여성 노동자에 대한 법률적 보호와 노동조합 조직화라는 새로운 두 가지 방법으로 감소시키려 노력하고 있다. 우리는 이미 다른 기사에서 여성 노동자에 대한 법률적 보호의 필요성과 그 이점을 설명했다. 또 여성이 얼마나 많이 산업 노동에 참여하고 얼마나 저임금을 받는지 보여 주는 위의 통계들뿐 아니라 여성 노동이 임금을 하락시키는 경향이 있다는 널리 알려진 사실도 감안하면, 여성 노동자들을 노동조합으로 조직할 필요성과 중요성을 명확히 알 수 있다.

수많은 여성 노동자들이 산업 활동에 참여하고 있다는 사실을 볼 때, 노동조합들이 이들을 노동조합운동으로 끌어들이는 것은 필수적이다. 여성 노동이 중요한 구실을 하는 산업에서는 임금 인상이나 노동시간 단축을 주장하는 어떤 운동도 미조직 여성 노동자들의 적대적 태도 때문에 처음부터 실패할 수밖에 없다. 사용자들이 노동조합원과 비조합원 여성 노동자들을 이간질할 수 있기 때문에 처음에는 아주 순조롭게 진행되던 싸움도 패배로 끝났다. 이 비조합원 노동자들은 어떤 상황에서도 계속 일했고(또는 새로 일자리를 얻었다), 이 때문에 그들은 단순히 불공정한 경쟁자가 아니라 파업 파괴자가 됐다.

여성이 노동조합으로 조직돼야 하는 이유가 단순히 노동조합 경제투쟁의 승리를 위해서만은 아니다. 여성 노동자의 기아임금을 개선하고 그들 사이의 경쟁을 완화하기 위해서도 그들을 노동조합으로 조직해야 한다.

여성의 임금이 남성의 임금보다 훨씬 낮은 데는 다양한 이유가 있다. 명백한 이유 하나는 여성 노동자들이 거의 조직돼 있지 않다는 점이다. 노동자들이 단결해서 얻을 수 있는 힘이 여성 노동자들에게는 없다. 개인이 모두를 위해 싸우고 모두가 개인을 위해 싸우는 조직이 없기 때문에 용기, 자신감, 저항 의식과 능력이 부족하다. 게다가 조직이 제공하는 의식화와 훈련을 받지 못한다. 노동자가 기계에 종속되는 현대 경제생활을 이해하지 못하면, 그들은 의식적이고 치밀하고 단결된 행동을 통해 호황기를 기회로 활용할 수도 없을 것이며, 경기후퇴의 시기에 발생하는 공격에 대항해서 자신들을 방어할 수도 없을 것이다. 만일 도저히 참을 수 없는 상황이 돼서야 마침내 투쟁하게 된다면, 그들은 대체로 안 좋은 시기에 조직적이지 못한 방식으로 싸우게 될 것이다.

이런 상황 때문에 여성 노동자들은 비참한 처지에 놓이고, 남성 노동자들은 여성과의 경쟁에 더욱 불만을 느끼게 된다. 따라서 남녀 노동자 모두의 이익을 위해 여성 노동자들을 시급히 노동조합으로 조직해야 한다. 공장이나 작업장에서 노동조건 개선을 위해 남성 동지들과 어깨를 나란히 하고 싸우는 여성 조직 노동자의 수가 많아질수록, 여성의 임금은 더 빨리 더 많이 오를 것이며, 그럼으로써 성별과 무관한 동일노동 동일임금이라는 원칙을 쉽사리 깨닫게 될 것이다. 남성 노동자와 동등해진 여성 조직 노동자는 남성 노동자의 파업 파괴자나 경쟁자이기를 그만두게 된다.

노동조합으로 조직된 남성 노동자들은 여성 노동자들을 노동조합원으로 받아들이는 것이 얼마나 중요한 일인지를 더욱더 확실히 깨닫고 있다. 지난 몇 년 동안 노동조합들은 이 문제에 적잖은 노력을 기울였다. 그러나 많은 성과를 거두지는 못했고 갈 길이 멀다.

독일노총의 보고서에 따르면 52개 노동조합 중에서 남녀 노동자를 모두 조합원으로 두는 경우는 14개뿐이다. 그리고 여성만으로 구성된 노동조합이 2개 있다. 여성을 고용하는 산업의 숫자가 지속적으로 크게 증가하고 있는 상황에서 이 사실이 의미하는 것은 무엇일까?

여성을 노동조합으로 조직하기 시작한 산업부문에서조차 이런 조직화는 아직 걸음마 단계다.

노동조합	전체 조합원	여성 조합원	여성 조합원의 비율(퍼센트)
담배 제조 노동자	11,079	2,560	23.1
섬유 노동자	6,515	620	9.5
제본공	2,752	210	7.6
붓 제조공	858	59	6.9
담배 분류공	480	30	6.2
목수	608	28	4.6
금은세공사	1,934	83	4.3
제빵사	395	14	3.5
금박공	555	16	2.9
재단공	6,272	131	2.1
제화공	10,150	150	1.5
금속 노동자	26,121	152	0.6
선반공	2,288	1	
안장 제조공	1,102	1	
다림질 노동자	100	1	
여성연맹	200	200	

비고: 지역별 노조로 조직된 여성 노동자는 포함돼 있지 않다. 이들에 대한 통계는 없지만, 어쨌든 극소수다.

여성 조합원 비율을 보면, 담배 제조 노동자가 제일 높지만 이조차 전체 조합원의 4분의 1에 미치지 못한다. 1882년 전체 담배 산업 노동자의 43.1퍼센트가 여성이었다. 해당 산업에서 일하는 여성의 비율이 그다음으로 높은 4개의 노동조합에서는 여성 노동자가 전체 조합원의 10퍼센트에도 미치지 못한다. 또 금은산업에 고용된 여성 노동자의 수가 상당히 많은데도 금은세공사노조에서 여성 조합원의 비율은 5퍼센트도 안 된다. 1882년에 제사 공장 노동자의 60퍼센트와 방직 공장 노동자의 30퍼센트가 여성이었지만 노동조합 조직률은 9.5퍼센트에 불과했다. 일반적으로 섬유산업에서 기아임금이 만연한 것을 생각하면 이런 통계는 여성을 조직할 필요성이 얼마나 큰지를 보여 준다.

이런 필요성을 인정한다면 노동조합들은 여성을 조직하기 위해 총력을 다해야 한다.

물론 이 문제의 해결을 가로막는 요인 중에 여성 노동자들 자신의 약점도 있다는 것을 우리가 간과하는 것은 아니다. 어리석은 체념, 연대감 부족, 소심함, 온갖 편견과 공장주에 대한 두려움 때문에 많은 여성이 노동조합 가입을 꺼린다. 그 밖에 여성은 공장뿐 아니라 가정에서도 노예고 이중의 부담을 질 수밖에 없어서 여성 노동자의 여가 시간이 부족한 것도 여성을 대규모로 조직하는 데서 주요 걸림돌이다. 그러나 경제가 발전하고 계급투쟁이 갈수록 첨예해지면서 남녀 노동자 모두 노동조합으로 단결할 필요성을 깨닫고 있고 위에 언급한 어려움들을 극복하기 위해 노력하고 있다.

물론 지난 몇 년 동안 노동조합들이 여성 노동자를 조직하기 위해 상당한 노력을 기울여 온 것은 사실이다. 그러나 이 과제의 시급성과 중요성을 고려하면 노력도 성과도 아직 부족하다. 대부분의 남성 조합원들은 동일한 직종의 남녀 노동자를 공동의 노동조합으로 조직하는 것이 불가피하다는 점을 이론적으로는 인정한다. 그러나 실제로는 많은 조합원들이 별 노력을 기울이지 않는다. 여성 노동자 조직화에 꾸준히 열정을 쏟는 것은 극소수 노동조합과 그 안의 몇몇 개인들뿐이다. 대다수 조합원들은 이런 활동을 거의 돕지 않는다. 그들은 이런 노력을 필요성은 있지만 함께할 필요는 없는 사소한 일로 여긴다. "노동조합에 냉담한 비조합원 남성 노동자가 아직도 이렇게 많은데" 하면서 말이다. 이런 관점은 완전히 잘못된 것이다.

여성 노동자 조직화는 단지 소수만이 아니라 모든 조합원이 공장과 작업장에서 자신의 여성 동료들을 끌어들이기 위해 최선을 다해야만 의미 있는 성과를 거둘 수 있다. 이 과제를 수행하기 위해서는 두 가지가 필요하다. 남성 노동자는 여성 노동자를 주로 젊고 예쁘고 사랑스럽고 쾌활한지 그렇지 않은지에 따라 구애할 대상으로만 여기는 태도를 버려야 한다. 또 교육받은 여성인지 그렇지 않은지에 따라 무례하게 치근덕거려도 되는 대상으로 여기는 태도를 버려야 한다. 노동자들은 여성 노동자들을 무엇보다 프롤레타리아 여성으로, 계급 노예제에 맞서 싸우는 노동계급 동지이자 계급투쟁에 꼭 필요한 동등한 전우로 여기는 데 익숙해져야 한다.

노동조합들은 사회민주당 당원과 지지자가 모두 노동조합원이 되는 게 중요하다고 호들갑을 떨고 있다. 우리가 보기에는 광범위한 무정형의 대중을 노동운동에 끌어들이는 데 집중하는 것이 훨씬 더 중요한 일인 것 같다. 노동조합들의 주요 과제는 계급투쟁에 대비해 모든 노동자를 의식화하고 훈련하고 교육하는 것이다. 여성 노동의 지속적 증가와 그 영향을 고려할 때, 만일 노동운동이 광범위한 프롤레타리아 대중을 조직하려 노력하면서 남성 노동자만큼이나 여성 노동자에게도 관심을 기울이지 않는다면 스스로 무덤을 파는 것이나 마찬가지일 것이다.

2장
부르주아 여성운동과 사회주의 여성운동

프롤레타리아 여성과 함께해야만 사회주의는 승리할 수 있다

클라라 체트킨

바흐오펜,* 모건** 등의 연구는 여성에 대한 사회적 억압이 사유재산의 발생과 동시에 일어났음을 보여 줍니다. 가족 안에서 소유자로서 남편과 비소유자로서 아내라는 대조적 관계는 여성의 경제적 의존과 사회

출처: 독일 사회민주당 고타 당대회 연설(1896년 10월 16일).

* 요한 야콥 바흐오펜(1815~1887) 법률가이자 인류학자. 1886년에 《모권》[국역: 《모권 1·2》, 나남, 2013]이라는 책을 출판했다. 가족제도의 역사를 과학적으로 설명하려 한 최초의 시도였다. 모권이 부권보다 역사적으로 앞선다고 주장했다. 미국 인류학자 루이스 헨리 모건의 친족 관계 분석을 받아들였다 — 영어판 편집자.

** 루이스 헨리 모건(1818~1881) 아메리칸 인디언의 친족 관계를 연구한 변호사. 1877년에 출판된 책 《고대사회》[국역: 《고대사회》, 문화문고, 2005]로 유명하다. 문화 발전에서 사유재산이 끼치는 영향을 강조해 마르크스와 엥겔스에게 영향을 미쳤다 — 영어판 편집자.

적 무권리의 근거가 됐습니다. 엥겔스에 따르면* 이런 사회적 무권리는 최초이자 가장 오래된 계급 지배 형태 중의 하나입니다. 엥겔스는 "가족 안에서 남편은 부르주아가 되고 아내는 프롤레타리아가 된다"고 말합니다. 그렇지만 당시에는 현대적 의미의 여성 문제는 아직 존재하지 않았습니다. 전前자본주의 시대에 수많은 여성에게 생계 수단과 삶의 의미를 제공했던 옛 가족경제 체제를 파괴함으로써 현대적 의미의 여성 문제를 발생시킨 사회변동을 낳은 것은 자본주의 생산양식이었습니다. 따라서 우리 시대 여성의 경제활동에 대한 흔한 생각(쓸모없다거나 하찮다는 생각)으로 고대 여성의 경제활동을 바라봐서는 곤란합니다. 옛 가족 형태가 지속되는 동안에는 여성은 생산 활동을 통해 삶의 의미를 찾을 수 있었습니다. 그래서 여성은 개인적 능력 개발이 엄격히 제한돼 있었는데도 자신이 사회적 권리가 없다고 인식하지는 않았습니다.

르네상스 시대는 현대적 의미의 개성이 깨어나 여러 방면에서 충분하고 완전하게 발전할 수 있었던 질풍노도의 시기였습니다. 우리는 선악을 초월하고 종교적·도덕적 계율을 타파하고 천당과 지옥을 비웃어 버린 위대한 사람들을 이 시기에 발견하게 됩니다. 사회·예술·정치 활동에 깊숙이 참가한 여성들도 찾아볼 수 있습니다. 그러나 아직 여성운동의 흔적은 전혀 발견할 수 없습니다. 당시 분업의 영향으로 옛 가족경제 체제가 흔들리기 시작했다는 점을 생각할 때 이 사실은 더욱 특이해 보입니다. 수많은 여성이 더는 가족 안에서 생계 수단과 삶의 의미를 찾

* 1884년에 처음 출판된 엥겔스의 《가족, 사유재산, 국가의 기원》[국역: 《가족, 사유재산, 국가의 기원》, 두레, 2012]을 가리킨다 — 영어판 편집자.

을 수 없었습니다. 그러나 이와 같은 의미의 여성 문제는 당시의 수녀원, 자선단체 등에 의해 해결될 수 있었습니다.

기계와 현대적 생산양식이 서서히 가내수공업을 붕괴시킴에 따라 여성 문제는 이제 훨씬 더 많은 여성의 문제로 대두됐습니다. 이제 어디서 생계 수단을 찾을 것인가? 어디서 정신적 만족을 주는 일자리와 의미 있는 삶을 찾을 것인가? 이제 수많은 여성이 가정을 떠나 사회에서 그것을 찾아야 했습니다. 그때에 이르러서야 비로소 여성은 자신들의 사회적 무권리 상태가 가장 기본적인 이익조차 침해한다는 사실을 깨닫게 됐습니다. 현대적 의미의 여성 문제가 등장한 것은 이때부터입니다. 현대적 생산양식 때문에 여성 문제가 얼마나 더 첨예해졌는지를 보여 주는 몇 가지 통계가 있습니다. 1882년에 전체 여성 2300만 명 가운데 550만 명이 전일제로 고용돼 있었습니다. 다시 말해 여성 인구의 4분의 1이 가족 안에서 생계를 해결할 수 없었다는 뜻입니다. 1895년 인구조사에 따르면 농업에 고용된 여성은 1882년보다 6~8퍼센트 증가한 데 반해 농업에 고용된 남성은 3퍼센트 감소했습니다. 공업과 광업 분야에서는 여성 노동자의 수가 35퍼센트 증가했고 남성은 28퍼센트 증가에 그쳤습니다. 소매업에 고용된 여성의 수는 94퍼센트나 증가한 데 반해 남성은 38퍼센트만 증가했습니다. 이 딱딱한 통계 수치는 여성 문제의 해결이 얼마나 시급한지를 어떤 과장된 미사여구보다도 더 잘 보여 줍니다.

그런데 여성 문제는 자본주의 생산양식의 산물인 특정 사회 계급들에서만 나타납니다. 자연경제(심각하게 훼손되고 축소됐지만)를 유지하고 있는 농촌에서 여성 문제를 발견할 수 없는 것은 이 때문입니다. 그러나 현대적 생산양식이 탄생시킨 사회 계급들에서는 분명히 여성 문제가 존재합니다. 프롤레타리아, 부르주아지, 지식인, 상류계급의 여성에게는 여성 문제가 존재합니다. 여성 문제는 각 계급의 상황에 따라 저마다 다른 양상을 띱니다.

상류계급의 여성 문제는 어떤 것일까요? 상류계급 여성은 재산 덕택에 자유롭게 개성을 발전시키고 내키는 대로 살아갈 수 있습니다. 그러나 아내로서의 역할 면에서는 여전히 남편에게 종속돼 있습니다. 가족법에는 여전히 남편이 가장이고 아내의 보호자라고 적혀 있습니다. 아내가 법적으로 남편에게 종속되는 상류계급의 가족은 어떻게 이뤄집니까? 애초부터 그런 가족은 도덕적 전제 조건이 없습니다. 인격이 아니라 돈이 결혼을 지배합니다. "돈이 곧 도덕이다"가 그들의 좌우명입니다. (청중 "옳소!") 따라서 이 결혼에서는 매춘이 미덕이 됩니다. 이후의 결혼생활 역시 이 원칙에 따르게 됩니다. 상류계급 여성은 불가피한 상황만 아니면 언제라도 배우자·어머니·주부로서의 임무를 하인에게 떠맡길 수 있습니다. 이런 부류의 여성이 꼭 이루고자 하는 게 있다면 그것은 무엇보다 자유롭게 재산을 처분할 수 있는 권리일 것입니다. 그렇기 때문에 이 요구가 상류계급 여성운동의 요구 가운데 핵심입니다. 이 여성들은 자기 계급의 남성 세계에 맞서 자신들의 요구를 실현하려고 투쟁하면서, 과거 부르주아지가 특권계급에 대항해 싸웠던 바로 그와 같은 투쟁, 다시 말해서 재산의 소유에 바탕을 둔 사회적 차별을 제거하는 투쟁을 합니다. 여성의 자유로운 재산 처분권 요구가 개인의 권리를 다루는 것이 아니라는 사실은 스툼 씨가* 제국 의회에서 이 요구를 옹

---

* 카를 페르디난트 폰 스툼할베르크(1836~1901) 자를란트의 유명한 기업가이자 자유보수

호하면서 한 연설에서 드러납니다. 스툼 씨는 결코 개인의 인권을 옹호하지 않았습니다. 독일에서 이자는 단지 개인이 결코 아닙니다. 그는 피와 살을 가진 자본 그 자체입니다. (청중 "옳소!") 따라서 만약 이자가 여성의 권리를 옹호하는 싸구려 가장행렬에 얼굴을 드러냈다면 자본주의의 논리가 약속하는 그만한 이유가 있기 때문입니다.

스툼이라면 능히 자기가 시키는 대로 하지 않는 노동자를 굶주리게 만들고 사회 정치 문제에 개입하는 교수와 학자가 피고용인이라는 처지 때문에 어려운 상황에 빠지면 만족한 미소를 지으며 환영할 인물입니다. 스툼 씨는, 부자에게 자식이 딸밖에 없어서 여성이 재산을 상속받게 됐을 때 여성이 자신의 재산을 처분할 수 있는 권리를 제도화하기 위해 노력할 뿐입니다. 자본주의는 여성에게 영광을 베풀며 재산을 처분할 수 있도록 허락합니다. 이것은 사유재산 해방의 마지막 국면입니다.

프티부르주아지, 중간계급, 부르주아 지식인 집단에서는 여성 문제가 어떻게 나타날까요? 여기서는 가족을 해체하는 것이 재산이 아니라 주로 자본주의 생산의 결과로 나타나는 현상들입니다. 자본주의 생산이 승리의 행진을 계속하는 한, 중간계급과 프티부르주아지는 점점 파멸을 향해 몰락해 갈 수밖에 없습니다. 부르주아 지식인은 다른 환경 때문에 생활 조건이 악화됩니다. 자본주의는 지적이고 과학적으로 훈련된 노동력이 필요합니다. 그래서 자본주의는 정신노동을 하는 프롤레타리아를 지나치게 많이 양산했으며 이 때문에 전에는 존경받고 안정된 사회적 지위를 누리던 전문직 계층의 지위가 점차 추락하고 있습니다. 이처

당의 정치 지도자였다 — 영어판 편집자.

럼 지위가 추락해 감에 따라 전문직의 혼인율은 떨어지고 있습니다. 한편으로는 물질적 기반이 악화되고 다른 한편으로는 개인의 삶에 대한 기대치가 상승해서 전문직 남성은 결혼하기 전에 두 번 세 번 숙고할 것이기 때문입니다. 결혼연령 역시 계속 상승하고 또 우리 시대에는 법적 아내가 없어도 나이 든 독신남에게 안락한 생활을 보장해 주는 충분한 사회제도가 존재하기 때문에 남성이 결혼해야 한다는 압박을 전혀 느끼지 않습니다. 자본주의는 프롤레타리아를 착취하며 기아임금만 지급해서 이 남성들의 요구에 응하는 성매매 여성을 충분히 공급합니다. 그래서 부르주아 전문직 집단에서 미혼 여성의 수가 지속적으로 증가합니다.

이 집단의 여성은 스스로 생계를 해결하고 정신적 만족도 얻기 위해 사회로 진출할 수밖에 없습니다. 부르주아 전문직 여성은 상류계급처럼 사유재산 소유자로서 남성과 동등한 권리를 누리지 못합니다. 이 집단의 여성은 아직 남성과 동등한 경제적 평등을 성취하지 못했으므로 다음 두 가지 요구를 제기해야만 평등해질 수 있습니다. 교육·취업 기회의 평등 요구가 그것입니다. 이것은 경제적 관점에서 남녀가 모든 직업에 자유롭게 접근하고 아무 제한 없이 경쟁하는 것을 의미할 뿐입니다. 이 요구가 실현되면 부르주아 전문직 남녀 간의 갈등이 전면화할 것입니다. 전문직 세계의 남성은 여성과의 경쟁 때문에 여성의 권리 요구에 저항하게 됩니다. 순전히 그리고 단순히 경쟁이 두렵기 때문입니다. 여성의 정신노동에 반대하는 다른 이유들, 즉 여성은 두뇌 용량이 적다는 둥 여성의 본업은 어머니라는 둥 하는 것들은 모두 엉터리 핑계에 불과합니다. 이런 각축전은 이 사회계층의 여성으로 하여금 자신들의 경제활동을 가로막아 온 장애물을 정치투쟁으로 무너뜨리기 위해 정치적 권리를 요구하게 만듭니다.

지금까지 저는 근본적이고 순전히 경제적인 구조에 관해서만 이야기 했습니다. 그러나 부르주아 여성운동을 경제적 동기로만 파악하는 것은 공평치 못합니다. 이 운동은 더 심오한 정신적·심리적 측면을 내포하고 있습니다. 부르주아 여성은 경제적 독립을 원할 뿐 아니라 정신적 자양분을 요구하고 개성의 발전을 바랍니다. 심리학적으로는 흥미로울지 모르나 현실에서는 슬프기 짝이 없는 노라의 군상들, 즉 인형의 집에서 인형처럼 살아가는 데 싫증을 느끼고 현대 문화의 발전에 동참하고 싶어하는 여성들을 발견하게 되는 곳이 바로 이 계층입니다. 부르주아 여권운동의 지적·도덕적·경제적 노력은 지극히 정당한 것입니다.

프롤레타리아 여성에 관한 한 여성 문제를 창출한 것은 끊임없이 값싼 노동력을 찾아 착취해야 하는 자본주의의 필요입니다. 프롤레타리아 여성이 우리 시대 경제생활의 메커니즘에 얽혀 작업장과 기계에 매이게 된 것도 이 때문입니다. 프롤레타리아 여성은 남편을 도와 생계를 꾸려 나가기 위해 경제생활에 뛰어들었습니다. 그러나 자본주의 생산양식은 여성을 불공정한 경쟁자로 만들어 버렸습니다. 그녀는 가정에 풍요를 가져다주려 했다가 뜻밖에 재앙을 가져온 꼴이 돼 버렸습니다. 프롤레타리아 여성은 자녀에게 밝고 즐거운 생활을 마련해 주려고 일자리를 구했지만 오히려 가족과 거의 완전히 분리돼 버렸습니다. 프롤레타리아 여성은 노동자로서 남성과 동등해졌습니다. 기계 덕분에 근력이 불필요해졌고 어디서나 여성의 노동은 남성과 똑같은 생산 성과를 낳았습니다. 그리고 여성은 값싼 노동력으로 여겨질 뿐 아니라 무엇보다 순종적이어서 자본가의 착취에 대항해 저항하는 경우가 아주 드물기 때문에 자본가는 가능하면 여성 고용을 늘리려 합니다. 이 모든 사실로 말미암아 프롤레타리아 여성은 독립을 획득했습니다. 그러나 그 대가는 참으로 컸고 지금은 아무것도 얻지 못했습니다. 가내 생산 시대에는 남성이 때때로 채찍으로 아내를 길들일 권리를 가지고 있었다면(바이에른 선제후국의 법률만 봐도 알 수 있습니다!), 지금의 자본주의는 쇠갈고리 채찍으로 여성을 길들이는 셈입니다. 이전 시대에 남성의 아내 지배는 둘 사이의 인간관계를 통해 완화됐지만 사용자와 노동자의 관계는 오직 금전관계일 뿐입니다. 프롤레타리아 여성은 경제적 독립을 획득했지만, 인간으로서도 여성이나 아내로서도 자신의 개성을 발전시킬 기회를 얻지 못했습니다. 아내와 어머니로서의 일을 위해서는 자본주의 생산이 적선하듯이 던져 주는 빵 부스러기가 남아 있을 뿐입니다.

따라서 프롤레타리아 여성의 해방 투쟁은 부르주아 여성처럼 자기 계급의 남성에 맞서 싸우는 투쟁과는 전혀 다릅니다. 오히려 전체 자본가 계급에 맞서 자기 계급 남성과 공동 투쟁을 전개해야 합니다. 프롤레타리아 여성은 자유로운 시장 경쟁 참여를 방해하는 장벽을 무너뜨리기 위해 자기 계급 남성과 싸울 필요가 없습니다. 자본주의의 착취와 현대적 생산양식의 발전 덕분에 그와 같은 투쟁의 필요성이 없어졌습니다. 오히려 프롤레타리아 여성에 대한 착취를 막는 장벽을 새로이 구축할 필요가 있습니다. 프롤레타리아 여성에게 아내와 어머니로서의 권리를 돌려주고 영원히 보장해야 합니다. 프롤레타리아 여성의 궁극적 목표는 남성과의 자유경쟁이 아니라 프롤레타리아의 정치적 지배를 확립하는 것입니다. 프롤레타리아 여성은 자본주의 사회에 맞서 자기 계급 남성과 손을 잡고 싸웁니다. 물론 그녀는 부르주아 여성운동의 요구들에도

동의하지만, 그런 요구의 실현을 단지 여성운동이 프롤레타리아와 동일한 무기로 무장하고 함께 전투에 임할 수 있게 해 주는 수단으로만 여깁니다.

기본적으로 부르주아 사회는 부르주아 여성운동에 반대하지 않습니다. 이것은 각국에서 여성에 관한 법률이 개혁되고 있는 사실에서 드러납니다. 이런 개혁의 달성이 독일에서 유난히 오래 걸리는 이유는 두 가지인 것 같습니다. 먼저 부르주아 전문직 남성들이 여성과의 경쟁을 두려워합니다. 둘째, 프롤레타리아에 대한 계급적 공포 때문에 부르주아지의 역사적 과제를 제대로 수행하지 못하고 있는 독일 부르주아 민주주의의 느리고 미약한 발전을 고려해야 합니다. 독일의 부르주아지는 그와 같은 개혁의 실현이 단지 사회민주주의만 이롭게 할 것이라 여겨 두려워합니다. 부르주아 민주주의가 그와 같은 공포에 덜 마비될수록 개혁에 나설 가능성은 더 높아집니다. 영국이 좋은 예입니다. 영국은 아직도 부르주아지가 정말로 강력한 유일한 나라입니다. 반면에 독일 부르주아지는 프롤레타리아에 대한 두려움에 떨며 정치적·사회적 개혁에 나서기를 회피하고 있습니다. 독일에는 속물적 관점이 널리 퍼져 있다는 점도 어려움을 가중시킵니다. 독일 부르주아지는 이런 속물적 편견에 물들어 있습니다. 확실히 부르주아 민주주의의 이런 두려움은 매우 근시안적인 것입니다. 여성에게 정치적 평등을 부여한다고 해서 실제로 힘의 균형이 바뀌지는 않습니다. 프롤레타리아 여성은 결국 프롤레타리아이며 부르주아 여성은 결국 부르주아 진영에 속하게 됩니다. 우리는 부르주아 여성운동이 사회주의적 경향을 보인다고 해서 거기에 속아서는 안 됩니다. 이런 경향은 부르주아 여성이 차별받는다고 느끼는 한에만 유지될 것이기 때문입니다.

부르주아 민주주의가 자신의 임무를 이해하지 못할수록 사회민주주의가 여성의 정치적 평등을 주장하는 것이 더욱 중요해집니다. 우리는 자신을 과장하려는 것이 아닙니다. 우리는 어떤 원칙을 위해서가 아니라 프롤레타리아 계급의 이익을 위해 이런 요구를 하는 것입니다. 여성노동이 남성의 생활수준에 악영향을 미치면 미칠수록 경제투쟁에 여성을 끌어들일 필요성은 더욱 절박해집니다. 정치투쟁이 각 개인의 삶에 영향을 미치면 미칠수록 여성이 이 정치투쟁에 참여해야 할 필요성은 더욱 절실해집니다. 처음으로 여성이 계급 정의, 계급 국가, 계급 지배라는 말의 의미를 분명하게 이해하게 된 것은 사회주의자단속법* 때문이었습니다. 여성이 자신들의 가족생활을 난폭하게 짓밟는 세력에 관해 제대로 알아야겠다고 느끼게 해 준 것이 이 법이었습니다. 사회주의자단속법은 무수한 여성 활동가들조차 이루지 못한 일을 성공적으로 수행했습니다. 우리는 사회주의자단속법의 창시자뿐 아니라 이 법을 집행하며 자신도 모르게 놀라운 선전 활동을 해 준 모든 국가기관(장관부터 일선 경찰관까지)에 정말이지 깊은 감사를 드립니다. 이런데도 사회민주주의자들이 배은망덕하다고 비난할 수 있을까요? (웃음)

그러나 또 다른 사건도 여성에게 큰 영향을 미쳤습니다. 아우구스트 베벨의 책 《여성과 사회주의》가 출판된 것입니다. 이 책은 이 책의 결점이나 장점에 따라 판단해서는 안 됩니다. 오히려 이 책이 쓰인 시대의

---

* **사회주의자단속법** 1878년 비스마르크가 제정한 것으로 사회주의자 단체, 모임, 출판물을 모두 금지했다. 1890년에 폐지됐다.

상황 속에서 판단해야 합니다. 이 책은 단순히 한 권의 책을 넘어서 하나의 사건이며 위대한 행위입니다. (청중 "옳소!") 이 책은 처음으로 여성 문제와 역사 발전의 연관성을 지적했습니다. 이 책에서 최초로 다음과 같은 주장이 나왔습니다. "만일 여성을 설득해 우리의 동지로 삼을 수 있다면, 우리는 미래를 정복할 것이다." 저는 한 사람의 여성으로서가 아니라 당원으로서 이 주장에 동의합니다.

이제 우리는 여성을 향한 선전 활동으로 어떤 실천적 결론을 끌어내야 할까요? 이 당대회의 임무는 정교한 실천적 제안을 내놓는 것이 아니라 프롤레타리아 여성운동의 일반적 방향을 도출해 내는 것입니다.

우리의 일반적 방향은 다음과 같아야 합니다. 즉, 우리는 특수한 여성 문제를 선전하는 것이 아니라 여성에게 사회주의 선전을 해야 합니다. 여성만의 사소한 일시적 이해관계가 중심이 돼선 안 됩니다. 우리의 임무는 우리의 계급투쟁에 현대 프롤레타리아 여성을 동참시키는 것입니다. (청중 "옳소!") 우리에게 여성을 향한 특수한 선동 과제가 있는 것은 아닙니다. 현 사회의 테두리 안에서 성취돼야 할 여성을 위한 개혁 과제들은 이미 우리 당의 최소강령에 담겨 있습니다.

여성을 향해 선전할 때는 일반적 프롤레타리아 운동에 아주 중요한 문제를 모두 다뤄야 합니다. 사실 중요한 과제는 여성의 계급의식을 일깨우는 것이며 그들을 계급투쟁에 동참시키는 것입니다. 여성 노동자를 노동조합으로 조직하는 것은 몹시 어렵습니다. 1892~1895년에 전국 단위 노조로 조직된 여성 노동자의 수는 대략 7000명으로 성장했습니다. 지역별 노조로 조직된 여성 노동자도 일부 있지만, 적어도 70만 명의 여성 노동자가 대규모 산업에서 일하고 있다는 점을 인식한다면 우리 앞에 놓인 조직 사업이 여전히 얼마나 어마어마한지를 깨닫게 될 것입니다. 많은 여성이 가내공업에서 노동하고 있어서 상당한 어려움을 이겨내야만 조직화가 가능하다는 사실 때문에 우리의 사업은 더욱 힘듭니다. 또 젊은 여성들이 자신들의 산업 노동은 일시적이며 결혼과 더불어 그만두게 될 거라고 생각한다는 점도 고려해야 합니다. 많은 여성이 공장과 가정에서 노동해야 하는 이중의 의무를 짊어지고 있습니다. 그래서 여성 노동자가 법정 노동시간을 쟁취하는 것이 그만큼 필요한 일입니다.

영국에서는 가내공업이 사라지고 법정 노동시간이 확립되고 임금 인상을 쟁취하는 것이 여성 노동자를 노동조합에 조직하는 데 중요한 전제 조건임을 모든 사람이 동의하는 반면, 독일에서는 이런 장애물 외에도 노동조합법과 집시법을 강제해야 하는 문제가 있습니다. 독일제국 헌법은 여성 노동자들의 완전한 단결권을 보장하지만, 개별 연방 국가들의 법률은 이를 휴지 조각으로 만들었습니다. 노동조합을 결성할 권리가 작센에서 어떻게 적용되고 있는지는 이야기하고 싶지도 않습니다(그것조차 권리라고 부를 수 있는지 모르겠습니다). 그러나 가장 큰 두 지역, 즉 바이에른과 프로이센에서 노동조합법은 여성의 노동조합 가입을 점점 더 불가능하게 만드는 방향으로 적용되고 있습니다. 최근에 '진보주의자'의 지역이라는 프로이센에서는 영원한 장관 후보자 베니히센 씨가 노동조합법과 집시법을 얼마나 제멋대로 해석할 수 있는지 보여 줬습니다. 바이에른에서는 여성이 집회에 참가할 수 없습니다. 바이에른 의회에서 프라일리치 씨는 노동조합법을 적용할 때는 그 문구만이 아니라 입법자들의 의도도 고려해야 한다고 아주 공공연하게 선언했습니다. 프라일리치 씨는 입법자들의 의도를 정확히 알기에 가장 좋은 위치에 있습니다. 이 입법자들은 프라일리치 씨가 경찰청장에 임명돼서 바이에른이 아무도 꿈꿀 수 없을 만큼 좋은 곳이 되기 전에 모두 죽어 버렸지만, 걱정할 게 없습니다. 누구든 신에게 관직을 하사받으면 영혼도 함께 하사받기 때문입니다. 그래서 이 영성의 시대에 프라일리치 씨는 이 영혼을 가지고 4차원의 세계를 통해 오래전에 죽은 입법자들의 의도를 알아낸 것입니다. (청중 웃음)

그러나 상황이 이렇다고 해서 프롤레타리아 여성이 남성과 함께 스스로를 조직하는 것이 불가능한 것은 아닙니다. 지금까지 프롤레타리아 여성은 경찰력과 법적 술수에 대항해 투쟁해야 했고 겉으로 보면 여성들이 패배한 것 같습니다. 그러나 실제로는 그들이 승리자입니다. 왜냐하면 프롤레타리아 여성의 조직을 분쇄하기 위해 사용된 이 모든 조치가 단지 여성들의 계급의식을 성장시키는 데 기여했을 뿐이기 때문입니다. 만일 우리가 정치·경제 영역에서 강력한 여성 조직을 건설하기를 원한다면, 먼저 가내공업에 반대하고 노동시간을 줄이고 무엇보다 허울뿐인 단결권에 대항해 싸움으로써 여성이 자유롭게 운동에 참여할 수 있게 가능성을 열어 줘야 합니다.

우리는 이 당대회에서 여성에게 어떤 형식으로 선전을 할지 결정할 수는 없습니다. 먼저 우리는 여성들 사이에서 어떻게 활동해야 하는지를 배워야 합니다. 여러분에게 제출된 결의안은 여성들 사이에서도 작업장 위원을 선출해서 여성들의 노동조합과 경제조직을 활성화하고 그것이 안정적이고 체계적으로 자리 잡게 만들자고 제안하고 있습니다. 이 제안은 새로운 것이 아닙니다. 그것은 프랑크푸르트 당대회에서 채택됐으며 몇몇 지역에서는 성공적으로 실행되고 있습니다. 이 제안이 좀 더 대규모로 실행되면 프롤레타리아 여성을 더욱더 많이 프롤레타리아 운동에 끌어들일 수 있을지는 시간이 이야기해 줄 것입니다.

우리의 선전은 오로지 구두 형태로만 수행돼서는 안 됩니다. 수동적인 사람들은 대부분 우리 모임에 나오지 않으며 수많은 아내와 어머니도 우리 모임에 나올 수 없습니다. 사실 프롤레타리아 여성을 어머니와 아내의 의무에서 멀어지게 하는 것이 사회주의 선전의 과제는 아닐 것입니다. 오히려 프롤레타리아의 해방을 위해 이 과제를 전보다 더 잘 해낼 수 있도록 격려해야 합니다. 가족의 상황이 좋을수록, 여성이 가정에서 자신의 능력을 더 잘 발휘할수록, 더 잘 투쟁할 수 있을 것입니다. 자녀의 교육자·양육자 구실을 더 잘할수록 자녀를 더 잘 의식화할 수 있을 것이고 그러면 그 자녀들이 우리 세대의 뒤를 이어 기꺼이 열정적으로 프롤레타리아 해방에 헌신하며 계속 싸워 나갈 것입니다. 그렇게 되면 한 사람의 프롤레타리아가 "내 아내!"라고 말할 때 그는 마음속으로 "내 이상의 동지이며 투쟁의 전우이며 미래에 투쟁할 내 아이들의 어머니"라고 덧붙이게 될 것입니다. 남편과 자녀를 계급의식으로 채우는 수많은 어머니와 수많은 아내는 이 대회에 참가한 여성 동지들만큼이나 중요한 일을 하고 있는 것입니다. (청중 박수)

따라서 산이 무함마드에게 오지 않는다면 무함마드가 산으로 가야 합니다. 우리는 체계적으로 쓰인 선전물을 통해 여성에게 사회주의를 알려야 합니다. 이를 위해 소책자를 배포할 것을 제안합니다. 사회주의 강령 전체와 우리 세기의 모든 과학적 지식을 공책 크기 8쪽으로 압축하는 전통적 소책자를 말하는 것이 아닙니다. 그보다는 현실 쟁점 한 가지를 하나의 시각, 즉 계급투쟁의 시각에서 논하는 작은 소책자를 사용해야 합니다. 그리고 우리는 소책자 제작의 기술적 측면에 무관심한 태도를 취해서는 안 됩니다. 전통적으로 그랬듯이 가장 질이 나쁜 종이와 인쇄 방식을 사용해서는 안 됩니다. 프롤레타리아 여성은 프롤레타리아 남성만큼 인쇄물을 중요하게 여기지 않기 때문에 그와 같이 볼품없는 소책자는 구겨서 내버릴 것입니다. 영국·미국의 금주론자들을 모방해서 4~6쪽의 아주 작은 소책자를 만들어야 합니다. 왜냐하면 프롤레타리아 여성도 여성이라서 "자그마한 게 참 귀엽구나. 하나 가져가서 간직해야겠다!" 하고 생각할 것이기 때문입니다. (청중 웃음과 박수) 아주 중요한 문장은 큰 활자로 인쇄해야 합니다. 그러면 프롤레타리아 여성이 읽는 게 두려워 지레 겁먹지 않고 관심을 가질 수 있을 겁니다.

개인적 경험 때문에 저는 여성을 위한 신문을 따로 창간하자는 계획을 옹호할 수 없습니다. 제 개인적 경험이란 《디 글라이히하이트》*(이것은 여성 대중이 아니라 선진적 전위를 겨냥한 것입니다)의 편집자로서의 경험이 아니라 여성 노동자 사이에서 문건을 배포해 본 경험을 말합니다. 그나우크쿼네 부인의** 행동에 자극받아서 저는 어떤 공장에서 몇 주 동안 신문을 배포한 적이 있습니다. 이 과정을 통해 저는 그곳의 여성들이 신문을 통해 무언가를 깨달으려 하는 것이 아니라 즐겁고 재미있는 기사만 읽는다는 것을 알았습니다. 따라서 저렴한 신문을 발간하는 데 필요한 엄청난 노력을 들일 만한 가치가 없습니다.

---

* 《디 글라이히하이트》(평등)는 체트킨이 1892~1917년에 편집한 사회주의 여성 잡지다.

** 엘리자베트 그나우크쿼네(1850~1917) 그리스도교 여성운동의 지도자. 〈룬트샤우〉(전망)라는 일간지를 발행했다.

그 대신 우리는 여성이 프롤레타리아 여성, 아내, 어머니로서 사회주의에 친숙해질 수 있도록 일련의 소책자를 만들어야 합니다. 지금까지 우리는 포프 부인의* 뛰어난 소책자 외에는 제대로 된 소책자를 낸 적이 없습니다. 우리의 일간지들도 지금까지보다 더 많은 일을 해야 합니다. 일부 일간지들은 여성면을 따로 만들어서 여성을 의식화하려는 시도를 했습니다. 《마그데부르거 폴크스슈티메》(마그데부르크 민중의 소리)는 이런 노력의 모범 사례이며, 츠비카우의 골트슈타인 동지는 능숙하게 성공적으로 그것을 모방했습니다. 그러나 지금까지 일간지들은 프롤레타리아 여성을 의식화하려 노력하기보다는 그들의 무지와 미숙한 분별력에 비위를 맞추며 단순한 구독자로 대했습니다.

다시 말하지만, 이것은 제안일 뿐이며 여러분 스스로 고민해야 합니다. 여성들 사이에서의 선전은 힘들고 어려우며 엄청난 헌신과 희생이 필요합니다. 그러나 이 희생은 보상을 받게 될 것이며 그래야 합니다. 프롤레타리아는 민족과 직업을 불문하고 함께 투쟁해야 해방을 쟁취할 수 있을 것입니다. 마찬가지로 성별과 상관없이 단결해야만 해방을 달성할 수 있습니다. 거대한 프롤레타리아 여성 대중을 프롤레타리아의 해방 투쟁에 끌어들이는 것은 사회주의적 이상의 승리와 사회주의 사회 건설의 전제 조건 가운데 하나입니다.

오직 사회주의 사회만이 오늘날 여성의 직업 활동으로 인한 갈등을 해결할 것입니다. 만일 경제적 단위로서 가족이 소멸하고 그 대신 정신

---

* 아델하이트 포프(1869~1939) 오스트리아 사회민주주의 여성운동 지도자. 《한 여성 노동자의 자서전》을 썼다.

적 단위로서 가족이 들어선다면, 여성은 자신의 남편과 동등하게 권리를 누리고 창의적으로 목표 지향적 활동을 하는 동반자가 될 것입니다. 동시에 그녀의 개성이 발전할 것이며 아내와 어머니로서의 과제도 훨씬 더 잘할 수 있을 것입니다.

여성 문제의 사회적 토대

알렉산드라 콜론타이

부르주아 학자들은 한 성이 다른 성보다 우월한지를 토론하거나 남녀 뇌의 무게를 재고 이들의 심리 구조를 비교하는 일에 몰두한다. 반면 역사유물론 지지자들은 각각의 성에 고유한 특성이 있음을 전적으로 인정하고 남녀 누구에게나 아무 제약 없는 완전한 자기 결정권과 타고난 성향을 계발하고 활용할 수 있는 기회가 주어져야 한다고 요구한다. 역사유물론 지지자들은 오늘날 일반적 사회문제와 동떨어진 여성 고유의 문제가 있다는 생각을 거부한다. 여성의 종속은 특정한 경제적 요인 때문에 생겨났다(자연적 특성은 여성이 종속되는 과정에서 부차적 구실을 했다). 이런 경제적 요인이 완전히 제거될 때만, 즉 과거 특정 시점에 여성의 종속을 낳은 요인이 사라질 때만 그 영향을 받아 여성의 사회적 지

출처: 《여성 문제의 사회적 토대》(1909)에서 발췌.

위가 근본적으로 바뀔 수 있다. 다시 말해, 사회와 생산이 새로운 방식으로 조직되는 세계에서만 여성은 진정 자유롭고 평등해질 수 있다.

그렇다고 현 체제의 틀 안에서는 여성의 삶을 일부라도 개선할 수 없다는 뜻은 아니다. 노동계급의 문제는 생산관계를 철저하게 재구성해야만 근본적으로 해결 가능하다. 그러나 이 때문에 우리가 노동계급의 가장 시급한 필요를 충족하는 데 도움이 되는 개혁을 위해 투쟁하기를 주저해야 하는가? 전혀 그렇지 않다. 노동계급이 새롭게 쟁취한 개혁은 저마다 인류가 자유와 사회적 평등의 세계로 한 걸음 나아갔음을 보여 주는 것이다. 여성이 획득한 권리는 여성이 완전한 해방이라는 분명한 목표에 더 가까이 다가가도록 해 준다. …

남녀평등권 요구를 최초로 강령에 포함한 세력은 사회민주당이었다.* 사회민주당은 말과 글로 언제 어디서나 여성을 제약하는 요소를 없애라고 요구한다. 여성에게 이로운 개혁을 시행하도록 다른 정당과 정부를 압박하는 세력은 사회민주당뿐이다. 또 러시아에서 사회민주당은 단지 이론적으로 여성을 옹호할 뿐 아니라 언제 어디서나 여성 평등의 원칙을 고수한다.

그런데도 왜 '평등권론자'들은** 이 단단하고 경험 많은 사회민주당의 지지를 수용하기가 어려운 것일까? 평등권론자들이 아무리 '급진적'이

---

* 러시아 사회민주노동당을 일컫는다. 사회민주노동당은 1903년 볼셰비키와 멘셰비키로 최초 분열한 이래 1912년 최종 분열할 때까지 여러 차례 분열과 통합을 반복했다. 콜론타이는 사회민주노동당원이었지만 어느 쪽에도 가담하지 않다가 1915년 볼셰비키에 공식 입당했다.

** 여성평등권연합을 가리킨다. 1905년 2월에 결성된 러시아 페미니스트 조직이고 중간계급과 부르주아 지식인 여성이 다수를 이뤘다.

어도 이들은 여전히 자신이 속한 계급(부르주아지)에 충성하기 때문이다. 현 국면에서 러시아 부르주아지가 성장하고 권력에 다가가려면 정치적 자유가 반드시 필요하다. 이것이 보장되지 않으면 부르주아지의 경제적 번영은 모두 사상누각처럼 불안정해질 것이다. 부르주아 여성이 정치적 평등을 요구하는 것은 그들의 삶 자체에서 비롯한 당연한 결과다.

부르주아 여성들은 이제 '직업을 가질 권리'를 요구하는 것으로는 성이 차지 않는다. 정부에 직접 관여해야 여성의 경제적 처지를 개선할 수 있다고 느낀다. 이것이 부르주아 여성이 그토록 열렬하게 선거권을 바라고 지금의 관료 체제를 증오하는 이유다.

그러나 정치적 평등을 요구하는 러시아 페미니스트는 해외의 페미니스트와 마찬가지로 사회민주주의가 터득한 넓은 시야를 못마땅해하고 이해하지 못한다. 페미니스트는 현존하는 계급사회 틀 안에서 평등을 추구하고 계급사회의 토대를 전혀 공격하지 않는다. 페미니스트는 이 사회에 존재하는 특권과 특혜에 도전하지 않고 자신이 그런 특권을 누리고자 싸운다. 우리는 부르주아 여성운동의 대표들이 이런 문제를 이해하지 못한다고 비난하지 않는다. 그들의 견해는 당연히 그들의 계급적 위치에서 비롯한 것이기 때문이다. …

경제적 독립을 위한 투쟁

무엇보다 계급 모순이 존재하는 사회에서 여성운동이 하나로 뭉칠 수 있는지 따져 봐야 한다. 여성해방운동을 편견 없이 관찰해 본 사람이라면 이 운동에 참가하는 여성들이 단일한 집단을 대표하지 않는다는 점을 분명히 알 수 있다.

여성의 세계도 남성의 세계와 마찬가지로 두 진영으로 나뉜다. 한쪽의 여성은 자신의 이해관계와 열망 때문에 부르주아지와 가까워지는 반면 다른 한쪽은 프롤레타리아와 밀접하다. 후자는 여성 문제를 완전히 해결할 수 있는 해방을 요구한다. 그러므로 두 진영이 모두 '여성해방'이라는 일반적 요구를 지지하더라도 이 둘의 목표와 이해관계는 다르다. 이 두 진영은 무의식적으로 자신이 속한 계급의 이해관계에서 출발하고 그래서 각자가 내세우는 목표와 과제에 각 계급의 고유한 색채가 묻어난다. …

부르주아 페미니스트들의 요구가 제아무리 급진적으로 보여도 그들은 자신의 계급적 위치 때문에 현재의 경제·사회적 구조를 근본적으로 변혁하는(그래야 여성이 완전히 해방될 수 있다) 투쟁에 나설 수 없음을 잊지 말아야 한다.

특정 상황에서는 계급을 초월해 모든 여성의 단기적 과제가 일치할 수 있지만 장기적으로 운동의 방향과 전술을 결정짓는 최종 목표는 계급에 따라 확연히 다르다. 페미니스트는 자본주의 사회질서 속에서 남녀평등권을 쟁취하는 것을 실질적 목표로 삼고 그에 안주하지만, 노동계급 여성에게는 이런 평등권이 노동계급의 경제적 예속에 맞선 투쟁을 발전시키는 수단일 뿐이다. 페미니스트는 남성을 주적으로 여긴다. 남성이 온갖 권리와 특혜를 독차지한 채 여성에게는 굴레와 책임만 들씌운다는 것이다. 그래서 페미니스트는 남성이 독차지한 특권을 '아름다운 성'[여성]에게 부여하는 것이 승리라고 생각한다. 노동계급 여성의 견해는 다르다. 이들은 남성을 적이나 억압자로 여기지 않는다. 오히려 자신과 마찬가지로 고단한 일상을 사는 동료이자 더 나은 미래를 위해 함께 싸워야 할 동지로 생각한다. 여성 노동자와 그 동료인 남성 노동자는 똑같은 사회적 조건에 얽매여 있다. 자본주의라는 지긋지긋한 사슬이 남녀 노동자의 염원을 짓밟고 삶의 즐거움과 매력을 빼앗아 간다. 물론 자본주의 체제의 특정 측면들 때문에 여성은 이중의 부담을 지고 임금노동의 조건을 둘러싸고 남녀 노동자는 서로 경쟁하고 등지기도 한다. 그러나 노동계급은 자신에게 불리한 이런 상황이 누구의 잘못인지 알고 있다. …

남성 노동자 못지 않게 여성 노동자도 [자본주의라는] 탐욕스러운 괴물을 증오한다. 만족할 줄 모르고 닥치는 대로 먹어 치우는 이 괴물은 수많은 사람들의 삶이 파괴되거나 말거나 자신의 배를 채우기에 급급하다. 그 대상이 남자든 여자든 어린아이든 아랑곳하지 않고 탐욕을 드러내고 마지막 피 한 방울까지 쥐어짜려 한다. 여성 노동자는 남성 노동자와 여러 갈래로 얽히고설켜 있어 동질감을 느낀다. 반면 부르주아 여성이 이루고자 하는 목표는 낯설고 난해하게 느껴진다. 부르주아 여성들은 노동계급의 마음을 사로잡지 못한다. 이들은 노동계급 여성에게 더 나은 미래를, 다시 말해 착취당하는 인류가 꿈꿔 온 찬란한 미래를 약속하지 않는다. …

물론 노동계급 여성이 [근본적 사회 변화라는] 최종 목표를 추구한다고 해서 이들에게 현존 부르주아 체제 안에서라도 자신의 처지를 개선하겠다는 열망이 없는 건 아니다. 그러나 이런 열망은 자본주의 본연의 특성에서 비롯한 온갖 장애물에 가로막혀 실현되지 못한다. 여성은 노동이 사회화된 사회에서만, 정의롭고 조화로운 사회에서만 평등한 권리와 진정한 자유를 만끽할 수 있다. 페미니스트는 이 점을 이해할 의지와 능력이 없다. 이들은 수많은 사람이 억압받고 속박당하고 노예로 전락해 가난에 허덕이며 울부짖는 이 낡은 사회에서 평등이 명문화된 법이 있으면 안락한 삶을 누릴 수 있다고 여긴다. 이것은 어느 정도 사실이다. 대다수 노동계급 여성에게 남녀평등권이란 그저 노동계급 남성과 불평등을 똑같이 공유하는 것이지만 '선택 받은 소수', 다시 말해 부르주아 여성은 남녀평등권을 통해 지금껏 누려 보지 못한 새로운 권리와 특혜를 누릴 수 있는 기회를 얻어 부르주아 남성만의 전유물이던 것을 공유하게 된다. 그러나 부르주아 여성은 새롭게 얻어 낸 권리들을 무기 삼아 자신의 어린 자매[프롤레타리아 여성]를 착취할 것이고 상반된 사회 진영에 속한 여성들의 분열은 더 커질 것이다. 두 집단의 이해관계 대립은 더 첨예해질 것이고 각자가 이루고자 하는 목표는 더 분명하게 어긋날 것이다.

이런 상황에서 보편적 '여성 문제'라는 게 있을까? 페미니스트들이 줄기차게 주장한 공통의 과제와 목표는 어디에 있단 말일까? 현실을 찬찬히 살펴보면 두 집단의 단결은 가능하지도 가능할 수도 없음을 알 수 있다. 페미니스트들은 보편적 '여성 문제'가 정당과는 아무 관계가 없다고 생각하고 "모든 정당과 여성이 다같이 참여해야만 여성 문제는 해결 가능하다"는 독일의 한 급진 페미니스트의 주장을 현실에 적용하려 헛되이 노력한다. 그러나 현실에서 벌어지는 일들은 우리에게 이런 페미니스트의 안일한 망상에서 깨어나라고 다그친다. …

인류 역사 내내 여성은 생산의 조건과 방식에 종속됐고 점차 억압받고 부차적인 지위로 밀려나 지금까지도 비슷한 처지에 놓여 있다.

사회·경제 구조를 완전히 바꾼 거대한 격변이 벌어진 후에야 여성은 잃어버린 존엄성과 독립성을 되찾기 시작할 수 있었다. 살아 움직이지 않지만 전지전능한 생산 조건은 가장 유능한 사상가들조차 풀지 못한 문제를 해결하고 있다. 수천 년 동안 여성을 종속적 지위로 내몬 바로 그 생산관계가 더한층 발전하자 이제 여성을 자유와 독립의 길로 인도하고 있다. …

부르주아 여성이 여성 문제를 중요하게 여긴 것은 대략 19세기 중반부터였는데 이때는 이미 프롤레타리아 여성이 노동시장에 뛰어든 지 한참 뒤였다. 자본주의가 무지막지하게 성장하면서 가한 충격으로 중간계급은 험난한 파도에 부딪혔다. 경제적 변화 때문에 중소 부르주아지의 재정 상태는 불안해졌고 부르주아 여성은 절박한 상황에 직면해 가난을 감수하거나 일할 권리를 획득해야 하는 딜레마에 빠졌다. 이 사회집단에 속한 여성들은 기혼이든 미혼이든 상관없이 대학, 갤러리, 편집실, 사무실 문을 두드렸고 여성에게 개방된 전문직으로 물밀듯이 몰려갔다. 부르주아 여성들이 교육 기회와 문화적 혜택을 더 많이 얻으려는 열망은 하루아침에 생겨난 것이 아니라 '일용할 양식'이라는 문제를 고민하는 과정에서 비롯한 것이다.

부르주아 여성들은 출발부터 남성들의 극심한 반대에 부딪혔다. '안락한 일자리'를 지키려는 전문직 남성과 생계를 위해 이제 막 돈을 벌기 시작한 여성이 치열하게 싸웠다. 이 투쟁을 거치며 '페미니즘', 즉 부르주아 여성들이 힘을 합쳐 남성이라는 적에 맞서려는 시도가 생겨났다. 부르주아 여성들은 노동시장에 진출하면서 스스로를 '여성운동의 선봉대'라고 여기며 자랑스러워했다. 이들은 경제적 독립을 쟁취하는 데서 자신들이 (다른 문제와 마찬가지로) 어린 자매들을 뒤따르고 있고 자신들이 누리고 있는 혜택이 어린 자매들이 물집 잡힌 손으로 얻어 낸 성과라는 사실을 기억에서 지웠다.

부르주아 여성운동이 생겨나기 전에 이미 모든 나라에서 수많은 프롤레타리아 여성은 공장과 일터에 나갔고 여성이 진출한 산업부문도 점차 확대되고 있었는데 페미니스트가 여성의 노동시장 진출에 선구적 길을 닦았다는 게 정말 가당하기나 할까? 페미니스트가 입에 침이 마르도록 자랑하는 부르주아 여성의 독립적인 사회적 지위는 다름 아닌 여성 노동자의 노동이 세계시장에서 인정된 덕분에 가능했다. …

물질적 조건을 개선하려는 프롤레타리아 여성의 투쟁을 통틀어 봐도 페미니즘이 이 투쟁에 중요하게 기여한 사례는 단 하나도 찾을 수가 없다. 노동계급 여성의 생활수준을 향상시킨 조처는 하나같이 노동계급 전체가, 특히 노동계급 여성이 벌인 투쟁의 결과였다. 노동계급 여성이 더 나은 노동조건과 삶을 위해 투쟁한 역사는 노동계급 해방을 위한 투쟁의 역사다.

공장 소유주가 노동자들의 불만이 걷잡을 수 없이 폭발할 수 있다는 두려움을 느끼지 않는다면 무엇 때문에 임금을 올리고 노동시간을 줄이고 노동조건을 개선하겠는가? 정부가 '노동자 대투쟁'이 벌어질 수 있다는 공포심을 느끼지 않는다면 도대체 무엇 때문에 자본의 노동 착취를 규제하는 법을 만들겠는가? …

사회민주당은 가장 굳건하게 여성을 방어하는 정당이다. 무엇보다 여성 노동자는 노동계급의 일부고 노동계급 구성원 개개인이 더 좋은 지위와 복지를 누릴수록 노동계급 전체의 이득도 장기적으로 커진다. …

대의를 위해 싸우고자 하는 진지한 활동가라면 사회적 어려움이 커지는 지금의 상황에 직면해 십중팔구 슬프고 당혹스러울 것이다. 이 활동가는 부르주아 여성운동이 프롤레타리아 여성을 위해 이룬 것이 얼마나 보잘것없는지, 노동계급의 노동조건과 생활 조건을 향상하는 데 얼마나 무능한지를 확인하게 될 것이다. 평등을 위해 싸우지만 프롤레타리아 세계관을 받아들이지 않거나 더 완전한 사회체제가 도래할 수 있다는 확신이 충분하지 않은 여성들에게 인류의 미래는 우울하고 칙칙하고 불확실해 보일 것이다. 이들은 현재의 자본주의 세계가 변하지 않는 한 해방이 불완전하고 제한적이라고 느낄 것이다. 사려 깊고 세심한 이 여성들이 얼마나 절망하겠는가! 사회관계가 뒤틀린 현대 세계에서 사기를 유지할 수 있는 세력은 노동계급뿐이다. 노동계급은 단호하고 신중하게 한발 한발 내디디며 목표를 향해 끊임없이 나아간다. 노동계급은 일하는 여성들을 노동계급 구성원으로 끌어들인다. 프롤레타리아 여성은 용감하게 노동이라는 가시밭길을 가기 시작한다. 이들의 다리는 휘청거리고 온몸은 갈기갈기 찢긴다. 이 가시밭길 곳곳에는 아찔한 벼랑이 있고 무시무시한 맹수도 있다.

그러나 여성은 이 길을 가야만 저 멀리 있는 매력적인 목적지, 즉 노동이 새롭게 조직되고 여성이 완전히 해방되는 세상에 도달할 수 있다. 찬란한 미래를 향해 힘들게 전진하면서 프롤레타리아 여성(최근까지 어떤 권리도 보장받지 못한 채 멸시받고 혹사당하던 노예였다)은 자신에게 들러붙어 있는 노예근성을 버리고 점차 독립적인 노동자로, 독립적인 인격으로 변해 가고 자유롭게 사랑을 나눌 수 있게 된다. 여성의 노동권을 쟁취한 사람은 바로 노동계급 속에서 투쟁한 여성들이다. 여성을 '자유'롭고 '평등'하게 할 미래 사회의 토대를 마련하는 것은 다름 아닌 '어린 자매'들이다.

도대체 왜 여성 노동자들이 부르주아 페미니스트와 단결을 도모해야 하는가? 이런 동맹에서 실제로 이득을 보는 세력은 누구인가? 확실한 것은 여성 노동자에게는 이득이 되지 않는다는 점이다. 여성 노동자는 스스로 구원할 수 있고 자신의 힘으로 미래를 개척할 수 있다. 여성 노동자는 자신이 속한 계급의 이익을 방어하고 '모든 여성이 공감하는 세상'에 대한 그럴듯한 설교에 속지 않는다. 노동계급 여성은 자신과 부르주아 여성의 목표가 다르다는 사실을 언제나 명심해야 한다. 부르주아 여성의 목표는 노동계급에 적대적인 현존 사회에서 자신의 행복을 추구하는 것이지만 노동계급 여성의 목표는 낡고 쓸모없는 이 사회 대신에 보편적 노동과 동지적 연대, 기쁨과 자유가 어우러지는 희망찬 미래를 건설하는 것이다. …

결혼과 가족 문제

여성 문제의 또 다른 축인 가족 문제를 살펴보자. 잘 알다시피 여성이 완전히 해방되려면 이 긴박하고 복잡한 문제를 해결하는 것이 중요하다. 정치적 권리를 위한 투쟁, 박사 학위 등 각종 학위를 받을 권리를 위한 투쟁, 동일노동 동일임금을 위한 투쟁이 평등을 위한 투쟁의 전부는 아니다. 여성이 진정한 자유를 누리려면 현재의 가족 형태라는 쓸모없고 억압적인 무거운 족쇄를 끊어 버려야 한다. 여성에게 가족 문제를 해결하는 것은 정치적 평등과 경제적 독립을 쟁취하는 것 못지않게 중요하다.

관습과 법률로 강화된 오늘날의 가족 구조 안에서 여성은 개인으로뿐 아니라 아내이자 어머니로 억압받고 있고 문명화된 대다수 국가에서 민법은 여성을 남편의 종속물로 여기고 남편에게 여성의 재산 처분권뿐 아니라 정신적·육체적 지배권도 부여한다. …

공식적이고 법적인 여성의 종속 상태가 끝나도 이른바 '여론'이 여성에게 압력을 가한다. 이 여론은 부르주아지가 '신성한 사유재산제도'를 보호하려는 목적으로 조장하고 부추기는 것이다. '이중 잣대'라는 위선은 또 다른 무기다. 부르주아지는 잔인한 경제적 악행을 저지르고 매우 낮은 임금을 지불하면서 여성을 짓밟는다. 여성은 자신의 이익을 공개적으로 방어할 수 있는 시민적 권리를 빼앗긴다. 여성이 선택할 수 있는 것은 우아하게 결혼이라는 굴레를 쓰거나 아니면 성매매에 뛰어드는 것뿐이다(이 사회는 공식적으로는 성매매를 탄압하고 경멸하지만 물밑에서는 이를 옹호하고 부추긴다). 오늘날 결혼 생활의 어두운 면이나 가족 구조에서의 지위 때문에 여성이 겪는 고통을 강조할 필요가 있을까? 이 문제에 대한 글과 연설은 이미 많이 쏟아져 나왔다. 올가미 같은 가족·결혼 생활을 우울하게 묘사하는 작품들이 차고 넘친다. 얼마나 많은 심리극이 공연되고 있는가! 얼마나 많은 여성의 삶이 망가지고 있는가! 우리에게 중요한 것은 현대의 가족 구조가 계급과 계층을 망라해 모든 여성을 억압한다(정도의 차이는 있지만)는 점을 이해하는 것뿐이다. 젊은 어머니는 어느 사회계층에 속하든 관습과 전통에 얽매여 고통받는다. 온갖 법률이 부르주아 여성과 프롤레타리아 여성, 농민 여성을 모두 남편의 보호를 받아야 하는 존재로 취급한다.

그렇다면 드디어 계급을 뛰어넘어 모든 여성이 뭉칠 수 있는 여성 문제를 발견한 게 아닐까? 모든 여성이 자신을 억누르는 여러 제약에 맞서 함께 투쟁할 수 있지 않을까? 여성들이 공유하는 이런 슬픔과 고통이 계급 적대라는 날을 무디게 만들고 계급을 뛰어넘어 공동의 목표를 위해 힘을 합쳐 행동하도록 만들지 않을까? 동일한 열망과 목표에 기반해 부르주아 여성과 프롤레타리아 여성이 협력할 수 있지 않을까? 페미니스트들은 더 자유로운 결혼 형태와 '임신·출산의 권리'를 위해 싸우고 모두가 멸시하는 성매매 여성을 방어하는 데 목소리를 높인다. 새로운 방식의 관계를 추구하고 남녀의 '도덕적 평등'을 열렬히 요구하는 페미니스트 문학은 또 얼마나 많은가! 부르주아 여성이 경제적 해방이라는 측면에서는 '신여성'을 향한 길을 선도하는 강력한 프롤레타리아 여성 집단보다 뒤처져 있지만 가족 문제를 해결하는 투쟁에서는 페미니스트가 그 영광을 누려야 하지 않을까?

이곳 러시아에서 중소 부르주아 계급의 여성(1860년대에 노동시장으로 내몰린 독립적 봉급생활자)은 오래전에 결혼 문제의 여러 혼란스러운 양상을 실천적으로 해결했다. 이들은 용감하게 교회혼으로* 맺어진 '견고한' 전통적 가족을 거부하고 자신이 속한 사회계층의 필요에 맞게 가족을 더 유연한 관계로 바꿨다. 그러나 이 문제를 개인적으로 해결하는 것으로는 여성의 처지를 바꾸지 못하고 암울한 가족생활도 변하지 않는다. 오늘날의 가족 구조를 파괴할 수 있는 힘은 강인한 개인들이 각자 기울이는 엄청난 노력이 아니라 생명이 없는 강력한 생산력에서

---

* **교회혼** 교회의 허락을 받아 이뤄지는 혼인.

나온다. 이 생산력은 새로운 토대 위에 새로운 삶의 싹을 강력하게 틔우고 있다. …

부르주아 세계의 젊은 여성들은 개별적으로 사회에 도전하며 아무 간섭과 구속도 받지 않고 '당당하게 사랑할 권리'를 요구하는 영웅적 투쟁을 벌였다. 해외의 더 자유로운 페미니스트들과 러시아의 진보적 평등권론자들은 이런 투쟁이 가족이라는 사슬에 묶여 고통받는 모든 여성에게 본보기가 돼야 한다고 주장한다.

다시 말해, 이들은 결혼 문제가 바깥세상과 관계없이, 즉 사회의 경제구조 변화와 무관하게 해결될 수 있다고 생각한다. 그래서 개인들이 각자 자신의 공간에서 영웅적으로 노력하는 것이면 충분하다. 여성이 그저 '당당하게' 행동하면 결혼 문제가 해결된다는 것이다.

그러나 용기가 부족한 여성들은 가당치도 않다며 고개를 절레절레 흔든다. "작가가 세심하게 만들어 낸 독립심 강하고 엄청나게 매력적인데다 주변에 헌신적인 친구들이 잔뜩 있는 축복받은 소설 속 여주인공이야 도전할 수 있죠. 그런데 이렇다 할 자본도 없고 쥐꼬리만 한 임금에 친구도 매력도 없는 사람들은 어쩌란 말입니까?" 출산 문제도 자유를 얻고자 애쓰는 여성의 머릿속을 복잡하고 괴롭게 만든다. '자유로운 사랑'이 가능할까? 지금 같은 경제구조 속에서 '자유로운 사랑'이 일반적 현상으로, 즉 일부 개인만이 아니라 누구나 누릴 수 있는 보편적인 것이 될 수 있을까? 오늘날의 결혼에서 사유재산이라는 요소를 무시하는 게 가능할까? 개인주의가 만연한 세상에서 여성의 이익을 침해하지 않으면서 공식 결혼 계약을 무시할 수 있을까? 결혼 계약이 출산·육아의 부담을 여성이 다 떠맡지 않게 되는 유일한 보증서인데 말이다. 남성 노동자에게 벌어졌던 일이 여성에게는 일어나지 않는다는 것일까? 길드에 대한 규제를 없애면서 사용자를 통제하는 새로운 규정을 만들지 않아 자본은 노동자를 상대로 절대 권력을 휘두르게 됐다. '노동과 자본의 자유로운 계약'이라는 그럴싸한 표어는 자본이 노동을 마음껏 착취하는 것이었다. '자유로운 사랑'이 현대 계급사회에 일관되게 적용된다면 여성은 가족생활이라는 고통에서 해방되기보다 분명 새로운 부담, 즉 이렇다 할 도움도 받지 못하고 홀로 아이를 키우는 부담을 떠안을 것이다.

전체 사회관계가 근본적으로 변할 때만, 즉 가족이 짊어지던 여러 의무를 국가와 사회가 지도록 바뀌어야 '자유로운 사랑'이라는 원칙이 어느 정도 충족되는 환경이 만들어질 수 있다. 그런데 현대 계급사회가 (제아무리 민주적이라 하더라도) 개별 집단, 즉 현대 가족이 수행하던 일들을 떠맡아 어머니와 아이들을 책임질 것이라고 진지하게 기대할 수 있을까? 모든 생산관계가 근본적으로 바뀔 때만 '자유로운 사랑'이라는 해결책의 부정적 측면으로부터 여성을 보호할 수 있는 사회적 조건이 마련될 수 있다. '자유로운 사랑'이라는 이 편리한 구호 뒤에 숨어서 퇴폐적이고 변태적인 행위를 일삼는 자들이 얼마나 많은가? 자신이 고용한 여성 노동자에게 자신의 성적 욕구를 충족시키라고 강요하고 자신의 목적을 달성하기 위해 해고 위협도 서슴지 않는 기업주나 경영자를 생각해 보라. 이자들은 제 나름으로 '자유로운 사랑'을 실천하고 있는 게 아닐까? 하녀를 강간해 임신까지 시켜 놓고 길거리로 내쫓는 '주인님'은 '자유로운 사랑'에 충실한 게 아닐까?

자유로운 결혼을 옹호하는 사람들은 다음과 같이 항의할 것이다. "우리가 말하는 '자유'는 그런 게 아니다. 오히려 남녀 모두에게 똑같이 적용되는 '단일한 도덕'을 요구하는 것이다. 우리는 현재의 성적 방종을 반대하고 진실한 사랑에 기반한 자유로운 결합만이 도덕이라고 생각한다."
아니, 이 고귀한 여성들은 '자유로운 결혼'이라는 이상을 오늘날의 사회적 조건에서 실행하면 성적 방종이라는 왜곡된 행동과 별반 다르지 않은 결과를 낳을 수 있다고 생각하지 않는단 말인가? 여성이 모든 물질적 부담(오늘날 이런 부담은 여성이 자본과 남편에게 의존하도록 만든다)에서 벗어날 때만 '자유로운 사랑'은 여성에게 새로운 고통을 주지 않고 실현될 수 있다. 여성이 일자리를 얻고 경제적 독립을 이루면 '자유로운 사랑'을 실현할 수 있는 가능성이 어느 정도 생긴다(특히 임금 수준이 더 높은 지식인 여성일수록 그렇다). 그렇다고 해도 여성이 자본에 의존하는 문제는 사라지지 않고 갈수록 더 많은 프롤레타리아 여성이 자신의 노동력을 판매하기 때문에 이런 의존관계가 커진다. '자유로운 사랑'이라는 구호가 겨우 입에 풀칠할 만큼 버는 여성들의 애처로운 처지를 개선할 수 있는가? 게다가 노동계급은 이미 '자유로운 사랑'을 하고 있지 않는가? 널리 퍼져 있으니 부르주아지가 프롤레타리아의 '타락'과 '풍기 문란'을 바로잡겠다고 번번이 저 난리를 피우는 게 아니겠는가? 한 가지 주목할 점은 페미니스트가 자유로운 부르주아 여성이 결혼 제도를 벗어난 새로운 형태의 관계를 생각해 봐야 한다고 열변을 토할 때는 '자유로운 사랑' 운운하지만 노동계급이 이런 관계를 맺을라치면 '문란한 성관계'로 치부하고 경멸한다는 것이다. 이것은 페미니스트의 태도를 단적으로 보여 준다.

오늘날의 프롤레타리아 여성에게는 모든 관계(교회의 승인을 받았든

안 받았든)가 결과적으로 힘든 건 마찬가지다. 프롤레타리아 여성이 겪는 가족과 결혼 문제의 핵심 원인은 그 겉모습이 종교적인지 세속적인지와 무관하게 노동계급 여성에게 온갖 의무를 떠맡기는 사회·경제적 조건이다. 물론 남편에게 아내의 수입을 처분할 권리가 있는지, 원치 않는 결혼 생활을 강요할 법적 권리가 있는지, 엄마와 아이를 강제로 떼어 놓을 권리가 있는지 등은 여성에게도 중요한 문제다. 그러나 가족 안에서 여성의 지위를 결정하는 것은 이런 법 조항이 아니다. 또 이런 조항이 결혼 문제를 혼란스럽고 복잡하게 만드는 원인도 아니다. 자질구레한 집안일에서 여성이 해방되는 사회에서는, 또 아이들의 양육을 책임지고 모성을 보호하고 출산 직후 적어도 몇 달 동안 출산휴가를 보장하는 사회에서는 대다수 여성이 성적 관계의 문제로 이렇게 고통받지 않을 것이다.

페미니스트는 합법적이고 신성한 교회혼에 반대하면서 물신숭배와 싸운다. 반면 프롤레타리아 여성은 현대 가족과 결혼 형태의 이면에 있는 요소에 맞서 투쟁한다. 프롤레타리아 여성은 삶의 조건을 근본적으로 바꾸려는 자신의 투쟁이 남녀 관계를 개선하는 데도 기여한다는 것을 이해한다. 이 점이 부르주아 여성과 프롤레타리아 여성이 가족이라는 어려운 문제를 대할 때 드러나는 중요한 차이다.

페미니스트와 부르주아 사회 개혁가는 어리석게도 계급사회라는 암울하기 그지없는 토대 위에서 새로운 가족 형태와 결혼 관계가 가능하다고 믿기 때문에 이런 새로운 형태를 찾아내려고 갈팡질팡한다. 이들은 현실에 이런 형태가 아직 없으면 어떤 대가를 치르든 그런 형태를 개발해야 한다고 생각하는 듯하다. 이들은 현재의 사회체제 안에서 복잡한 가족 문제를 해결할 수 있는 현대적 형태의 성적 관계가 있을 것이라고 굳게 믿는다. 언론인, 작가, 해방을 위해 싸우는 저명한 여성 활동가 등 부르주아 진영의 이데올로그들은 잇따라 '가족 문제의 만병통치약'이라며 새로운 '가족 형태'를 제안한다.

이런 가족 형태는 얼마나 공상적인가! 현대 가족 구조의 암울한 현실에 비춰 봤을 때 얼마나 보잘것없는 처방전인가! '자유로운 관계'와 '자유로운 사랑'이 실현될 수 있으려면 먼저 사람들이 맺는 사회관계가 모두 근본적으로 바뀌어야 한다. 또 사람들의 도덕적·성적 규범과 의식 전반이 완전히 바뀌어야 할 것이다. 오늘날의 사람들이 '자유로운 사랑'을 심리적으로 감당할 수 있는가? 가장 뛰어난 사람의 영혼마저 파괴해 버리는 질투는 어떻게 할 것인가? 다른 사람의 신체뿐 아니라 영혼도 가지려는 뿌리 깊은 소유욕은 어떡하란 말인가? 다른 사람의 개성을 존중하는 능력이 부족한 것은 어찌하며 애인에게 의존하거나 반대로 애인이 자신에게 의존하도록 만들려는 습관은 어쩔 것인가? 애인이 사랑이 식었다며 떠났을 때 버림받았다는 생각에 가슴 찢어지는 절망감, 끝도 없이 밀려오는 외로움은 어쩌란 말인가? 뼛속까지 개인주의적인 고독한 개인은 어디서 위로받을 수 있을까? 기쁨과 슬픔을 나누고 같은 목표를 추구하는 공동체는 개인의 감정적·지적 에너지를 발산하는 가장 좋은 수단이다. 그런데 지금의 사람들이 공동체와 자신이 서로 영향을 주고받는다고 느낄 수나 있을까? 오늘날의 조건에서 공동체 생활은 정말 개인의 소소한 즐거움을 대신해 줄 수 있을까? 지금 같은 적대적 세계에서 '특별'하고 '유일'한 영혼의 짝이 없다면 집단적 소유와 통제를 지지하는 사회주의자라도 외롭다고 느낀다. 노동계급과 함께할 때만 더 조화롭고 사회적인 인간관계가 꽃피는 미래를 어렴풋하게 그려 볼 수 있다. 결혼 문제는 삶 자체만큼이나 복잡하고 복합적이다. 지금의 사회 체제는 이 문제를 해결할 능력이 없다.

여러 결혼 형태가 제시되고 있다. 일부 진보적 여성과 사회 사상가는 결혼을 단지 아이를 낳는 수단으로 여긴다. 이들은 결혼 자체는 여성에게 특별한 의미가 없고 어머니가 되는 것이야말로 여성의 목적이고 신성한 목표이자 일생의 과업이라고 주장한다. 루트 브레와 엘렌 케이 같은 탁월한 대변자들 덕분에 여성을 사람이 아니라 아이를 낳을 수 있는 존재로 여기는 부르주아 사상이 진보적이라는 후광을 얻게 됐다. 해외에서는 이 열정적인 '선진 여성'들이 제기한 구호를 포착한 문학작품이 등장했다. 이곳 러시아에서도 언론은 임신·출산의 문제에 주목했다(1905년이라는 정치적 격변이 일어나기 전, 즉 사회적 가치관이 변화·발전하기 전이었는데 말이다). '임신·출산의 권리'라는 구호는 매우 광범한 여성 집단에게서 활발한 호응을 얻을 수밖에 없었다. 그래서 이와 관련한 페미니스트의 주장이 모두 공상적이었는데도 쟁점이 워낙 중요하고 화제가 됐기 때문에 여성들의 관심을 끌었다.

'임신·출산의 권리'는 부르주아 여성뿐 아니라 프롤레타리아 여성에게도 (어떤 면에서는 이들에게 더욱) 호소력이 있는 쟁점이다. 어머니가 될 수 있는 권리, 이 말은 '모든 여성의 심장'으로 순식간에 다가가 두근거리게 만드는 특별한 말이다. '자신'의 아이에게 젖을 먹이고, 사고가 발전하기 시작한 아이가 하는 최초의 행동을 지켜보고, 아이의 조그만 몸을 보살피고, 아이가 인생에 첫발을 내디딜 때 괴롭고 고통받지 않도록 보호해 줄 수 있다는데 도대체 어떤 어머니가 이런 요구를 지지하지 않겠는가?

이번에야말로 서로 다른 사회계층에 속한 여성들을 단결시킬 수 있는 쟁점을 발견한 듯하다. 드디어 서로 적대하는 세상에 사는 여성들을 하나로 이을 수 있는 다리를 찾은 것 같다. 진보적 부르주아 여성이 이해하는 '임신·출산의 권리'가 무언인지 더 자세히 살펴보자. 그래야 평등권을 위해 싸우는 부르주아 여성이 생각하는 임신·출산 문제의 해결책을 프롤레타리아 여성이 지지할 수 있는지 판단할 수 있다. 임신·출산의 권리를 열렬히 옹호하는 사람들은 임신·출산이 신성에 가까운 특성을 지녔다고 본다. 이들은 법이 임신·출산을 신성하게 여기지 않아 여성의 출산을 당연한 일로 치부하는 잘못된 편견이 만연하다고 생각했다. 이런 편견을 깨뜨리려 노력하면서 막대를 반대 방향으로 구부렸고 그 결과 임신·출산이 여성의 삶의 목표라고 주장하게 됐다. …

엘렌 케이는 임신·출산과 가족의 의무에 몰두하다 보니 사회주의 사회에서도 파편적 가족 단위가 여전히 유지될 것이라고 확신한다. 케이는 결혼을 결정하는 요소가 달라질 뿐이라고 주장한다. 물질적 득실을 고려하지 않고 관행이나 형식적 절차에 구애받지 않고 서로를 사랑하는 마음에 따라 결혼할 것이고 사랑과 결혼은 완전한 동의어가 된다는 것이다. 그러나 파편화된 가족은 무한 경쟁, 중압감, 외로움이 팽배한 오늘날의 개인주의적 사회가 만들어 낸 결과다. 다시 말해, 가족은 흉물스러운 자본주의 체제의 산물이다. 그런데도 엘렌 케이는 가족이 사회주의 사회로 이양되기를 바란다. 같은 핏줄로 이어져 동질감이 큰 가족은 흔히 삶의 유일한 버팀목이자 힘들고 불행할 때 위로가 되는 피난처 구실을 한다. 그러나 도덕적·사회적 측면에서 봤을 때 이런 가족이 미래에도 필요할까? 케이는 이 물음에 답하지 않는다. 그녀는 '이상적 가족', 즉 부르주아 사회구조를 숭배하고 열광적으로 추종하는 부르주아지의 자기중심적 가족에 강한 애착을 가지고 있고 이를 높게 평가한다.

엘렌 케이는 뛰어난 저술가이지만 그녀의 주장은 혼란스럽다. 그러나 사회적 모순 앞에서 길을 헤매는 사람이 케이만은 아니다. 결혼과 가족 문제만큼 사회주의자들이 이렇다 할 합의를 이루지 못한 문제도 없는 듯하다. 사회주의자를 대상으로 이와 관련한 설문 조사를 한다면 그 결과가 매우 희한할 것이다. 가족은 점차 사라질 것인가? 아니면 오늘날 가족을 둘러싼 혼란은 단지 일시적 위기일 뿐이라고 봐야 하는가? 오늘날의 가족 형태는 미래 사회에서도 유지될 것인가 아니면 자본주의 체제와 함께 사라질 것인가? 이런 물음에 각양각색의 답변이 나올 것이다. …

가족이 수행하는 교육적 구실을 사회로 이양하면 현대의 고립된 가족을 유지하던 마지막 끈도 느슨해질 것이다. 이런 해체 과정은 갈수록 빠르게 진행될 것이고 미래의 결혼 관계가 어떤 모습일지 그 윤곽이 희미하게 드러날 것이다. 현 사회의 영향 때문에 잘 보이지 않는 이 희미한 윤곽을 미리 그려 볼 수는 없을까?

현재의 억압적인 결혼이 사랑하는 개인들의 자유로운 결합으로 바뀔 것이라고 반복하는 것으로 충분할까? 자신의 해방을 위해 싸우는 [부르주아] 여성들이 온갖 상상력을 동원해 생각해 낸 자유로운 사랑이라는 이상은 분명 미래 사회가 만들 성적 관계와 관련한 규범에 어느 정도 부합할 것이다. 그러나 사회적 영향이 매우 복잡하고 다양한 방식으로 상호작용하기 때문에 체제 전체가 근본적으로 바뀐 미래 사회에서 성적 관계가 어떤 형태일지 미리 말하는 것은 불가능하다. 그렇지만 성적 관계가 서서히 변하고 발전하고 있다는 것은 의례적 결혼과 억압적이고 고립된 가족이 사라질 운명임을 보여 주는 확실한 증거다.

정치적 권리를 위한 투쟁

페미니스트는 사회주의자의 비판에 다음과 같이 반문한다. "사회주의자들에게는 여성의 정치적 권리를 옹호하는 우리의 논리가 잘못된 것처럼 보이겠지만 그렇다고 페미니스트와 노동계급 대표에게 똑같이 시급한 정치적 권리라는 요구 자체가 덜 중요해질까? 서로 다른 사회 진영에 속한 여성들은 공동의 정치적 목표를 위해 단결을 가로막는 계급 적대라는 장애물을 뛰어넘을 수 없을까? 여성을 둘러싼 적대적 세력에 맞서 공동 투쟁을 벌일 수 있지 않을까?" 여러 문제가 얽혀 있기 때문에 부르주아와 프롤레타리아는 분열할 수밖에 없는데도 페미니스트들은 여성 문제라는 특정 쟁점에서는 다양한 계급에 속한 여성들 사이에 차이가 없다고 착각한다.

페미니스트들은 실망스럽고 당황스럽다며 이 주장을 계속 반복한다. 노동계급 대표자들이 여성의 정치적 권리를 위해 힘을 합치자는 자신들의 제안을 거절한 것이 당파적 충성심에서 비롯한 편견 때문이라면서 말이다. 과연 그럴까? 여성들의 정치적 목표가 완전히 같을까? 아니면 다른 영역에서와 마찬가지로 이번에도 계급 적대가 계급을 초월해 똘똘 뭉칠 수 있는 여성 집단의 출현을 가로막는가? 이 물음에 답을 해야 프롤레타리아 여성이 여성의 정치적 권리를 획득하기 위해 사용할 전술의 윤곽을 그릴 수 있다.

페미니스트들은 자신들이 사회 개혁을 지지한다고 주장하고 일부는 사회주의를 찬성한다고도 말한다(물론 먼 미래에나 가능하다고 덧붙인다). 그러나 페미니스트들은 이런 목적을 달성하기 위해 노동계급 속에서 활동할 생각은 하지 않는다. 대다수 페미니스트는 본성적으로 이기적인 남성이 사회를 지배해 온 것이 사회문제의 원인이라고 생각하고 순진하게도 자신이 의원에 당선하면 이런 문제를 해결할 수 있다고 진심으로 믿는다. 그러나 각각의 페미니스트 단체가 노동계급을 제아무리 우호적으로 생각하더라도 계급투쟁이라는 문제가 불거지면 이들은 언제나 겁에 질려 싸움터에서 도망친다. 이들은 이런 낯설고 이상한 운동에 관여하기를 꺼리고 자신들이 매우 편리하고 익숙하게 여기는 부르주아 자유주의로 후퇴하려 한다.

부르주아 페미니스트들이 자신들의 정치적 열망에 담긴 진정한 목적을 애써 억누르려 해도, 어린 자매들에게 [자신과 함께] 정치 활동에 뛰어들면 노동계급 여성도 어마어마한 혜택을 누릴 수 있다고 온갖 약속을 늘어놓아도, 페미니스트 운동 전체에 깊이 배어 있는 부르주아 정신은 여성들의 보편적 요구처럼 보이는 남녀의 정치적 평등권 요구도 부르주아의 입맛에 맞게 왜곡한다. 부르주아 여성과 프롤레타리아 여성은 목표가 다르고 정치적 권리를 어떻게 활용할지도 다르게 이해하기 때문에 둘 사이에는 넘을 수 없는 장벽이 있다. 그렇지만 양 진영에 속한 여성에게 시급한 과제가 어느 정도 일치할 수는 있다. 예를 들어, 모든 나라의 민법이 정도는 다르지만 여성을 차별하기 때문에 어느 계급의 대표자든 정권에 참여할 기회를 얻은 대표자는 민법을 개정하려 노력한다. 여성들은 여성의 노동조건이 더 향상되도록 법을 바꾸라고 요구한다. 또 성매매를 합법화하는 법규에 맞서 단결하기도 한다. 그러나 이런 긴급한 과제조차 순전히 형식적 측면에서 같을 뿐이다. 두 집단은 계급적 이해관계에 따라 이 문제에 대한 개선 방안을 매우 다르게 바라보기 때문이다. …

페미니스트가 뭐라 말하든 간에 계급 본능이 언제나 '계급을 초월한' 정치라는 고귀한 열정보다 더 강력하다. 부르주아 여성은 자신과 '어린 자매'가 똑같이 불평등한 처지에 놓여 있을 때는 여성의 보편적 이익을 옹호하기 위해 성심성의껏 노력할 수도 있다. 그러나 자신의 요구가 관철돼 부르주아 여성이 정치 영역에 참여할 수 있는 기회가 확보되면 바로 얼마 전까지 '모든 여성의 권리'를 옹호하던 이들이 자기 계급의 특권을 방어하는 데 혈안이 된다. 어린 자매들이 아무 권리도 보장받지 못한 것 따위는 아랑곳하지 않고 말이다. 그렇기 때문에 노동계급 여성은 여성의 '보편적' 대의를 실현하려면 공동 투쟁이 필요하다는 페미니스트의 주장을 본능적으로 불신한다.

프롤레타리아와 여성 선거권

클라라 체트킨

국제 사회주의자 대회는 국제 여성 사회주의자 협의회가 슈투트가르트에서 처음으로 열린 것을 기쁜 마음으로 환영하며 협의회가 제출한 요구에 연대를 표한다. 모든 나라의 사회주의 정당은 여성 보통선거권 쟁취를 위해 맹렬히 투쟁해야 한다. 프롤레타리아 선거권을 쟁취해 민주적 입헌 국가와 지방자치를 달성하려는 투쟁은 여성 선거권을 위한 투쟁이기도 해야 한다. 의회에서만이 아니라 선전 활동을 통해서도 여성 선거권을 강력히 요구해야 한다. 남성 선거권의 민주화가 어느 정도 진척됐거나 달성된 나라의 사회주의 정당은 여성 보통선거권 쟁취를 위한 투쟁을 개시해야 한다. 물론 프롤레타리아 남성의 완전한 참정권 획득에 필요한 요구도 여전히 지지해야 한다. 사회주의 여성운동은 선거

출처: 1907년 슈투트가르트 국제 사회주의자 대회에 제출한 결의안과 결의안 지지 연설.

권 민주화를 위한 각국 사회주의 정당의 모든 투쟁에 온 힘을 다해 참가해야 하지만, 동시에 여성 보통선거권 요구를 근본적·실천적 중요성을 갖는 문제로 제기하기 위한 모든 투쟁에도 온 힘을 다해 참가해야 한다. 국제 사회주의자 대회는 모든 나라의 선거권 운동이 동시에 동일한 방식으로 진행될 수 없다는 사실을 잘 알고 있다. 그러나 선거권 투쟁을 하는 곳이라면 어디서든 사회주의 원칙, 즉 남녀 모두의 보통선거권을 요구한다는 원칙에 따라 투쟁해야 한다고 선언한다.

여성 선거권 결의안 지지 연설

여성 선거권 위원회에서 이뤄진 토론과 제1차 국제 여성 사회주의자 협의회에서 47 대 11로 채택한 이 결의안에 관해 여러분에게 보고하려 합니다.* 여성 사회주의자들은 여성 선거권을 가장 중요한 문제로 여기지 않습니다. 즉 이 문제가 해결되면 여성의 자유롭고 조화로운 발전과 활동을 가로막는 모든 사회적 장애물이 사라질 거라고 생각하지 않습니다. 왜냐하면 선거권은 가장 근본적인 문제를 해결하지 못하기 때문입니다. 근본적 문제란 인간에 의한 인간의 착취와 억압의 토대가 되는 사유재산제도입니다. 정치적으로 해방됐지만 여전히 사회적으로 억압·

---

* 이 결의안은 1905~1906년 선거권 확대 투쟁을 벌이면서 여성 선거권을 언급조차 하지 않은 오스트리아 사회민주노동당 지도자들을 비판하면서 제출한 것이었다. 테레세 슐레징거, 아델하이트 포프 같은 오스트리아 여성 사회주의자들은 오스트리아의 특수한 조건을 고려해야 한다며 반대했지만 체트킨의 결의안이 47표를 얻어 승리했다.

착취당하는 프롤레타리아 남성의 상황을 보면 이것은 분명한 사실입니다. 여성 선거권을 쟁취한다고 해서 프롤레타리아 여성의 자유롭고 조화로운 발전을 가로막는 가장 심각한 사회적 장애물의 원천인 착취자와 피착취자 사이의 계급 분열이 사라지지는 않습니다. 또 자본주의 체제에서 남녀 간에 발생하는 사회적 반목 때문에 여성이 겪게 되는 갈등이 사라지는 것도 아닙니다. 여성의 완전한 정치적 평등이라는 것은 오히려 이런 갈등에 맞서 싸울 수 있는 터전을 마련하는 것일 뿐입니다. 여성이 겪는 다양한 갈등 중에서 가장 심각하고 고통스러운 것은 직장과 모성 사이의 갈등입니다. 따라서 부르주아 여성들과 달리 우리 사회주의자에게는 여성 선거권이 '최종 목표'가 될 수는 없습니다. 그러나 우리는 최종 목표를 위한 싸움의 한 단계로서 여성 선거권을 쟁취하기 위해 매우 열정적으로 투쟁합니다. 선거권은 부르주아 여성이 자신들의 교육·직업 기회를 남성의 특권 형태로 제한하는 장애물을 타파하는 데 도움이 됩니다. 또, 프롤레타리아 여성의 계급 착취와 계급 지배에 맞선 투쟁, 완전한 인간성 회복을 위한 노력에 무기가 됩니다. 또 이들이 여성 문제의 유일한 해결책인 사회주의 질서를 세우기 위해 프롤레타리아의 정치권력 쟁취 투쟁에 어느 때보다 높은 수준으로 동참할 수 있게 해 줍니다.

우리 사회주의자들은 여성 선거권을 여성의 천부인권으로 요구하는 것이 아니라 여성의 변화된 경제활동, 변화된 사회 여건, 변화된 자의식에 입각한 사회적 권리로서 요구합니다. 자본주의 생산은 과거 집안일에만 매여 있던 전업주부를 사라지게 만들었습니다. 직업여성, 특히 여성 임금노동자들이 사회 경제생활의 중심부에 자리 잡았고 여성의 경제활동이 사회의 가장 필수적인 생산력임을 보여 주는 전형이 됐습니다. 모든 자본주의 나라의 직업과 노동에 관한 통계는 이와 같은 변화를 보여 줍니다. 과거에 여성이 가정에서 생산하던 물건은 가족의 소비와 생활을 위한 것이었습니다. 오늘날 여성이 솜씨 좋게 만들어 내는 모든 물건, 그들이 생각해 내는 유용하고 편리한 모든 물품은 시장에서 사고파는 상품이 됩니다. 수많은 여성은 그들 자신이 가장 중요한 상품인 노동력의 판매자가 되어 노동시장에 나타납니다. 이리하여 가족과 사회에서 여성의 지위에 혁명이 일어납니다. 여성은 생계원으로서의 가정을 벗어나 가족과 남편에게서 자립합니다. 많은 경우, 가족은 더는 여성에게 만족스런 삶의 의미를 제공해 주지도 못합니다. 여성은 남성과 똑같이 열악한 조건에서(더러는 심지어 더 힘든 조건에서) 적대적 환경과 싸우며 생필품을 구하기 위해 분투해야 합니다. 이 때문에 여성도 남성과 마찬가지로 완전한 참정권이 필요합니다. 여성이 자신의 이익을 지키려면 참정권이라는 무기가 필요하기 때문입니다. 여성의 사회적 처지가 바뀌면서 여성의 인식과 사고에도 혁명이 일어나고 있습니다. 오랜 세월 당연하게 받아들였던 정치적 무권리 상태가 이제 여성 스스로의 눈에도 터무니없는 불평등으로 비치기 시작한 것입니다. 고통스럽고 완만한 발전 과정을 거치면서 여성은 협소한 가족생활을 벗어나 정치 활동의 무대로 나오고 있습니다. 여성은 선거권으로 상징되는 완전한 정치적 평등을 사회적 해방의 전제 조건으로서 요구합니다. 선거권 획득은 여성의 경제적 독립의 필연적 결과입니다.

이런 상황을 바라보면서, 참정권을 박탈당한 모든 여성이 단결해서 여성 보통선거권 쟁취를 위해 싸울 것이라고 상상하는 사람이 있을 지도 모르겠습니다. 그러나 그것은 결코 가능하지 않습니다. 부르주아 여성들은 여성의 완전한 정치적 평등이라는 원칙을 확고하게 지지하지도 않습니다. 그들은 여성 보통선거권을 위해 하나로 뭉쳐 투쟁하는 것조차 꺼립니다. 궁극적으로 이는 여성 참정권 운동 지도자들의 무지나 근시안적 전술 탓이 아닙니다(물론 그들이 저지른 수많은 잘못을 비판하는 것은 옳습니다). 그것은 여성이 다양한 사회계층으로 나뉘어 있다는 현실의 필연적 결과입니다. 참정권의 가치는 재산의 크기에 반비례합니다. 참정권은 상류계급 여성에게 가장 덜 중요하고 프롤레타리아 여성에게 가장 중요합니다. 따라서 여성 선거권 투쟁 역시 계급 분열과 계급투쟁에 좌우됩니다. 모든 여성의 공동 투쟁이란 가능하지 않습니다. 특히 이 투쟁이 추상적 원칙에 관한 것이 아니라 여성 선거권이라는 구체적이고 현실적인 문제에 관한 것이므로 더더욱 불가능합니다. 부르주아 여성들이 자신들의 계급적 본성을 거부하리라고 기대할 수는 없습니다. 따라서 참정권 쟁취 투쟁에서 프롤레타리아 여성은 부르주아 여성의 도움에 기댈 수 없습니다. 계급 대립 때문에 프롤레타리아 여성은 부르주아 여성 참정권 운동과 연합할 수 없습니다. 그렇다고 해서 프롤레타리아 여성이 여성 선거권 투쟁에서 함께 행진하려 하는 부르주아 여성 참정권 운동가들을 거부해야 한다는 뜻은 아닙니다. 따로따로 행진하면서도 함께 싸울 수 있습니다. 그러나 프롤레타리아 여성은 계급과 무관하게 남성에 맞선 모든 여성의 투쟁으로 선거권을 쟁취할 수는 없다는 것을 알아야 합니다. 아니 오히려 이 투쟁은 성별과 무관하게 착취자에 맞선 모든 피착취자의 계급투쟁이어야 합니다.

여성 보통선거권 쟁취 투쟁을 벌이며 프롤레타리아 여성은 각국의 사회주의 정당에서 강력한 동맹을 발견합니다. 사회주의 정당이 여성 보통선거권에 지지를 보내는 것은 이데올로기적·윤리적 차원의 고려에서 비롯한 것이 아닙니다. 그것은 역사적 자각, 특히 계급 상황에 대한 이해와 프롤레타리아 투쟁의 실질적 필요에 따른 것입니다. 계급의식과 사회적 권리를 갖춘 조직되고 훈련된 프롤레타리아 여성의 참여 없이는 프롤레타리아는 경제투쟁과 정치투쟁을 제대로 할 수 없습니다. 여성의 산업 고용이 증대함에 따라 계급 투사로 훈련되고 조직된 여성 노동자들을 끌어들여야만 임금 인상 투쟁에서 승리할 수 있습니다. 프롤레타리아의 정치적 과제 또한 여성과 더불어 수행돼야 합니다. 착취자와 피착취자 간의 계급투쟁이 격렬해짐에 따라 여성의 계급의식화와 프롤레타리아 해방운동 참여가 더욱 중요해지고 있습니다.

부르주아지의 어리석은 기대와 달리 노동조합 조직의 강화는 사회적 평화가 아니라 오히려 거대한 공장점거와 파업의 시대를 탄생시켰습니다. 프롤레타리아가 결연한 태도로 정치 활동에 참여함에 따라 정치투쟁이 첨예하게 격화됐고 투쟁의 수단과 방법도 새로워졌습니다. 벨기에와 네덜란드에서 프롤레타리아는 의회 투쟁뿐 아니라 정치적 대중파업도 벌여야 했습니다. 러시아에서는 1905년 혁명 과정에서 정치적 대중파업이 대단한 성공을 거뒀습니다. 또 오스트리아 프롤레타리아는 선거권 개혁을 쟁취하기 위해 대중파업이라는 혁명적 무기를 사용할 준비를 해야 했습니다. 그러나 대규모 파업과 대규모 공장점거, 특히 혁명적 대중파업은 프롤레타리아의 커다란 희생을 부릅니다. 프롤레타리아는 유산계급과 달리 희생을 대신할 하수인도, 그런 자들을 고용할 돈도 없습니다. 우리 계급은 누구나 이런 희생을 스스로 감수할 수밖에 없습니다.

따라서 이런 희생의 의미와 필요성에 대한 역사적 시각을 프롤레타리아 여성들이 갖추게 된다면 그들도 기꺼이 희생에 나설 것입니다. 프롤레타리아 여성의 희생과 영웅심을 고취시키는 데 사회주의 신념을 갖는다는 것이 얼마나 중요하고 필수적인지는 오스트리아의 아주 성공적인 참정권 투쟁에서 명백해졌습니다. 프롤레타리아 여성의 적극적 참여가 없었다면 그들은 결코 승리하지 못했을 것입니다. 오스트리아 동지들의 성공은 상당 부분 여성 동지들이 보여 준 충성과 열정, 주저 없는 희생과 용기에 힘입은 것이었습니다.* (청중 "옳소!")

지금까지 우리는 여성의 정치적 평등이 프롤레타리아에게 매우 중요한 의미가 있으며 프롤레타리아는 여성의 온전한 참정권 쟁취를 위해 투쟁해야 한다는 점을 살펴봤습니다. 이 투쟁은 여성 대중을 각성시키고 계급의식에 눈뜨도록 도와줍니다. 여성 선거권 쟁취는 프롤레타리아 여성이 프롤레타리아 계급투쟁에 굳건하게 참여하기 위한 전제 조건입니다. 또 선거권이 프롤레타리아 남성의 계급의식화와 조직화에 도움이 되는 것과 마찬가지로 여성 선거권 쟁취는 프롤레타리아 여성의 계급의식화와 단결과 단련에 가장 강력한 동기를 제공합니다. 여성이 참정권을 누리지 못하는 한, 여성은 무력하게 여겨지고 정치적 영향력도 과소평가됩니다. 의회라는 주식거래소에서는 투표권만이 의석과 교환할 수 있는 교환가치가 있습니다. 정치투쟁을 그저 투표와 위임이라는 테두리

---

* 오스트리아에서는 1907년에 남성의 보통선거권이 도입됐다. 체트킨 등 많은 사회주의자들은 이를 오스트리아 노동계급의 성과로 봤지만 오스트리아 사회민주노동당이 여성 선거권 요구 제기를 회피한 것에는 비판적이었다. 오스트리아에서 여성 투표권은 1919년에 도입됐다.

내에서만 바라보는 근시안적인 사람들은 프롤레타리아 여성의 계급의식화를 사회민주주의가 힘이 남아돌아서 하는 소일거리나 사치라고 생각합니다. 그들은 여성의 계급투쟁이 발전해서 마침내 프롤레타리아 남성과 나란히 굳건하게 투쟁해야 한다는 프롤레타리아의 절박한 계급적 이해관계를 간과합니다. 여성이 해방돼서 투표권을 행사할 수 있게 되는 바로 그 순간, 아무리 근시안적인 사람이라도 이런 이해관계를 알 수 있을 것입니다. 여성의 대부분을 차지하는 프롤레타리아 여성의 표를 얻기 위해 모든 정당이 서로 앞을 다투게 될 테니까 말입니다. 따라서 사회주의 정당은 자신들의 의식화 운동이 여타 부르주아 정당을 멀리할 것이며 자신들의 여성 참정권 쟁취 투쟁이 그런 방향으로 나아갈 것임을 분명히 밝혀야 합니다. 이 점은 핀란드 선거권 투쟁의 역사, 즉 남녀 모두 선거권을 획득한 최초의 선거권 운동에서 이미 증명된 바 있습니다.* 여성 선거권은 가장 접근하기 어려운 최후의 난관인 무지한 대중, 즉 정치적으로 무관심하고 후진적인 광범한 프롤레타리아 여성 부문 속으로 파고들 수 있는 훌륭한 수단입니다. 이 난관은 오늘날 우리의 프롤레타리아 투쟁을 약화시키고 우리 계급의 미래를 위협합니다. 이것이 여성 선거권 투쟁을 전개해야 하는 이유입니다. (청중 "옳소!")

계급투쟁이 격화돼 가는 최근 상황 속에서 다음과 같은 질문이 대두됩니다. 사회주의 정당은 어떤 종류의 선거권을 위해 싸워야 합니까?

---

* 러시아 통치하의 핀란드는 1906년에 남녀 보통선거권을 도입했는데, 역사상 최초로 모든 여성에게 완전한 선거권(투표권과 피선거권)을 부여했다. 1905년 러시아 혁명에 고무돼 핀란드 노동계급이 일으킨 총파업과 거리 시위, 반제국주의 반란에 거대한 압력을 받아 차르가 양보한 것이었다.

몇 년 전만 해도 이런 질문은 고민거리가 아니었습니다. 그저 '여성 선거권을 위해'라는 구호만으로 충분했으니까 말입니다. 당시에는 여성에게 제한선거권을* 주는 것도 불완전하고 불충분하나마 여성의 정치적 해방으로 나아가는 첫 단계로 여겼습니다.

그러나 오늘날에는 이와 같은 불철저한 인식을 더는 정당화해서는 안 됩니다. 오늘날 사회주의 정당은 오로지 여성의 보통선거권을 위해 투쟁할 것이며 제한선거권은 여성 평등의 원칙을 왜곡한 엉터리이므로 단호히 거부할 것임을 천명해야 합니다. 이전에는 무의식적으로 했던 것이 (유산계급의 지위를 강화하기 위해 제한선거권을 들고나옴으로써) 이제는 의식적으로 수행되고 있습니다. 여성 선거권을 방해하는 요인을 제거하겠다고 하는 부르주아 정당 내에서 다음의 두 가지 경향이 나타나고 있습니다. 하나는 자신들의 참정권을 위해 투쟁해야 할 대규모 부르주아 여성 단체들이 점증하는 내외적 난관을 겪고 있다는 사실입니다. 다른 하나는 전투적 프롤레타리아의 정치적 성장에 대한 두려움이 커지고 있다는 사실입니다. 제한선거권은 이와 같은 상황에서 절충안으로 나왔으며 유산계급 남녀 사이의 평화를 유지하기 위해 프롤레타리아에게 희생을 강요하는 것입니다. 다시 말해서 제한선거권은 전투적 프롤레타리아의 힘이 커지는 것을 가로막을 방어벽으로 고안됐습니다. 이 점은 노르웨이 사태에서 처음으로 밝혀졌습니다. 사회민주주의의 지도 아래 투쟁하는 진취적 프롤레타리아에게 [1901년] 지방선거에서 보통선거권을 줄 수밖에 없는 상황이 되자 부르주아지는 제한선거권을 들고나와 개혁을 후

---

* **제한선거권** 재산과 부를 기준으로 선거권을 제한하거나 투표수에 차별을 두는 제도였다.

퇴시켜 버렸습니다. 부르주아 정치가들은 여성 제한선거권이 남성 보통선거권의 효과를 상쇄하기 위해 고안됐음을 노골적으로 밝혔습니다.

우리는 이제 제한선거권을 여성해방의 첫 단계가 아니라 유산계급의 정치적 해방의 마지막 단계로 여깁니다. 그것은 가진 자의 특권일 뿐, 보편적 권리가 아닙니다. 그것은 여성을 여성이라는 이유로, 아니 다 같은 여성인데도 해방해 주지 않습니다. 그것은 여성에게 그녀의 인격이 아니라 재산과 소득에 따라 온전한 참정권을 부여합니다. 따라서 그것은 대다수 여성의 참정권을 박탈해 놓고는 그것을 합리화하려는 시도일 뿐입니다. 그러나 제한선거권은 참정권을 박탈당한 프롤레타리아 여성만이 아니라 프롤레타리아 전체에 대한 공격입니다. 그것은 유산계급에게 복수複數투표권을 부여함으로써 그들의 정치적 힘을 강화합니다. 따라서 제한선거권은 프롤레타리아 여성의 궁극적인 정치적 해방(보통선거권)으로 나아가는 첫걸음이 될 수 없습니다. 오히려 제한선거권은 유산계급의 정치적 힘을 키워서, 프롤레타리아에게 합당하고 성차별을 하지 않는 더한층의 선거권 민주화를 방해하는 반동 세력을 강화해 줄 뿐입니다. 또 하나, 제한선거권은 원하던 것을 얻은 부르주아 여성들이 전체 여성의 정치적 평등을 위한 투쟁에서 이탈하게 만듭니다. 행정부와 입법부를 제한선거권으로 선출한 나라 가운데 정치적으로 해방된 여성들이 가난한 자매들의 시민권과 여성 보통선거권을 위해 혼신을 다해 투쟁한 곳은 한 나라도 없습니다. 반동적 세력이 프롤레타리아의 힘이 커지는 것을 가로막기 위해 제한선거권을 이용하려는 경향이 강해질수록 프롤레타리아 여성에게 이런 현상을 깨우쳐 줄 필요성이 커집니다. 프롤레타리아 여성이 자기 자신과 자기 계급의 이익에 반하는 범죄행위에 속아 넘어가지 않게 해야 합니다. 반동적 세력의 구호는 말하자면 다음과 같은 것입니다. '여성에게 정의를 부여해서 노예로 부려먹자.'

여성 선거권에 대한 우리의 요구는 여성 참정권 운동가들의 요구가 아니라 프롤레타리아의 대중적·계급적 요구입니다. 그것은 이론적·실천적으로 전체 사회민주주의 선거권 강령의 없어서는 안 될 중요한 일부입니다. 따라서 여성 선거권 요구를 끊임없이 선전해야 할 뿐 아니라 사회주의 정당이 정치 민주화를 위해 전개하는 모든 선거권 운동의 중심으로 삼아야 합니다. 여성 선거권 위원회는 다수가 이런 견해를 공유했고 모든 선거권 투쟁이 동시에 여성 선거권 쟁취 투쟁이 돼야 한다고 결정했습니다. 남녀 프롤레타리아가 모두 이 투쟁의 공동의 승자가 될 것입니다. 무엇보다 핀란드 선거권 운동이 이를 증명합니다. 특수한 상황에서는 전술적 이유로 여성 선거권 요구를 프롤레타리아 선거권 운동에서 철회할 수도 있다는 견해에 대해서는 위원회의 다수가 반대했습니다. 유산계급은 프롤레타리아가 선거권을 요구하기만 하면 세상의 종말이라도 올 것처럼 호들갑을 떱니다. 그들은 가장 온건한 선거권 민주화조차 자기 계급의 영광이 끝장나는 첫 신호로 보고 격렬하게 반대합니다. 사회주의 선거권 운동의 성패를 결정하는 것은 그 요구의 성격이나 범위가 아니라 착취계급과 피착취계급 간의 세력 관계입니다. 우리에게 승리를 약속하는 것은 영리해지고 온건해지고 절제하는 것이 아니라 우리의 요구를 지지하는 프롤레타리아의 힘입니다.

여기서 우리의 전체 선거권 강령, 특히 여성 선거권 요구를 언급하는 것이 과연 사회주의 정당과 프롤레타리아의 힘을 강화하는가 하는 질문이 제기됩니다. 우리는 엄숙하고 분명하게 그렇다고 대답할 것입니다. 사회민주주의자들이 원칙에 충실하게 선거권 쟁취 투쟁을 할수록 광범위한 대중이 더 철저하게 혁명적으로 각성할 것이며 자신들의 행동이 진실한 것이라는 확신을 가질 것입니다. 이런 확신은 투쟁 목표에 대한 열정을 불러일으킵니다. "뭉치면 살고 흩어지면 죽는다"는 오랜 격언을 명심해야 합니다. 사회민주당이 선거권 투쟁에서 대변하는 참정권 피박탈자 수가 많을수록, 이 투쟁이 승리해 자신들의 권리를 쟁취하기를 바라는 가난한 사람들의 수가 많을수록, 더 많은 남녀 투사들이 우리 사회주의자들의 투쟁을 도울 것입니다. 어떤 요구가 전체 프롤레타리아의 절반과 관련이 있고 이들을 계몽하겠다는 자들이 선거권을 달라는 이 절박한 요구를 외면하고 자신들만의 의회에서 이들을 배제해 버린다면, 당연히 이런 일이 벌어지지 않겠습니까? 여성 선거권을 쟁취하기 위한 사회민주주의자들의 선거권 투쟁은 더 넓은 기반과 더 큰 동력을 얻어 가고 있습니다. 이 투쟁 덕분에 대중은 낡고 뿌리 깊은 편견에 의문을 품고 급진화하고 있습니다. 이것은 결국 적진 내부에 동요와 혼란, 분열을 초래하고 있습니다. 유산계급 남녀 사이의 사회적 반목이 드러나고 있습니다.

따라서 우리는 사회주의 정당이 단지 여성 선거권이라는 원칙을 인식하는 것을 넘어 원칙을 실천으로 옮기는 투쟁을 하는 것이 프롤레타리아의 이익에 직결된다고 확신합니다. 그렇다고 해서 모든 나라의 사회민주주의자들이 아무 때나 여성 선거권 쟁취 투쟁을 해야 한다는 뜻은 아닙니다. 여성 선거권이 모든 선거제도 개혁 투쟁에서 핵심 쟁점이 돼야 한다는 것도 아니며, "여성 선거권이 아니면 아무것도 의미 없다!"는 식으로 투쟁해야 한다는 것도 아닙니다. 여성 선거권의 중요성은 각국의 역사적 배경에 따라 결정됩니다. 선거권 문제에서 사회주의 정당들은 프롤레타리아의 이익이라는 원칙에서 제기되는 모든 요구를 걸고 싸워야 합니다. 무언가를 얻으려면 적으로부터 빼앗아야 합니다. 중요한 것은 대중 선동과 의회 활동에서 여성 선거권을 강력히 요구해야 한다는 것입니다. 여성 선거권이 중요한 쟁점인 곳에서는 그만큼 강력히 요구해야 합니다. 우리는 대부분의 나라에서 그렇게 한다고 해도 하루 이틀 만에 여성 선거권을 쟁취할 수는 없다는 사실을 알고 있습니다. 그러나 그런 행동이야말로 미래의 승리를 준비하는 것임을 알아야 합니다.

프롤레타리아의 여성 참정권 쟁취 투쟁에서 여성 사회주의자들은 주도 세력이 돼야 합니다. 온 힘을 다해 프롤레타리아 선거권 투쟁에 참여함은 물론이고 프롤레타리아 여성 대중을 설득해 투사로 만들어야 합니다. 프롤레타리아 여성 대중을 투쟁하는 남성 동지들의 대열에 동참시킴으로써 두 가지 사실을 증명해 보일 수 있습니다. 첫째는 여성 대중 스스로 선거권을 갈망하고 있다는 사실입니다. 둘째는 투표권을 올바로 사용할 수 있을 만큼 프롤레타리아 여성이 성숙했다는 사실입니다. 자, 여러분, 이제 주저하지 말고 여성 선거권 쟁취를 위해 전진합시다. 이것은 프롤레타리아 여성의 계급의식 향상에 기여할 것입니다. 계급의식 향상은 프롤레타리아의 현재와 미래, 그들의 해방을 향한 전쟁에서 가장 중요한 것입니다. 십자가의 고난을 묵묵히 견디기를 거부하고 어리석은 노예의 처지를 거부하며 굳건하게 투쟁하는 여성에게서 강력한 남녀 투사의 세대가 자라날 것입니다. 우리 여성들은 우리의 소망을 이뤄 줄 아이들, 우리 머릿속의 강인한 사고와 가슴속의 뜨거운 바람을 먹고 자란 아이들, 우리의 뒤를 이을 뿐 아니라 우리보다 더 훌륭하게 투쟁할 남녀 투사들이 바로 우리의 뼛속에서 자라날 것임을 확신합니다.

여성 선거권 투쟁 전술에 관한 논쟁

블라디미르 레닌

여성 참정권에 대한 결의문도 만장일치로 채택됐다. 반半부르주아적 페이비언협회에서 온 한 영국인 여성만이 모든 여성의 선거권이 아니라 유산계급만의 제한선거권을 요구하며 투쟁하는 게 타당하다고 주장했다. 대회는 이 견해를 완전히 거부했으며, 여성 노동자들이 부르주아 여권운동가가 아니라 프롤레타리아 계급 정당과 손잡고 참정권 운동을 벌여 나갈 것을 선언했다. 대회는 여성 참정권 운동을 전개하는 데서 사회주의와 남녀평등의 원칙을 견지해야 하고 이런 원칙을 기회주의적으로 훼손해서는 안 된다는 점을 확인했다.

이 점과 관련해 여성 선거권 위원회에서 흥미로운 견해차가 발생했다. 오스트리아 대표들(빅토르 아들러와 아델하이트 포프)은 남성 보통

출처: "슈투트가르트 국제 사회주의자 대회 보고"에서(1907년 9월).

선거권 투쟁에서 자신들이 사용한 전술을 옹호했다. 요구를 쟁취하기 위해서 여성 참정권 요구를 너무 전면에 내세우지 않은 것이 유리했다는 것이다. 독일 사회민주주의자들, 특히 클라라 체트킨은 오스트리아인들이 보통선거권 운동을 전개하고 있을 때 이 점을 비판했었다. 체트킨은 오스트리아 동지들이 어떤 상황에서도 여성 참정권 요구를 간과하지 말았어야 했는데 기회주의적으로 원칙을 훼손했다고 썼다. 또 그들이 여성 참정권을 위해서도 똑같이 열정적으로 싸웠더라면 운동의 기반이 축소되지 않고 오히려 넓어졌을 것이며 대중운동의 힘이 강해졌을 것이라고 주장했다. 이 위원회에서 체트킨의 주장은 또 다른 저명한 독일 여성 사회민주주의자인 루이제 치츠의 열렬한 지지를 받았다. 오스트리아인들의 전술을 간접적으로 정당화한 아들러의 수정안은 12 대 9로 부결됐다(이 수정안은 참정권 투쟁이 남녀평등의 요구를 항상 포함해야 한다고 서술하는 대신에 참정권을 모든 시민에게 확대하려는 투쟁이 약화돼서는 안 된다고만 서술했다). 위원회와 대회의 관점은 루이제 치츠가 국제 여성 사회주의자 협의회 연설에서 다음과 같이 가장 정확하게 표명했다(이 협의회는 대회와 같은 기간에 슈투트가르트에서 개최됐다).

“원칙적으로 우리는 우리가 옳다고 생각하는 모든 것을 요구해야 합니다. 그리고 우리의 힘이 더는 미치지 못할 경우에만 우리가 얻을 수 있는 것을 받아들여야 합니다. 이것이 언제나 사회민주주의의 전술이었습니다. 우리의 요구가 온건할수록 정부는 더욱더 적게 양보할 것입니다.” 오스트리아와 독일 여성 사회민주주의자들의 이와 같은 논쟁은 일관된 혁명적 전술 원칙에서 조금이라도 일탈하는 것을 최상의 마르크스주의자들이 얼마나 엄격하게 다루는지 보여 준다.

모든 나라의 여성 사회주의자들에게

클라라 체트킨

동지여! 자매여! 자본주의 국가들의 세계 쟁탈전으로 말미암은 이 끔찍한 전쟁[제1차세계대전]에 항의하는 여성들의 목소리가 교전국은 물론 중립국에서도 점점 높아지고 있다. 이제 거의 넉 달째 접어든 2국동맹[독일·오스트리아]과 3국협상[영국·프랑스·러시아] 간의 이 전쟁은 전례 없이 많은 민중과 광범한 지역을 피비린내 나는 소용돌이 속으로 끌어들이고 있다.

민중이 지닌 최상의 육체적·정신적·도덕적 능력, 경제적 부, 거대한 기업연합, 귀중한 과학적 성취와 기술혁신 등 모든 것이 전쟁에 동원됐다. 숱한 피와 눈물로 점철된 인류 역사에서도 전례가 없을 정도로 많은 폐허, 시체 더미, 불구자가 양산되고 있다. 이 전쟁은 수많은 사람들

출처: 《디 글라이히하이트》, 1914년 11월 7일. 검열 때문에 삭제됐다가 스위스 신문 〈베르너 타크바흐트〉(베른 야경꾼)에 처음 실렸고 1914년 12월 소책자로 인쇄돼 독일 전역에 배포됐다.

의 행복을 짓밟는다. 모든 국제조약을 파기하고 오래된 사상과 제도 위에 칼의 철학을 세워, 어제 불태워 버린 것에 오늘 기도하고 지금까지 기도해 온 것을 불태워 버리라고 명령한다. 민족과 인종을 막론하고 헤아릴 수 없이 오랜 세월 동안 동물의 왕국에서부터 참다운 자유의 왕국에 이르는 발전 과정에서 희로애락을 겪으며 창조한 그 모든 이상을 더럽힌다. "살인하지 말라", "원수를 사랑하라"는 그리스도교의 계명은 어디로 갔는가? 현대 문명국들의 가장 위대하고 고귀한 위인들이 찬사를 아끼지 않았던 세계주의의 이념은 어디로 갔는가? 또 우리가 그리도 자랑스럽게 꿈꿔 온 만국 프롤레타리아의 국제 사회주의적 형제애는 어디로 갔는가?

전쟁이 장기화할수록 이 전쟁의 자본주의적 본질을 숨겨서 민중을 기만해 온 미사여구들은 점차 퇴색해 결국 산산이 부서지고 있다. 수많은 민중을 우롱한 겉치레 가면은 벗겨지고 있다. 지금 우리 앞에는 세계 정복과 세계 지배를 위한 전쟁이 그 추악한 민낯을 드러내고 있다.

세계 평화는 프롤레타리아의 국제적 형제애를 상징하고 약속하는 것으로 특히 우리 여성 사회주의자들에게 매우 중요했다. 오직 이런 형제애를 통해서만 우리 여성들이 갈망하는 미래의 사회주의 체제로 들어갈 수 있을 것이기 때문이다. 따라서 이 끔찍한 세계대전은 우리 사이를 가로막는 장애물이 될 수 없다. 지금같이 어려운 상황에서도 우리는 전쟁의 포성, 탄압의 위협, 전쟁에 무비판적인 대중의 분위기에 흔들리지 않고 모든 나라에서 사회주의의 오랜 이상을 보존해 낼 것이다. 우리는 어디서든 시체 더미와 폐허를 가로질러 자매애의 손길을 내밀 것이며, 사회주의를 향해 나아가야 한다는 오랜 깨달음과 단호한 결의 아래 단결할 것이다.

우리가 최근에 수행하려던 중요한 공동 활동, 즉 오스트리아 빈에서 개최하려던 협의회는 평화적 분위기 속에서 열릴 예정이었다. 그런데 세계대전의 포성이 이를 망쳐 버리고 말았다. 이제 우리는 평화에 대한 확고한 결의를 바탕으로 공동의 첫 대업을 시작해야 한다. 우리 여성 사회주의자들은 각국 여성을 설득해 이 미치광이 학살을 더는 계속하지 못하게 맞서 싸우게 해야 한다. 억누를 수 없는 수많은 민중의 함성이 터져 나와야 한다. 학살을 중단하라! 파괴를 중단하라! 민중을 죽음으로 몰아가는 전쟁을 중단하라! 평화! 항구적 평화를!

따라서 어떤 나라의 독립과 주권도 침해하지 말아야 한다! 이웃 나라의 안보를 침해하는 영토 합병이나 굴욕적 요구를 하지 말아야 한다. 이런 행위는 또다시 국가 간의 새로운 갈등을 야기할 부담스러운 군비경쟁을 부추길 뿐이다! 평화 활동을 위한 충분한 공간이 마련돼야 한다! 모든 민족이 우애를 다지고 국제주의적 분위기 속에서 협력할 수 있게 돌파구를 열자!

거의 모든 나라에서 우리 여성의 정치적 권리가 제한돼 온 것이 사실이다. 그렇다고 해서 사회적 힘조차 없는 것은 아니다. 이 힘을 최대한 활용하자. 가족과 친구부터 광범한 대중에 이르기까지 말과 행동으로 영향을 미치려 노력하자. 글이든 말이든 모든 수단을 다 이용하자. 다른 나라에서도 활용할 수 있게 개인과 단체를 모두 끌어들이자. 우리는 전쟁으로 폭리를 취하는 애국주의자들, 권력에 굶주린 제국주의 정치인들, 파렴치한 선동 정치가들이 부추기는 떠들썩한 애국주의 물결에 현혹되거나 겁먹지 않을 것이다. 오히려 이런 때일수록 모든 민족이 함께 이룩해 온 공동의 인류 유산의 문화적 가치와 모든 민족이 참여하는 거대한 국제 공동체의 필요성을 소리 높여 이야기해야 한다. 자랑스럽게 사회주의 깃발을 흔들고 사회주의적 평화를 요구하자! 각국에서 우리는 어리석고 이기적인 조국 반역자로 비난받고 박해받을 것이다. 상관없다! 우리는 타국을 비난하고 업신여기거나 무력을 내세워 전쟁을 일으키는 것보다 평화를 위해 노력하는 것이 우리 조국에 훨씬 더 이롭다는 것을 알고 있다. 남성들이 총을 들고 싸울 때 생명의 보존을 위해 투쟁하고 남성들이 침묵할 때 소리 높여 이상을 외치는 것이 우리 여성들의 임무다.

여성 동지들이여! 기념비적인 바젤 사회주의인터내셔널 평화 대회에서 여러분의 대표들이 한 약속을 지키자. "전쟁이 터지면 우리는 전쟁에 맞서 싸우는 선봉대이자 돌격대가 될 것이다!"

세계 여성의 날

알렉산드라 콜론타이

전투적 경축일

여성의 날 또는 여성 노동자의 날은 국제 연대의 날이자 프롤레타리아 여성의 힘과 조직을 확인하는 날이다.

그러나 이날이 여성만을 위한 특별한 날인 것은 아니다. 3월 8일은 노동자와 농민, 러시아 노동자와 전 세계 노동자에게도 역사적 기념일이다. 1917년 바로 이날에 위대한 2월 혁명이 일어난 것이다.* 2월 혁명을

출처: 1920년에 소책자로 출판됐다.

* 제정 러시아는 율리우스력을 썼는데 서유럽의 그레고리력보다 13일 늦다. 즉, 3월 8일은 러시아 달력으로는 2월 23일이다. 그래서 1917년 3월 혁명은 '2월 혁명'으로, 1917년 11월 혁명은 '10월 혁명'으로 불린다.

시작한 사람들은 바로 페트로그라드* 여성 노동자들이었다. 차르와 그의 신하들에 대항해 투쟁의 깃발을 가장 먼저 치켜들기로 결심한 사람들이 바로 여성 노동자들이었던 것이다. 따라서 여성 노동자의 날은 우리가 이중으로 축하해야 하는 날인 셈이다.

그런데 이날이 모든 프롤레타리아의 기념일인데도 우리가 이날을 '여성의 날'이라고 부르는 이유는 무엇일까? 우리는 도대체 왜 이날 유독 여성 노동자와 농민을 염두에 둔 특별 행사와 집회를 여는 것일까? 이것이 노동계급의 단결과 연대에 해를 끼치지는 않을까? 이런 질문에 대답하려면, 여성의 날이 어떻게 생겨났고 왜 조직됐는지를 돌이켜 살펴봐야 한다.

여성의 날은 어떻게, 왜 조직됐나?

불과 10년 전만 해도 여성 평등이라는 문제와 여성이 남성과 나란히 정부에 참여할 수 있는가 하는 문제가 뜨거운 논쟁의 대상이었다. 모든 자본주의 나라의 노동계급은 여성 노동자의 권리를 위해 투쟁했다. 그러나 부르주아지는 이런 권리들을 인정하려 들지 않았다. 노동계급의 참정권을 강화하는 일은 부르주아지에게 이롭지 못한 것이었다. 그리고 모든 나라에서 부르주아지는 여성 노동자에게 투표권을 부여하는 법률이 통과되지 못하게 막았다.

---

* 이 책에 나오는 페트로그라드와 레닌그라드는 모두 지금의 페테르부르크를 가리킨다.

미국의 사회주의자들은 줄기차게 여성의 투표권을 요구했다. 1909년 2월 28일, 미국의 여성 사회주의자들은 여성 노동자의 정치적 권리를 요구하는 전국적 대규모 시위와 집회를 열었다. 바로 이날이 첫 '여성의 날'이었던 셈이다. 따라서 여성의 날을 조직한 주동자는 미국 여성 노동자들이었던 것이다.

1910년 제2차 국제 여성 노동자 협의회에서 클라라 체트킨이 세계 여성의 날을 조직하는 문제를 안건으로 내놓았다. 협의회는 매년 똑같은 날 모든 나라에서 "여성의 투표권은 사회주의를 위한 투쟁에서 우리의 힘을 하나로 모을 것이다"라는 구호 아래 '여성의 날' 기념행사를 열기로 결정했다.

이 시기에는 의회를 더 민주적으로 만드는 문제, 즉 선거권을 확대해 투표권을 여성에게까지 확장하는 것이 매우 중요한 문제였다. 1차대전 이전에도 러시아를 제외한 모든 부르주아 국가들에서 노동자들이 선거권을 갖고 있었다.* 정신병자를 제외하고 투표권이 없는 사람은 여성밖에 없었다. 그러나 동시에 자본주의가 낳은 참혹한 현실 때문에 여성은 국가 경제에 참여해야 했다. 매년 갈수록 많은 여성이 공장과 작업장에서 일하거나 가정부나 파출부가 돼야 했다. 여성은 남성과 나란히 일했고 나라의 부富를 만들었다. 그런데도 여성은 여전히 투표권이 없었다.

---

* 이것은 부정확한 얘기다. 영국, 프랑스, 독일은 미숙련 노동자들이 대부분 투표할 수 없었다. 미국은 노동계급 남성의 일부(특히 이주 노동자)가 투표할 수 없었다. 미국 남부는 흑인의 투표를 법으로 금지했다. 유럽의 모든 나라에서 중간계급이 벌인 선거권 쟁취 운동은 노동계급 여성이나 남성에게 투표권을 부여하기 위한 투쟁을 하지 않았다 — 영어판 편집자.

그러나 전쟁이 터지기 몇 년 전에 물가가 폭등해서 가장 온순한 주부들조차 부르주아지의 약탈 경제에 저항하게 됐다. '주부들의 봉기'가 점차 자주 일어났고, 그리하여 오스트리아, 영국, 프랑스, 독일에서 주부들의 투쟁이 폭발했다.

여성 노동자들은 상점의 진열대를 부수거나 상인을 위협하는 것으로는 충분하지 않다는 것을 알았다. 그런 행동으로는 생활비 부담을 낮출 수 없었다. 정부의 정책을 바꿔야 했다. 그러려면 노동계급은 선거권 확대 투쟁에 나서야 했다.

모든 나라의 인터내셔널 지부는 여성 노동자의 투표권 쟁취 투쟁의 일환으로 여성의 날을 열기로 결정했다. 이날은 공통의 목표를 위해 투쟁하는 국제 연대의 날이자 사회주의 깃발 아래 여성 노동자의 조직력을 확인하는 날이 됐다.

첫 번째 세계 여성의 날

제2차 국제 여성 사회주의자 대회에서 내린 결정은 문서로는 남아 있지 않다. 첫 번째 세계 여성의 날을 1911년 3월 19일에 연다는 결정이 내려졌다.

이날은 임의로 선택한 날이 아니었다. 우리의 독일인 동지들은 독일 프롤레타리아에게 역사적으로 중요한 날을 골랐다. 1848년 혁명 당시 프로이센 왕이 무장한 민중의 힘을 최초로 인정하고 프롤레타리아 봉기의 위협에 굴복한 것이 3월 19일이었다. 그가 한 많은 약속(나중에 하나도 지키지 않았다) 중에는 여성에게 선거권을 부여한다는 약속도 들어 있었던 것이다.

어쨌든 1911년 1월 11일 이후에 독일과 오스트리아에서 여성의 날을 준비하기 위한 노력이 이뤄졌다. 가두선전과 신문을 통해 시위 계획을 알렸다. 여성의 날 1주일 전에 두 개의 신문이 나왔다. 하나는 독일의 〈여성의 선거권〉이고 다른 하나는 오스트리아의 〈여성의 날〉이었다. 여성의 날에 맞춰 여러 기사("여성과 의회", "여성 노동자와 지방행정", "왜 가정주부도 정치에 관심을 가져야 할까?")를 실어 정부와 사회에서 여성 평등의 문제를 철저하게 분석했다. 모든 기사는 하나같이 여성에게 선거권을 확대해 의회를 더 민주적으로 만드는 것이 꼭 필요하다는 점을 강조했다.

이리하여 최초의 세계 여성의 날 행사는 1911년에 열렸다. 그 행사는 모든 사람의 예상을 뛰어넘는 성공을 거뒀다. 독일과 오스트리아의 여성의 날 행사는 분노하고 흥분한 여성들이 셀 수도 없이 많이 참가했다. 모든 곳에서 집회가 조직됐다. 소도시와 심지어 시골에서도 집회장에 너무 많은 사람들이 몰려들어 주최 측이 여성에게 자리를 양보해 달라고 남성 노동자들에게 부탁해야 할 정도였다.

이것은 확실히 여성 노동자들의 전투성을 처음으로 보여 준 것이었다. 평소와 달리 이번에는 남성들이 아이들과 함께 집에 있고, 집안에 갇혀 있던 주부들이 집회에 나갔다. 3만 명이 참가한 가장 큰 가두시위가 벌어지는 동안 경찰이 시위대의 현수막을 빼앗으려 했고 여성 노동자들은 저항했다. 그러자 싸움이 벌어졌고, 사회주의자 의원들의 도움으로 유혈 사태는 겨우 피했다.

1913년에 세계 여성의 날은 3월 8일로 변경됐다. 이날은 언제나 여성 노동자들의 전투성을 보여 주는 날이었다.

여성의 날이 필요한가?

미국과 유럽에서 여성의 날은 놀랄 만한 결과를 가져다 줬다. 물론, 어느 나라의 부르주아 의회도 노동자에게 양보를 하거나 여성의 요구를 받아들이려 하지 않았다. 당시에 부르주아지는 사회주의 혁명의 위협을 느끼지 않았기 때문이다.

그러나 여성의 날은 모종의 성과를 얻었다. 무엇보다 여성의 날은 우리의 프롤레타리아 자매들 가운데 상대적으로 덜 정치적인 사람들 사이에서 사용할 수 있는 훌륭한 선동 방법임이 입증됐다. 그들은 여성의 날에 관한 집회, 시위, 포스터, 소책자, 신문에 주의를 기울일 수밖에 없었다. 정치적으로 후진적인 여성 노동자조차 내심 "이날은 우리의 날, 여성 노동자의 축제 날이야" 하고 생각하며 망설임 없이 집회와 시위에 참가했다. 여성의 날 행사가 열리고 나면 더 많은 여성이 사회주의 정당에 가입했고 노동조합이 성장했다. 조직이 성장하고 정치의식이 발전했다.

그런데 여성의 날은 또 다른 기능도 했다. 여성의 날은 노동자의 국제적 단결을 강화했다. 보통, 각국의 사회주의 정당들은 여성의 날에 연설할 사람들을 서로 교환했다. 독일인 동지들이 영국에 가고 영국인 동지들이 네덜란드에 가는 식이었다. 노동계급의 국제적 응집력이 강해지고 굳건해졌으며 이것은 프롤레타리아 전체의 투쟁 역량이 커졌음을 뜻하는 것이었다.

바로 이런 것들이 전투적인 여성 노동자의 날이 낳은 결과다. 여성 노동자의 전투성이 발휘되는 여성의 날은 프롤레타리아 여성의 의식과 조직을 키우는 데 도움이 된다. 노동계급의 더 나은 미래를 위해 투쟁하는 사람들은 여성의 날을 매우 중요하게 여겨야 한다.

러시아의 여성 노동자의 날

러시아의 여성 노동자들은 1913년에 처음으로 '여성 노동자의 날'에 참가했다. 당시는 제정帝政이 노동자와 농민을 극심하게 억누르던 반동의 시기였다. 그래서 공개적 시위를 통해 '여성 노동자의 날'을 기념하는 것은 엄두도 낼 수 없었다. 그러나 조직된 여성 노동자들은 나름으로 세계 여성의 날을 기념할 수 있었다. 합법 노동계급 신문(볼셰비키의 〈프라우다〉와 멘셰비키의 〈루치〉)은 세계 여성의 날에 관한 기사들을 실었다. 특집 기사들, 여성 노동자 운동에 참여한 사람들에 대한 소개, 아우구스트 베벨과 클라라 체트킨 같은 동지들이 보낸 축전을 실었다.

당시에는 탄압이 심해서 집회는 금지됐다. 그러나 페트로그라드의 칼라시니코프 증권거래소에서 볼셰비키 여성 노동자들이 '여성 문제'에 관한 공개 토론을 조직했다. 입장료는 5코페이카였다. 불법 집회였는데도 토론장은 만원이었다. 당원들이 연설했다. 이 활기찬 '비밀' 집회는 사태에 놀란 경찰이 개입해서 수많은 발표자들을 체포했는데도 중단되지 않았다.

그 집회는 전 세계 노동자들에게 제정의 억압 아래 살아가는 러시아 여성들이 어떻게든 세계 여성의 날에 공감하고 동참할 것임을 행동으로 보여 준 매우 중요한 사건이었다. 이것은 러시아가 깨어나고 있고 제정의 감옥과 교수대가 노동자의 투쟁과 저항 정신을 없앨 만큼 강력하지는 않다는 것을 보여 주는 청신호였다.

1914년 러시아의 '여성 노동자의 날'은 더 잘 조직됐다. 두 노동자 신문(볼셰비키 신문과 멘셰비키 신문)은 그 행사를 중요하게 다뤘다. 우리 동지들은 '여성 노동자의 날' 행사 준비에 많은 노력을 쏟았다. 경찰의 방해 때문에 결국 시위는 조직되지 못했다. '여성 노동자의 날' 준비에 참가한 사람들은 감옥에 갇혔고 많은 사람들이 나중에 추운 북쪽 지방으로 유배됐다. 왜냐하면 "여성 노동자에게 투표권을"이라는 구호가 러시아에서는 자연스럽게 제정을 전복하라는 공공연한 구호가 됐기 때문이다.

제국주의 전쟁 시기의 여성 노동자의 날

제1차세계대전이 터졌다. 모든 나라의 노동계급은 피비린내 나는 전쟁에 휩싸였다.* 1915년과 1916년 러시아를 제외한 다른 나라의 '여성

* 1914년에 전쟁이 터지자 국제 사회주의 운동은 크게 분열했다. 독일, 오스트리아, 프랑스, 영국 사회민주주의자들은 대부분 전쟁을 지지했다. 러시아의 콜론타이, 레닌과 볼셰비키, 트로츠키, 독일의 로자 룩셈부르크와 클라라 체트킨, 미국의 유진 뎁스 같은 다른 사회주의자들은 전쟁을 지지하는 사회주의자들을 노동계급과 노동자 혁명을 위한 투쟁을 배신한 사람들이라고 강력하게 비판했다 — 영어판 편집자.

노동자의 날'은 초라하게 치러졌다. 러시아의 볼셰비키와 같은 견해를 가졌던 좌파적 여성 사회주의자들이 3월 8일에 여성 노동자의 반전 시위를 조직하려 했다. 그러나 노동계급을 배신한 독일 등의 사회주의 정당들은 여성 사회주의자들이 집회를 조직하는 것을 허용하지 않았다. 여성 사회주의자들은 중립국에서 여성 노동자들의 국제회의를 열어 부르주아지의 바람과 달리 국제 연대의 정신이 여전히 살아 있음을 보여주려 했지만 여권 발급을 거부당했다.

1915년 여성의 날에 여성 사회주의자들은 노르웨이에서 간신히 국제 시위를 조직할 수 있었다. 거기에는 러시아와 중립국의 대표들이 참여했다. 러시아에서는 여성의 날을 조직할 꿈도 꿀 수 없었다. 제정과 군부의 힘이 막강했기 때문이다.

그 뒤 위대한 1917년이 왔다. 굶주림, 추위, 전쟁으로 인한 모진 고통 때문에 러시아의 여성 노동자와 농민의 인내심이 바닥났다. 1917년 3월 8일 여성의 날에 그들은 과감하게 페트로그라드 거리로 몰려나왔다. 여성들(일부는 노동자들이었고 일부는 병사의 아내들이었다)은 "아이에게 먹일 빵을 달라"고, "참호에 있는 남편을 집으로 돌려보내라"고 요구했다. 이 결정적 시기에 노동계급 여성의 저항은 매우 심각한 위협이었다. 그래서 제정의 비밀경찰조차 저항하는 여성들을 감히 평상시처럼 진압하지 못하고 수많은 민중의 격렬한 분노를 멀거니 보고만 있었다.

1917년의 여성 노동자의 날은 역사적 기념일이 됐다. 바로 이날 러시아 여성은 프롤레타리아 혁명의 횃불을 쳐들어 세계를 놀라게 했다. 이날 2월 혁명이 시작됐다.

우리의 투쟁 호소

'여성 노동자의 날'은 여성의 정치적 평등과 사회주의를 위해 투쟁하는 과정에서 10년 전 처음으로 조직됐다. 러시아에서 이 목표는 노동계급 여성에 의해 성취됐다. 소비에트 공화국에서는 여성 노동자와 농민이 선거권과 시민권을 위해 싸울 필요가 없다. 그들은 이미 이런 권리를 쟁취했다. 러시아의 여성 노동자와 농민은 평등한 시민이다. 그들은 더 나은 삶을 위한 투쟁에 유용한 강력한 무기들 — 투표권, 소비에트(노동자 평의회)와 기타 모든 단체에 참여할 수 있는 권리 — 을 갖고 있다.

그러나 권리만으로는 충분하지 않다. 우리는 권리를 이용하는 법을 배워야 한다. 투표권이라는 무기를 우리 자신과 노동자 공화국의 이익을 위해 사용하는 방법을 익혀야 한다. 소비에트 권력이 수립되고 2년 동안 대중의 삶 자체가 완전히 바뀌지는 않았다. 우리는 공산주의를 위해 투쟁하는 과정에 있을 뿐이며, 억압이 심했던 어두운 과거로부터 물려받은 세계에 둘러싸여 있다. 가족, 가사, 성매매의 멍에가 여전히 여성 노동자를 무겁게 짓누르고 있다. 여성 노동자와 농민은 러시아를 진정한 공산주의 사회로 만드는 데 모든 힘을 쏟을 때만 이런 상황에서 벗어나 법적 평등뿐 아니라 실질적 평등도 쟁취할 수 있다.

공산주의의 도래를 앞당기려면, 먼저 피폐해진 러시아 경제를 바로 세워야 한다. 그러려면 가장 시급한 두 가지 과제(잘 조직되고 정치의식을 갖춘 노동자의 창출과 수송망의 재건)를 해결해야 한다. 우리 노동자들이 다 같이 노력하면 곧 증기기관차를 수리하고 철도도 복구할 수 있을 것이다. 이렇게 되면 모든 노동자들이 애타게 바라는 빵과 땔감을 공급할 수 있다.

수송망을 정상 상태로 복구하면 공산주의의 승리도 앞당겨질 것이다. 그리고 공산주의가 승리하면 여성의 완전하고 철저한 평등이 이뤄질 것이다. 바로 이런 이유로 올해 '여성 노동자의 날'의 구호는 다음과 같아야 한다. "여성 노동자와 농민 여러분, 어머니·아내·자매 여러분, 노동자들과 동지들이 망가진 철도망을 복구하고 수송망을 재건하는 일을 돕는 데 모든 힘을 기울입시다. 모두가 빵과 땔감과 원료를 구하기 위한 투쟁에 동참합시다."

지난해 여성의 날 구호는 "붉은 전선의 승리를 위해 모두 노력합시다" 였다.* 이제 우리는 여성 노동자들에게 피 흘리지 않는 새로운 전선(노동 전선!)에 힘을 집중할 것을 호소한다. 적군赤軍은 잘 조직되고 규율이 있고 자기를 희생할 준비가 돼 있었기 때문에 외국의 침략군을 격퇴할 수 있었다. 조직하고 열심히 일하고 절제하고 자기를 희생하면 노동자 공화국은 국내의 적(수송망의 해체와 피폐해진 경제, 굶주림, 추위, 질병)도 극복할 것이다. "총성 없는 노동 전선에서 승리를 거두기 위해 모두 노력합시다! 모두 승리하기 위해 노력합시다!"

---

* 1917년 10월에 노동계급이 권력을 장악한 뒤 러시아 노동자 국가는 두 가지 중대한 문제에 부딪혔다. 하나는 미국을 포함한 13개국의 침략이었고, 다른 하나는 러시아 국내의, 차르와 자본가를 지지하는 자들의 저항이었다. 레온 트로츠키의 통솔과 지도 아래 소비에트는 노동자와 농민의 군대, 즉 적군을 창설해 반혁명 세력을 패퇴시켰다 — 영어판 편집자.

여성 노동자의 날의 새로운 과제

10월 혁명 덕분에 여성은 시민권에 관한 한 남성과 평등해졌다. 러시아 프롤레타리아 여성은 얼마 전만 해도 가장 비참하고 억압당하는 처지였지만 이제 소비에트 공화국에서 프롤레타리아 독재와 소비에트 권력을 수립해 다른 나라의 동지들에게 정치적 평등으로 가는 길을 자랑스럽게 보여 줄 수 있게 됐다.

여성이 여전히 고된 노동에 시달리고 권리를 전혀 누리지 못하는 자본주의 나라들은 상황이 매우 다르다. 이런 나라들은 여성 노동자의 힘이 약하다. 물론 여러 나라(노르웨이, 호주, 핀란드, 미국의 일부 주)에서 여성이 전쟁 발발 이전에 시민권을 획득했다.*

독일에서는 황제가 축출되고 '타협파'가** 이끄는 부르주아 공화국이 수립된 뒤 36명의 여성이 의회에 진출했다. 그러나 그 가운데 공산주의자는 단 한 명도 없었다. 영국에서는 1919년에 최초로 여성 의원이 탄생했다. 그러나 그녀는 누구였나? 지주고 귀족이었다.***

---

* 1차대전 이전에 미국의 몇몇 주에서 여성이 투표권을 얻었다. 1920년 8월 26일 21세 이상의 모든 여성의 투표권을 보장하는 연방수정헌법이 통과됐다 — 영어판 편집자.

** 여기서 콜론타이가 말하는 타협파는 독일 사회민주당 지도자들이다. 그들은 1918년 황제가 퇴위한 뒤 새로운 자본주의 정부를 구성했고, 반혁명을 적극 지지했다 — 영어판 편집자.

*** 영국에서 최초로 의원으로 당선한 여성은 원래 아일랜드 혁명가 콘스턴스 마르키에비치였다. 그녀는 신페인당의 동료 당선자들과 마찬가지로 제국주의 의회의 의원직을 거부했다. 그래서 최초로 의원으로 활동한 여성은 귀족 출신의 낸시 애스터였던 것이다 — 영어판 편집자.

프랑스에서도 최근에 선거권을 여성에게까지 확대하는 문제가 대두되고 있다.

그러나 부르주아 의회의 틀 안에서 여성 노동자에게 이런 권리들이 무슨 소용이 있겠는가? 권력이 자본가와 지주의 손에 있는 한, 여성 노동자는 정치적 권리를 얻는다 해도 가정과 사회의 오래된 노예의 처지에서 벗어날 수 없다. 프랑스 부르주아지는 프롤레타리아 사이에서 볼셰비키 사상이 퍼지자 노동계급에게 또 다른 빵 부스러기를 던지려 하고 있다. 그들은 여성에게 투표권을 줄 태세다.*

부르주아 씨, 너무 늦었어요!

러시아 10월 혁명을 경험하고 나서 프랑스와 영국 등 다른 나라의 모든 여성 노동자들은 **노동계급의 독재**만이, 즉 **소비에트 권력**만이 완전하고 절대적인 평등을 보장해 줄 수 있고 공산주의가 궁극적으로 승리해야만 오랜 억압과 무권리의 족쇄에서 벗어날 수 있음을 분명하게 알게 됐다. 초기에 부르주아 의회의 지배에 직면해 '세계 여성의 날'의 과제가 여성의 투표권을 위해 싸우는 것이었다면, 이제 노동계급은 새로운 과제를 안고 있다. 그것은 제3인터내셔널의 투쟁 구호들을 중심으로 여성 노동자를 결집하는 것이다. 부르주아 의회의 운영에 참여하는 대신, 러시아에서 퍼져 나오는 외침에 귀를 기울이자. "만국의 여성 노동자여! 세

---

* 프랑스 여성은 2차대전이 끝난 뒤에야 비로소 선거권을 갖게 됐다 — 영어판 편집자.

계의 약탈자들에 맞서 프롤레타리아 공동전선을 조직하자! 부르주아지의 의회정치 반대! 소비에트 권력 만세! 남녀 노동자가 겪는 불평등을 쓸어버리자! 우리는 세계 공산주의의 승리를 위해 노동자들과 함께 싸울 것이다!"

이 외침은 새로운 체제의 실험 속에서 처음 울려 퍼졌고 내전의 와중에도 울려 퍼질 것이며 다른 나라 여성 노동자들의 심금을 울릴 것이다. 여성 노동자들은 이 외침에 귀를 기울이고 옳다고 여길 것이다. 최근까지 그들은 의회에 몇몇 대표들을 보내기만 하면 삶이 나아지고 자본주의의 억압이 완화될 것이라고 생각했다. 이제 그들은 그렇지 않다는 것을 알고 있다.

자본주의를 타도하고 소비에트 권력을 수립해야만 자본주의 국가의 여성 노동자들은 자신들을 괴롭히는 고통과 굴욕과 불평등에서 벗어날 것이다. '여성 노동자의 날'은 선거권을 위한 투쟁의 날에서 여성의 완전한 해방을 위한 국제적 투쟁의 날, 즉 소비에트의 승리와 공산주의를 위한 투쟁의 날로 바뀌고 있다.

부자들의 세상과 자본의 권력을 무너뜨리자!

부르주아 세계의 유산인 여성의 불평등, 무권리, 억압을 철폐하자!

전 세계 남녀 노동자들이 단결 투쟁해 남녀가 평등한 프롤레타리아 독재로 나아가자!

3장
러시아 혁명과 여성해방

소비에트 공화국은 여성해방으로 나아갈 것이다

블라디미르 레닌

동지 여러분, 노동자 군대의 여성 부문이 집결한 것이라 할 수 있는 오늘의 이 대회는 각별히 중요합니다. 모든 나라에서 여성이 행동에 나서도록 하는 것이 가장 어려운 일이었기 때문입니다. 수많은 여성 노동자들이 혁명에 대거 가담하지 않으면 사회주의 혁명은 불가능합니다.

오늘날 여성의 처지는 가내노예나 마찬가지입니다. 모든 문명국, 심지어 선진국에서도 여성의 처지는 가내노예나 다를 바 없습니다. 어떤 자본주의 나라에서도, 심지어 가장 자유로운 공화국에서도 여성은 온전한 평등을 누리지 못합니다.

소비에트 공화국의 최우선 과제 하나가 바로 여성의 권리에 대한 온갖 구속을 일소하는 것입니다. 소비에트 정부는 부르주아적 모욕, 억압,

출처: 제1차 전국 여성 노동자 대회 연설(1918년 11월 19일).

수치의 근원인 복잡한 이혼 절차를 완전히 폐지했습니다.

약 1년 전에 완전한 이혼의 자유가 법제화됐습니다. 우리는 적자와 서자의 차별을 철폐하고 온갖 정치적 구속을 폐지하는 포고령을 통과시켰습니다. 세계 어느 곳에서도 여성 노동자에게 이처럼 완전한 자유와 평등을 보장한 나라는 없습니다.

알다시피 낡은 법률과 규범으로 가장 고통받은 것은 노동계급 여성입니다.

인류 역사상 최초로 소비에트 법률이 여성의 권리를 부정하는 모든 것을 일소했습니다. 그러나 이것은 단순히 법률만으로 해결될 문제가 아닙니다. 도시와 공장 지대에서는 결혼의 완전한 자유를 부여한 이 법률이 자리를 잡아 가고 있지만 농촌에서는 사문화되고 있는 실정입니다. 시골에서는 여전히 교회혼의 비중이 압도적입니다. 이것은 교회의 영향력 때문입니다. 낡은 법률을 폐지하는 것보다 종교의 폐해와 싸우는 것이 훨씬 어려운 일입니다.

종교적 편견과 투쟁할 때는 대단히 세심한 주의를 기울여야 합니다. 사람들의 종교적 감정을 상하게 해서는 이 투쟁에 해만 끼칠 뿐입니다. 선전과 교육을 활용해야 합니다. 투쟁의 날을 너무 세워서는 대중적 반감만 사기 십상입니다. 이런 투쟁 방식은 종교에 따른 분열을 고착화하는 경향이 있습니다. 그러나 우리의 힘은 단결에서 나옵니다. 종교적 편견의 가장 근본적인 원인은 빈곤과 무지입니다. 이 빈곤과 무지야말로 우리가 투쟁해야 할 적입니다.

오늘날까지 여성의 처지는 노예나 마찬가지였습니다. 여성은 가정에 매여 있었고 사회주의만이 여성을 구원할 수 있습니다. 소규모 개인 농장을 없애고 집단농장을 건설해 집단적 토지 경작으로 나아가야만 여성이 완전히 해방될 수 있습니다. 이것은 쉽지 않은 과제입니다. 그러나 이제 빈농위원회가 조직되고 있고 사회주의 혁명을 강화할 때가 왔습니다.

농촌인구의 가장 가난한 부분이 이제야 조직되고 있지만, 사회주의는 이런 빈농의 조직화로 굳건한 기반을 마련하고 있습니다.

과거에는 대체로 도시가 혁명을 일으키고 농촌은 뒤처졌습니다.

그러나 지금 우리의 혁명은 농촌의 지원이 절실하며 따라서 농촌이 중요합니다. 모든 해방운동의 경험을 보면 혁명의 성패가 여성이 혁명에 어느 정도 참여하는지에 달려 있음을 알 수 있습니다. 소비에트 정부는 여성이 독립적으로 프롤레타리아 사회주의 활동에 참여할 수 있도록 온 힘을 다하고 있습니다.

소비에트 정부는 어려움에 직면해 있습니다. 소비에트 러시아가 여러 나라에서 혁명을 불러일으키고 있고 단호하게 사회주의로 나아가고 있기 때문에 세계 각국의 제국주의자들은 우리를 증오할 뿐 아니라 우리를 상대로 전쟁을 벌일 태세를 갖추고 있습니다.

제국주의자들이 혁명 러시아를 파괴하려 들면서 그들 자신의 나라에서 혁명이 불타오르기 시작했습니다. 알다시피 독일에서 혁명운동이 기세를 떨치고 있습니다. 덴마크에서는 노동자들이 반정부 투쟁을 벌이고 있고 네덜란드와 스위스에서는 혁명운동이 강력해지고 있습니다. 이런 작은 나라의 혁명운동은 그 자체로는 중요하지 않지만 이 나라들이 전쟁[제1차세계대전]에 참가하지 않았고 가장 '입헌' 민주적인 체제였다는 점에서 특히 주목할 만합니다. 이런 나라들이 움직이기 시작했다는 것은 혁명운동이 전 세계로 확산되고 있다는 증거라 할 수 있습니다.

지금까지 어떤 공화국도 여성을 해방하지 못했습니다. 소비에트 정부는 여성의 해방을 돕고 있습니다. 아무도 우리의 대의를 꺾을 수 없습니다. 전 세계 노동계급이 온갖 어려움을 이겨 내고 일어서고 있기 때문입니다. 강력한 사회주의 혁명이 시작되고 있습니다.

여성을 가사 노동에서 해방해야 한다

블라디미르 레닌

여성의 처지에 관해 이야기해 보자. 최근 수십 년간 가장 선진적인 부르주아 공화국의 어떤 민주주의 정당도 여성 영역에서 소비에트 정부가 집권 첫해 이룩한 업적의 100분의 1도 이루지 못했다. 우리는 여성을 불평등한 처지로 내몰고, 복잡하고 수치스러운 절차로 이혼을 가로막고, 사생아를 차별하며 아버지를 찾도록 강요하는 온갖 악법을 실제로 완전히 폐지했다. 이런 악법의 무수한 잔재가 모든 문명국에 여전히 남아 있다는 사실을 부르주아지는 창피하게 여겨야 한다. 우리는 우리가 거둔 이런 성과를 자랑스럽게 여길 권리가 있다. 그러나 낡은 부르주아 법률제도의 썩어 빠진 토대를 철저히 파괴하면 할수록 우리가 단지 건물을 지을 터전을 닦았을 뿐이라는 사실이 더욱 분명해졌다. 새로운 터전

출처: 《위대한 시작》에서(1919년 6월 28일).

에 이제부터 새로운 건물을 지어야 한다.

여성을 해방하기 위한 법률을 제정했지만 여성은 여전히 가내노예다. 자질구레한 집안일이 여성을 짓누르고 옥죄면서 점차 무기력해지고 자존감을 잃게 만들기 때문이다. 여성은 부엌일과 육아에 매여 자신의 노동을 극도로 비생산적이고 자잘하고 까다로운 허드렛일에 소모하며 무력감에 빠지게 된다. 진정한 여성해방, 진정한 공산주의는 국가권력을 장악한 프롤레타리아가 가사 노동을 없애기 위해 전면적 투쟁에 나서야만, 더 나아가 가사 노동이 대규모 사회주의 경제로 대거 통합돼야만 비로소 시작될 것이다.

그런데 공산주의자라면 누구나 이론적으로 동의하는 이 문제에 우리는 실제로 충분한 관심을 기울이고 있을까? 물론 아니다. 이 영역에 이미 존재하는 공산주의의 맹아에 충분한 주의를 기울이고 있을까? 역시 아니다. 공공 식당, 어린이집, 유치원 등이 이런 맹아의 실례다. 화려하고 거창하고 형식적인 어떤 것이 아니라 이런 단순하고 일상적인 수단이 실제로 여성을 해방할 수 있고 여성이 사회적 생산과 사회생활에서 겪는 불평등을 완화하고 없앨 수 있다. 이런 시설들은 새로운 것이 아니며 (사회주의의 물질적 전제 조건이 모두 그렇듯이) 자본주의에서 만들어졌다. 그러나 자본주의 사회에서 이런 시설은 첫째 수가 너무 부족하고, 둘째 이 점이 특히 중요한데, 투기·폭리·사기·부정행위 등 온갖 악행을 저지르는 영리기업이거나 선진 노동자라면 응당 증오하고 경멸해 마지않을 '부르주아 자선사업의 사기꾼들'이 운영한다.

우리나라에서 이런 시설의 숫자가 크게 늘었고 그 성격도 변화하기 시작했다는 것은 의심의 여지가 없다. 또 여성 노동자와 농민 가운데 조직하는 재능이 뛰어난 사람이 분명히 우리 예상보다 많을 것이다. 계획을 세워야 한다느니 체계를 잡아야 한다느니 말만 많고 불평만 늘어놓고 티격태격 다투기나 하는 오만한 '지식인'이나 미숙한 '공산주의자'와 달리, 수많은 노동자들과 훨씬 더 많은 수요자들과 협력하며 실무를 조직할 수 있는 사람들이 분명히 예상보다 훨씬 더 많을 것이다. 그러나 우리는 이 새로운 맹아를 소중히 기르지 않고 있다.

부르주아지를 보라! 그들은 필요한 것을 실로 능숙하게 선전한다! 수백만 부의 신문을 찍어 자본가들이 생각하는 '모범' 기업을 찬양하는 것을 보라! 부르주아의 '모범' 기관이 어떻게 국민적 자부심의 대상이 되는지 보라! 우리 신문은 가장 훌륭한 공공 식당이나 어린이집을 모범 시설로 선정해 매일 연재 기사로 소개하는 등의 노력을 거의 하지 않는다. 우리 신문은 이런 모범 사례를 널리 알려, 어떻게 노동력을 절약하고 수요자의 편의를 증진하고 생산물을 아끼고 여성을 가사 노동에서 해방하고 위생 상태를 개선했는지 자세히 소개하지 않고 있다. 이 모든 것이 모범적 공산주의 활동으로 성취될 수 있고 사회 전체가, 모든 노동자가 그렇게 할 수 있다는 사실을 알려야 한다.

소비에트 공화국에서 여성 노동자 운동의 과제

블라디미르 레닌

여성 노동자 협의회에서 연설할 수 있게 돼서 영광입니다. 저는 오늘날 여성 노동자와 정치의식이 높은 노동자들이 가장 큰 관심을 보이는 문제를 언급하지 않을 것입니다. 물론 식량과 전쟁 상황은 매우 시급히 해결해야 할 문제입니다. 저는 이 협의회에서 이 문제들을 면밀하게 다뤘음을 알고 있습니다. 트로츠키 동지가 전쟁 문제를 연설했고 야코블레바 동지와 스비데르스키 동지가 식량 문제를 연설했다는 것을 신문 기사에서 읽었습니다. 그러니 저는 이 문제를 언급하지 않겠습니다.

그 대신 저는 소비에트 공화국에서 여성 노동자 운동이 해결해야 할 일반적 과제에 대해 몇 마디 하고자 합니다. 이 과제는 대체로 사회주의로 이행하는 것과 맞물려 있고 현 상황에서 특히 중요합니다. 동지 여

출처: 제4차 모스크바 비당원 여성 노동자 협의회 연설(1919년 9월 23일).

러분, 소비에트 정부는 등장하자마자 여성의 지위 문제를 제기했습니다. 저는 사회주의로 이행하는 과정에 있는 모든 노동자 국가는 두 가지 과제를 수행해야 한다고 생각합니다. 첫째 과제는 상대적으로 간단하고 쉽습니다. 그것은 남녀를 차별하고 여성을 불평등한 처지로 내모는 낡은 법률에 관한 것입니다.

서유럽의 모든 해방운동은 시대에 뒤처진 법을 폐기하고 남녀평등을 명시한 법을 제정하라고 수십 년, 아니 수백 년 동안 줄기차게 요구했습니다. 그러나 유럽의 어떤 민주주의 국가도, 가장 발전한 공화국도 이를 실행하지 않았습니다. 자본주의 사회, 즉 토지와 공장의 사적 소유가 보장되고 자본이 힘을 발휘하는 사회에서는 남성이 특권을 가지기 때문입니다. 이곳 러시아에서 여성의 지위가 개선될 수 있었던 것은 1917년 10월 25일 노동자들이 권력을 잡았기 때문입니다. 소비에트 정부는 처음부터 노동자 정부로 출범했고 모든 형태의 착취에 반대했습니다. 소비에트 정부는 지주와 자본가의 노동 착취를 없애고 자본의 지배를 철폐하는 것을 과제로 삼았습니다. 소비에트 정부는 노동 대중이 자신이 소유한 토지, 자신이 소유한 공장, 자신이 소유한 재산 없이도 삶을 꾸려 갈 수 있도록 하려고 애쓰고 있습니다. 사유재산은 전 세계 모든 나라에서 노동 대중을 가난으로, 임금노예로 몰아넣는 요소이자 여성에게 이중의 굴레를 씌우는 요소입니다. 정치적 자유가 완전히 보장된 나라나 가장 민주적인 공화국에서조차 말입니다.

소비에트 정부, 다시 말해 노동자 정부는 등장 후 몇 달 만에 여성에 관한 법률을 매우 혁명적으로 바꿨습니다. 소비에트 공화국은 여성을 종속적 지위로 내몰던 법률을 흔적도 없이 폐지했습니다. 구체적으로 말해 이혼이나 혼외 관계에서 태어난 아이에 대한 법률, 양육비 지원을 받으려면 아이의 아버지를 밝혀내야 했던 친자 확인에 관한 법률 등 여성의 열악한 지위를 이용해 여성을 불평등하고 심지어 굴욕적인 처지로 내모는 법률이 사라진 것입니다.

소비에트 정부가 그 밖의 나라와 특히 다른 점이 바로 여성의 지위라고 분명하게 말할 수 있습니다. 가장 선진적이라고 하는 나라에서조차 부르주아 법률은 여성의 열악한 지위를 이용해 여성을 멸시하고 불평등한 처지로 내몹니다. 반면 소비에트 정부는 노동자에게 가혹했던 낡고 불평등한 법률을 남김없이 폐지했습니다. 소비에트 정부를 제외하면 여성이 완전한 평등을 누리고 (특히 일상적 가족생활에서) 존중받는 나라는 전 세계 어디에도 없습니다. 우리는 이 사실을 조금의 과장도 섞지 않고 자랑스럽게 말할 수 있습니다. 이것은 소비에트 정부가 가장 중요하게 여기고 제일 먼저 실행한 조처 중 하나였습니다.

여러분 가운데 볼셰비키에 적대적인 정당의 당원과 만나 보신 분이 있다면, [반혁명 세력인] 콜차크나 데니킨이 장악한 지역에서 발행한 신문을 읽어 보신 분이 있다면, 이런 신문의 관점에 동의하는 사람과 대화해 보신 분이 있다면 볼셰비키가 민주주의를 짓밟았다는 비난을 자주 들었을 것입니다.

이들은 소비에트 정부가 제헌의회를 해산한 것을 예로 들며 소비에트 정부를 대표하는 볼셰비키와 소비에트 정부를 지지한 사람들이 민주주의를 침해했다고 비난합니다. 이런 비난을 들으면 우리는 대체로 다음과 같이 답변합니다. 저들이 말하는 민주주의와 제헌의회는 사유재산이 여전히 존재하던 시기에, 인간관계가 불평등하던 시기에, 자본을 가진 자가 우두머리 노릇을 하고 그를 위해 일하는 사람들은 노예처럼 살던 시기에 만들어졌습니다. 우리는 이런 민주주의에 아무런 가치도 부여하지 않습니다. 가장 선진적인 나라에서도 이런 종류의 민주주의를 이용해 노예 같은 노동자들의 처지를 감춰 왔습니다. 사회주의자들은 민주주의를 지지합니다. 그 민주주의가 노동자와 억압받는 사람들의 처지를 개선할 때만 말입니다. 사회주의자들은 인간이 행하는 모든 종류의 착취를 지구상에서 몰아내는 것을 자신의 과제로 삼습니다. 우리 사회주의자들은 착취받고 가난한 평범한 사람들에게 도움이 되는 민주주의야말로 진정한 가치가 있다고 생각합니다. [이런 민주주의에 따라] 일하지 않는 자의 특권이 박탈당한다 해도 인간관계는 진정으로 평등해질 것입니다. 일하지 않는 자는 먹지도 말아야 합니다.

소비에트가 비민주적이라는 비난을 반박할 때, 우리는 다음과 같은 물음을 던져야 합니다. 다른 나라에서 민주주의가 어떻게 실행되고 있을까? 민주공화국을 자처하는 모든 나라는 평등을 추구한다고 선언합니다. 그러나 민법이나 여성의 권리를 담은 법률들, 예컨대 가족 내 여성의 지위에 관한 법률과 이혼에 대한 법률 등은 하나같이 여성을 멸시하고 불평등하게 취급합니다. 우리는 이것이 특히 억압받는 사람들에 대한 민주주의 침해라고 생각합니다. 소비에트 정부는 여성을 불평등한 처지로 내모는 법률을 흔적조차 남기지 않고 모두 폐지했기 때문에 그 어떤 나라보다, 가장 선진적인 나라보다도 더 많은 민주주의를 실행하고 있는 것입니다. 다시 한 번 말하지만 어느 나라도, 어떤 민주적인 법률도 소비에트 정부가 등장하고 겨우 몇 달 만에 이룬 것의 반만큼도 여성의 지위를 개선하지 못했습니다.

물론 법을 바꾸는 것만으로는 충분하지 않습니다. 우리는 법률 자체에 만족하지 않습니다. 그러나 소비에트 정부는 여성을 평등하게 만들기 위해 필요한 모든 법적 조처를 다 취했고 이것은 분명 자랑스러운 일입니다. 가장 선진적인 나라의 여성의 지위와 비교해 봐도 소비에트 러시아에서 여성이 누리는 지위는 이상적입니다. 그러나 우리는 이것이 시작에 불과하다는 것을 분명히 알고 있습니다.

여성이 집안에 묶여 있으면 여성은 계속 불리한 처지에 놓입니다. 여성을 완전히 해방하고 남녀평등을 이루려면 국가 경제가 사회화돼야 하고 여성을 생산적 노동에 참여시켜야 합니다. 그래야 여성은 남성과 동등한 위치에 서게 될 것입니다.

그렇다고 여성에게 남성과 똑같은 노동생산성을 요구하는 것은 아닙니다. 노동량, 노동시간, 노동조건 등을 고려해야 합니다. 우리의 주장은 여성이 가정에서 차지하는 위치 때문에 남성과 다른 대우를 받으면 안 된다는 것입니다. 여러분도 알다시피 여성에게 완전한 권리가 있더라도 집안일을 전담하면 여성은 계속 혹사당하게 됩니다. 대다수 집안일은 가장 비생산적이고 가장 별 볼 일 없고 가장 피곤한 일입니다. 집안일은 그야말로 허드렛일이고 여성의 능력을 계발하는 데 아무 도움도 되지 않습니다.

우리는 사회주의적 이상을 추구하면서 완전한 사회주의로 이행하고자 노력하고 있고 이 점에서 여성이 할 일이 아주 많습니다. 우리는 지금 사회주의를 건설할 터전을 닦기 위해 열심히 준비하고 있습니다. 그러나 사회주의 건설은 여성이 완전한 평등을 누릴 때만, 지루하고 비생산적인 허드렛일에서 해방된 여성들이 다같이 새로운 과업에 참여할 때만 시작될 것입니다. 이것은 아주 오랜 시간이 걸리는 작업입니다.

이 일은 단기간에 성과가 나지 않을 것이고 눈부신 결과를 내지 못할 수도 있습니다.

소비에트 정부는 공공 식당과 어린이집 등 본보기가 될 시설을 세우고 있습니다. 이 시설은 여성을 가사의 부담에서 해방할 것입니다. 이런 시설을 운영하는 일은 주로 여성이 맡을 것입니다. 가내노예 같은 처지에 있는 여성을 해방하는 데 도움이 되는 이런 시설이 턱없이 부족하다는 것을 인정합니다. 워낙 적어서 무의미한 정도입니다. 그리고 다른 동지들이 말한 것처럼 소비에트 공화국은 내전과 식량 부족으로 힘든 상황에 처해 있습니다. 이런 상황이 우리의 발목을 잡아 이 일을 추진하는 데 어려움을 낳고 있습니다. 그렇지만 여성을 가내노예 상태에서 해방할 이런 시설을 가능한 모든 곳에서 건설하고 있음을 강조하고 싶습니다.

우리는 노동계급의 해방은 노동계급 스스로 쟁취해야 한다고 생각합니다. 이와 꼭 마찬가지로 여성 노동자의 해방은 여성 노동자 스스로 쟁취해야 할 과제입니다. 여성 노동자 스스로 이런 시설들을 맡아 발전시키도록 노력해야 합니다. 이런 활동은 낡은 자본주의 사회에서 억압받던 여성의 지위를 완전히 바꿀 것입니다.

낡은 자본주의 국가에서는 정치 활동에 뛰어들려면 특별한 훈련을 받아야 했기 때문에 여성은 중요한 구실을 하지 못했습니다. 가장 선진적이고 자유롭다는 나라에서도 말입니다. 우리의 과제는 여성 노동자가 모두 정치 활동에 참가할 수 있도록 만드는 것입니다. 토지와 공장의 사적 소유가 폐지되고 지주와 자본가 권력이 타도됐기 때문에 여성 노동자를 포함한 전체 노동계급은 정치 활동의 과제를 간단명료하게 이해할 수 있습니다. 현존 자본주의 사회에서 여성은 불평등한 위치에 있고 남성에 견줘 미미한 수준으로 정치 활동에 참여합니다. 이런 상황을 바꾸려면 노동자가 권력을 잡아야 합니다. 그래야만 노동계급의 삶과 직결된 문제들이 정치의 주요 과제가 될 것입니다.

여성의 정치 참여는 매우 중요합니다. 정당에 속하고 정치의식이 높은 여성뿐 아니라 정당에 가입하지 않고 후진적 의식을 지닌 여성의 참여도 중요합니다. 소비에트 정부는 여성 노동자에게 다양한 활동 기회를 제공하고 있습니다.

우리는 소비에트 러시아에 적대적인 세력에 맞서 전투를 치르느라 힘든 시기를 보냈습니다. 이 세력은 과거에 여성을 공격한 세력이기도 합니다. 노동자 정부를 무너뜨리려 전쟁을 일으킨 세력과 전투를 벌이고 폭리를 취하려는 자들을 제압하고 식량을 공급하는 일은 쉽지 않았습니다. 수고를 아끼지 않고 성심을 다해 우리를 도와주는 사람이, 노동자가 턱없이 부족했기 때문입니다. 이런 상황에서 정당에 속하지 않은 수많은 여성 노동자가 도움을 준다면 그것만큼 소비에트 정부에 고마운 일도 없을 것입니다. 여성 노동자들은 낡은 부르주아 사회에서 정치 활동에 참여하려면 어려운 훈련을 받아야 하고 여성에게는 이런 기회가 열려 있지 않다는 것을 알 것입니다. 소비에트 공화국에서 하는 정치 활동은 대부분 지주와 자본가에 맞서 투쟁하는 것이고 착취를 철폐하기 위해 투쟁하는 것입니다. 그러므로 소비에트 공화국에서는 여성 노동자도 정치 활동에 참여할 수 있고 여성 노동자가 자신의 조직적 능력을 발휘해 [전쟁터에서 싸우는] 남성 노동자를 지원하는 것이 중요합니다.

우리에게는 수백만 명을 연루시키는 조직적 활동만 필요한 게 아닙니다. 매우 작은 단위로 조직되는 활동도 있어야 하고 그래야 여성도 활동에 참여할 수 있습니다. 여성은 전시 상황에서 적군赤軍을 지원하고 적군 안에서 선동 활동을 할 수 있습니다. 여성이 이런 활동에 적극적으로 참여해야 적군은 자신이 지지받고 있음을, 고립돼 있지 않음을 알게 됩니다. 여성은 식량 보급 활동에도 참여할 수 있습니다. 페트로그라드에서 운영되는 수많은 공공 식당처럼 전국 곳곳에서 공공 식당이 생겨나고 있는데 여성은 이런 공공 식당과 공공 급식을 개선하는 활동에 나설 수 있습니다.

이런 분야에서 여성 노동자들의 활동은 조직적으로 매우 중요합니다. 대규모 모범 농장을 건설하고 운영하는 데도 여성 노동자들의 참여가 필수적입니다. 모범 농장을 개인이 알아서 하라고 하면 안 됩니다. 여성 노동자가 대거 참여하지 않으면 이런 사업은 운영될 수 없습니다. 여성 노동자는 식량 배급을 감독하고 식품 생산을 늘리는 데 매우 큰 도움이 될 것입니다. 정당에 속하지 않은 여성 노동자도 이런 활동을 잘 수행할 수 있고 이들이 이룬 성과는 무엇보다 사회주의 사회를 강화할 것입니다.

우리는 토지의 사적 소유를 폐지했고 공장의 사적 소유도 거의 대부분 폐지했습니다. 소비에트 정부는 이제 모든 노동자가, 정당에 속하든 아니든, 남성이든 여성이든 경제 발전에 힘을 보태야 한다고 촉구하고 있습니다. 소비에트 정부가 시작한 일들은 러시아 전역의 수많은 여성이, 수백 명 수준이 아니라 수백만 명 수준으로 참여해야만 진척될 수 있습니다. 다수가 참여하게 되면 사회주의가 발전할 수 있는 기반이 탄탄해질 것입니다. 그러면 노동자들은 지주와 자본가의 도움 없이도 사회를 운영하며 살 수 있음을 알게 될 것입니다. 이런 과정을 통해 러시아에서 사회주의는 매우 확고하게 자리 잡게 될 것이고 국내외의 어떤 적대 세력도 소비에트 공화국에 위협이 되지 않을 것입니다.

소비에트 정부와 여성의 지위

블라디미르 레닌

소비에트 정부가 수립된 지 2년이 지났다. 그동안 어떤 성과가 있었는지 살펴보고 우리가 이룩한 혁명의 의의와 목표를 되돌아보기에 적절한 시기다.

부르주아지와 그 추종자들은 소비에트 정부가 민주주의를 침해했다고 비난한다. 그러나 우리는 소비에트 혁명이 준 엄청난 자극으로 민주주의의 범위와 깊이가 모두 발전했다고 평가한다. 여기서 우리가 말하는 민주주의는 자본주의에서 억압받던 노동자를 위한 민주주의, 압도 다수를 위한 민주주의, 즉 (노동계급을 위한) 사회주의적 민주주의다. 이것은 (착취자, 자본가, 부자를 위한) 부르주아 민주주의와 완전히 다르다.

출처: 〈프라우다〉, 1919년 11월 6일.

누가 옳을까?

이 물음을 깊이 있게 이해하고 제대로 답변하려면 지난 2년 동안의 성과를 되새기고 앞으로 더 많은 성과를 거둘 수 있도록 더 잘 준비해야 한다.

여성의 지위를 살펴보면 부르주아 민주주의와 사회주의적 민주주의의 차이를 가장 분명하게 알 수 있고 앞에서 제기한 물음에도 매우 효과적으로 답변할 수 있다.

개인이 토지와 공장과 주식 등을 소유하는 부르주아 공화국에서는, 가장 민주적인 공화국에서조차 여성이 결코 평등한 권리를 누리지 못한다. 가장 선진적이라는 나라를 포함해 전 세계 어디를 뒤져 봐도 그렇다. 부르주아 민주주의 혁명인 프랑스 대혁명이 일어난 지 125년도 더 지났는데 말이다.

부르주아 민주주의는 평등과 자유를 말로만 떠든다. 실제로는 세상의 절반인 여성에게 완전한 법적 평등을 부여하거나 남성에게 종속되고 억압받는 여성을 해방한 부르주아 공화국은 단 한 곳도 없다. 가장 선진적이라고 하는 나라를 포함하더라도 말이다.

부르주아 민주주의는 과장된 표현과 엄숙한 말로 약속을 남발하고 거창한 구호를 내세우며 자유와 평등을 떠들지만 현실에서 이런 부르주아 민주주의는 불평등하고 억눌리는 여성의 처지를, 불평등하고 억눌리는 피착취 노동자의 처지를 은폐한다.

소비에트 민주주의, 즉 사회주의적 민주주의는 이런 가식적이고 허황된 미사여구를 모두 없애고 '민주주의자', 지주, 자본가, 부농(이들은 굶주린 노동자에게 잉여 곡물을 턱없이 비싼 가격에 팔아 자기 주머니를 채운다)의 위선에 맞서 가차없는 투쟁을 선포한다.

더러운 거짓말을 집어치워라! 억압자와 피억압자 사이에, 착취자와 피착취자 사이에 '평등'은 존재하지 않고 존재할 수도 없다. 여성이 남성의 법적 특권 때문에 불리한 처지에 놓이고, 노동자가 자본의 굴레에 얽매이고, 가난한 농민이 자본가·지주·상인의 횡포에 시달리는 상황에서 진정한 '자유'는 존재하지도 존재할 수도 없다.

보편적 자유와 보편적 평등, 보편적 민주주의를 떠드는 사람들이나 거짓말쟁이와 위선자, 어리석은 자와 눈먼 자, 부르주아와 그 추종자에게 속으라고 하자.

우리는 노동자와 농민에게 이 거짓말쟁이의 가면을 벗기고 눈먼 자를 일깨우라고 말한다. 그리고 다음과 같이 묻는다.

남녀가 평등한 처지에 있는가?

국가 간 평등이 존재하는가?

서로 다른 계급이 평등한 위치에 있는가?

어떤 종류의 속박에서 자유롭다는 것이고 어느 계급이 속박에서 자유롭다는 것인가? 어느 계급의 자유인가?

이런 물음을 제기하지 않고 중시하지 않으면서, 또 이런 물음을 은근슬쩍 숨기고 감추려는 자들과 전투를 벌이지 않으면서 정치를, 민주주의와 자유를, 평등을, 사회주의를 말하는 사람은 노동 대중에게 가장 해로운 적이다. 이들은 양의 탈을 쓴 늑대이자 노동자와 농민의 적대 세력이고 지주와 차르, 자본가계급의 하수인이다.

소비에트 정부는 지난 2년 동안 여성을 해방하고 여성의 지위를 남성과 동등하게 만들고자 많은 일을 했다. 러시아는 유럽에서 가장 후진적인 나라지만 선진적이고 발전한 전 세계 '민주'공화국들이 지난 130년 동안 이룬 것보다 더 많은 성과를 냈다.

전 세계의 모든 부르주아 공화국에서 교육·문화·문명·자유라는 그럴듯한 말은 극악무도하고 비도덕적이고 잔인하기 그지없는 법률과 결합돼 있다. 이 법률은 여성이 결혼하고 이혼할 때 불평등한 대우를 받게 만들고 혼외 관계에서 태어난 아이를 '적자'와 차별한다. 또 남성에게 특혜를 주면서 여성을 비하하고 멸시한다.

가장 민주적인 부르주아 공화국도 역겹고 악독한 이 법률들을 폐지하지 못하는데, 바로 자본의 굴레, '신성한 사유재산'의 횡포, 아둔한 속물들의 폭정, 한 줌밖에 안 되는 자본가의 탐욕 때문이다.

노동자와 농민이 주인인 소비에트 공화국은 이런 법률을 곧바로 폐지했고 기만적이고 위선적인 부르주아 민주주의가 발 디딜 수 있는 돌멩이 하나도 남겨 놓지 않았다.

거짓말을 집어치워라! 여성이 억압받고 있는데도, 노동자가 착취받고 있는데도, 자본과 주식의 사적 소유가 허용되는데도, 잉여 곡물을 이용해 가난한 사람을 노예처럼 부리는 부농이 있는데도 모두를 위한 자유와 평등을 떠드는 자는 꺼져라. 모두를 위한 자유, 모두를 위한 평등 대신 억압자와 착취자에 맞서 투쟁하자. 억압과 착취의 모든 조건을 철폐하자. 이것이 우리의 구호다!

억압받는 여성에게 자유와 평등을!

노동자와 빈농에게 자유와 평등을!

억압자에 맞선 투쟁을, 자본가에 맞선 투쟁을, 쿨락[부농] 모리배에 맞선 투쟁을!

이것이야말로 우리의 투쟁 구호이고 노동계급의 진리이고 자본에 맞선 투쟁의 진리다. 이것은 허황되고 가식적이고 번지르르한 말로 보편적 자유와 평등을 외치고 모두를 위한 자유와 평등을 떠들어 대는 자본주의 세상에 던지는 도전장이다.

소비에트 정부가 부르주아 민주주의의 위선을 까발리고 억압자·자본가·쿨락에 반대하며 피억압자와 노동자에게 완전한 자유와 권리를 보장하기 때문에 전 세계 노동계급은 소비에트 정부를 매우 귀중히 여긴다.

그리고 바로 이런 이유로 소비에트 정부 2년을 맞아 전 세계 모든 나라의 억압받고 착취받는 노동 대중이 우리에게 지지를 보내는 것이다.

소비에트 정부 2년을 맞이하는 우리는 제국주의 세력의 침략으로 여러 어려움을 겪고 있고 굶주림과 추위에 시달리고 있지만 전 세계 노동계급의 이런 지지 덕분에 우리의 목표가 정당하다는 확신에 차 있고 전 세계에서 소비에트 권력이 승리할 것이라고 믿어 의심치 않는다.

더 많은 여성 노동자를 선출하라

블라디미르 레닌

모스크바 소비에트 선거를 보면, 노동계급 속에서 공산당의 기반이 커지고 있음을 알 수 있다.

이 선거에 더 많은 여성 노동자가 참여해야 한다. 소비에트 정부는 여성을 남성보다 열등한 지위로 격하시키고 부부간의 권리나 양육권 등에서 남성에게 특권을 부여한 낡아 빠진 부르주아 법률을 완전히 폐지한 세계 최초이자 유일한 정부다. 노동자의 정부인 소비에트 정부는 모든 부르주아 공화국, 심지어 가장 민주적인 공화국의 혼인법과 가족법도 여전히 유지하고 있는 재산권과 관련한 남성의 특권을 모두 폐지한 유일한 정부다.

지주, 자본가, 대상인이 존재하는 곳에서는 남녀가 심지어 법 앞에서

출처: "여성 노동자에게", 〈프라우다〉, 1920년 2월 22일.

도 평등할 수 없다.

지주, 자본가, 대상인이 존재하지 않으며 노동자 정부가 이런 착취자가 없는 새로운 삶을 건설하고 있는 이곳에서는 남녀가 법 앞에서 평등하다.

그러나 이것만으로는 결코 충분하지 않다.

법률상으로 평등하다고 해서 실제로 평등한 것은 아니기 때문이다.

우리는 여성 노동자가 남성 노동자와 법률상으로뿐 아니라 실제로도 평등해지기를 바란다. 따라서 여성 노동자가 사회화된 기업과 국가의 경영에 더 많이 참여해야 한다.

경영 활동에 참가함으로써 여성은 더 빨리 배우고 남성을 따라잡을 것이다.

그러므로 공산당원이든 아니든 더 많은 여성 노동자를 소비에트 대의원으로 선출해야 한다. 분별력 있고 성실하게 일을 해낼 만한 정직한 여성 노동자가 있다면 그녀가 당원이 아니더라도 모스크바 소비에트 대의원으로 선출하자!

더 많은 여성 노동자를 모스크바 소비에트로 보내자! 모스크바 프롤레타리아 여러분! 승리를 쟁취하기 위해 여성에 대한 낡고 부르주아적인 불평등과 모욕에 맞서 투쟁하기 위해 여러분이 무엇이든 할 수 있고 실제로 최선을 다하고 있음을 보여 줘야 하지 않겠는가!

여성의 완전한 해방을 쟁취하지 못하는 한, 프롤레타리아는 온전한 해방을 이룰 수 없다.

형식적 평등이 아닌 진정한 평등을

블라디미르 레닌

자본주의에서 형식적 평등은 실제로는 경제적 불평등, 따라서 사회적 불평등을 의미한다. 이것은 자본주의의 주요한 특징 가운데 하나다. 부르주아지와 한통속인 자유주의자들은 이 점을 교묘히 은폐하며 프티부르주아 민주주의자들도 이것을 결코 이해하지 못한다. 자본주의 사회의 이런 특징 때문에 경제적 평등을 요구하며 단호하게 투쟁하다 보면 필연적으로 자본주의의 불평등이 분명히 드러나게 되며 심지어 특정한 조건에서는 이런 불평등에 대한 분명한 자각이 프롤레타리아 국가의 기초가 된다(소비에트 헌법을 보라).

그러나 자본주의는 형식적 평등(법 앞의 평등, 배부른 자와 굶주리는 자의 평등, 재산이 있는 자와 없는 자의 평등)의 문제에서조차 일관될

출처: "세계 여성 노동자의 날", 〈프라우다〉, 1920년 3월 8일.

수 없다. 이 점을 가장 분명하게 보여 주는 사례 하나가 바로 여성과 남성의 불평등이다. 가장 진보적이고 민주적인 부르주아 국가조차 여성에게 완전한 평등을 부여하지 않았다.

반면에 러시아 소비에트 공화국은 여성의 불평등을 초래하는 법률을 남김없이 모두 단숨에 일소해 버림으로써 완전한 법률적 평등을 즉시 보장했다.

한 사회의 문화 수준을 가늠하는 가장 좋은 기준은 여성의 법적 지위라는 말이 있다. 이 말에는 깊은 진리가 담겨 있다. 이런 관점에서 보면, 오직 프롤레타리아 독재만이, 사회주의 국가만이 가장 높은 수준의 문화에 도달할 수 있고 실제로 도달했음을 알 수 있다.

그러므로 최초의 소비에트 공화국이 건설돼 굳건히 유지되고 이와 더불어 공산주의인터내셔널이 건설된 것은 필연적으로 여성 노동자 운동에 유례없이 강력한 새로운 활력을 불어넣는다.

왜냐하면 자본주의에서 직간접적으로 어떤 식으로든 억압받은 사람들의 처지에서 보면, 다름 아닌 소비에트 체제만이 민주주의를 보장하기 때문이다. 이 점은 소비에트 체제의 노동계급과 빈농, 여성의 지위를 보면 분명히 드러난다.

그러나 소비에트 체제는 계급을 폐지하고 경제적·사회적 평등을 쟁취하기 위한 마지막 결정적 투쟁을 의미할 뿐이다. 우리는 단순히 민주주의만으로는, 설사 여성을 포함해 자본주의에서 억압받는 사람들을 위한 민주주의라 하더라도 만족할 수 없다.

단순히 형식적 평등만이 아니라 여성의 경제적·사회적 평등을 쟁취하기 위해 투쟁하는 것이 여성 노동자 운동의 주된 목표다. 중요한 것은 여성을 사회적으로 생산적인 노동에 참여시키고 '가내노예' 상태(부엌일과 육아의 끝없는 반복으로 무기력해지고 자존감을 잃어버리는 상태)에서 해방하는 것이다. 이것은 사회의 체제와 관습을 둘 다 바꿔야 하는 장기간에 걸친 투쟁이다. 그러나 이 투쟁은 결국 공산주의의 완전한 승리로 끝날 것이다.

여성해방의 두 번째 단계로 나아가자

블라디미르 레닌

볼셰비즘과 러시아 10월 혁명의 핵심 목표는 자본주의에서 가장 억압받은 사람들을 정치에 참여시키는 것이다. 그들은 군주제에서도, 부르주아 민주주의 공화국에서도 자본가에게 짓밟히고 기만당하고 착취당했다. 토지와 공장을 사적으로 소유하는 한, 자본가의 이런 억압과 기만과 노동 착취는 필연적이다.

공산주의와 소비에트 권력의 본질은 부르주아 민주주의의 가면을 벗겨 내고 토지와 공장의 사적 소유를 폐지하고 모든 국가권력을 착취당하는 노동 대중의 수중에 집중시키는 것이다. 이렇게 해서 대중은 정치, 즉 새로운 사회를 건설하는 과제를 맡게 된다. 이것은 쉬운 일이 아니다. 대중이 오랫동안 자본주의에서 착취받고 억압받았기 때문이다. 그러나

출처: "세계 여성 노동자의 날", 〈프라우다〉, 1921년 3월 8일.

임금노예와 자본주의의 굴레에서 벗어날 다른 방법은 결코 없다.

그러나 여성을 정치에 참여시키지 않으면서 대중을 정치에 참여시킬 수는 없다. 인류의 절반을 차지하는 여성은 자본주의에서 이중의 굴레로 고통받기 때문이다. 여성 노동자와 농민은 자본에 억압당할 뿐 아니라 가장 민주적인 부르주아 공화국에서조차 여전히 두 가지 측면에서 고통받고 있다. 첫째, 부르주아 법률은 여성에게 남성과 평등한 온전한 권리를 주지 않고 있다. 둘째, 이 점이 핵심인데, 여성은 여전히 집안일에 매인 '가내노예'다. 여성은 가장 힘들고 고단한 허드렛일에 시달리며 부엌일과 집안일로 진이 빠진다.

소비에트와 볼셰비키의 혁명은 전 세계 어떤 정당, 어떤 혁명도 상상조차 해 본 적이 없을 정도로 근본적으로 여성 억압과 불평등을 뿌리뽑고 있다. 남녀의 법률상 불평등은 이곳 소비에트 러시아에서 완전히 자취를 감췄다. 소비에트 권력은 가족법과 혼인법에 존재하던 유난히 역겹고 비열하고 위선적인 불평등을 모두 없애고 양육권과 관련한 불평등도 없앴다.

이것은 여성해방의 첫걸음에 지나지 않는다. 그러나 부르주아 공화국들은 심지어 가장 민주적인 공화국도 이 첫걸음조차 내디딜 엄두를 내지 못했다. 그 이유는 간단하다. 감히 '신성한 사유재산'을 침해할 수 없기 때문이다.

여성해방의 두 번째이자 가장 중요한 단계는 토지와 공장의 사적 소유를 폐지하는 것이다. 이것이야말로 여성의 완전한 실질적 해방으로 나아가는 길을 열어 준다. 즉, 개별 가정의 자질구레한 집안일을 대규모로 사회화된 가사 서비스로 이전함으로써 여성을 '가내노예' 상태에서 해방해 준다.

이런 변화는 결코 쉽지 않다. 가장 뿌리 깊고 보수적이고 고루한 '관습'(부도덕하고 미개한 상태라고 말하는 것이 더 진실에 가까울 것이다)을 변화시켜야 하기 때문이다. 그러나 변화는 이미 시작됐고 우리는 새로운 길로 접어들었다.

우리 소비에트 러시아는 역사상 유례를 찾아볼 수 없을 만큼 힘들고 어렵지만 인류 전체를 해방할 이 위대한 과업을 이루기 위해 선봉에서 노력해 왔다. 곧 세계 여성 노동자의 날을 맞아 전 세계 모든 나라의 여성 노동자들이 무수한 집회를 열고 소비에트 러시아에 연대의 인사를 보내올 것이다. 그들은 사납고 때로 야만적인 부르주아 반동에 낙담하지 말라고 우리를 격려할 것이다. 부르주아 국가가 더 '자유'로워지고 더 '민주화'될수록 자본주의 깡패들은 노동자 혁명에 맞서 더 사납게 날뛴다. 이런 예가 바로 미국이다. 그러나 노동자 대중은 이미 각성하기 시작했다. 제국주의 전쟁의 결과로 미국, 유럽, 심지어 후진적인 아시아에서도 잠자던 대중이 결국 각성하기 시작했다.

세계 곳곳에서 변화의 물결이 일기 시작했다.

어떤 것도 제국주의의 굴레에 신음하던 민족들의 해방과 자본의 굴레에 고통받던 남녀 노동자의 해방을 막을 수 없다. 도시와 농촌의 수많은 남녀 노동 대중이 이 대의를 위해 나서고 있다. 따라서 노동 해방이라는 우리의 대의는 전 세계에서 승리할 것이다.

가족의 일상생활을 변혁하자

레온 트로츠키

좀처럼 낫지 않는 감기 때문에, 당이 여성들 사이에서 올바르고 광범한 활동을 한 지 5년째 된 것을 기념하는 여러분의 집회에 참석하지 못하게 돼 정말 안타깝습니다. 제 인사말을 문서 형태로 집회 참가자들에게, 또 그들을 통해 (당의 활동 덕분에 이미 각성했거나 앞으로 각성하게 될) 여성 노동자와 농민에게 전달하게 된 것을 양해해 주시기 바랍니다.

여성해방 문제는 물질적인 것이든 정신적인 것이든 가족생활의 변혁이라는 문제와 밀접하게 연결돼 있습니다. 현재의 가족 구조는 여성을 몰아넣어 가둬 두고 숨 막히게 만드는 우리와도 같은데, 여성을 소나 말 같은 짐승까지는 아니더라도 노예로 만들고 있는 그 우리의 빗장을 제

출처: "모스크바 여성 노동자 집회에 보낸 편지", 〈프라우다〉, 1923년 11월 28일.

거해야 합니다. 이 과제는 공동 급식과 육아 방식의 조직화를 통해서만 해결할 수 있습니다.

그 길은 짧은 길이 아닙니다. 물질적 자원이 필요하고, 의지력과 지식과 노력도 필요합니다.

가족의 일상생활 변혁에 이르는 길은 두 가지가 있습니다. 하나는 아래로부터의 길이고 다른 하나는 위로부터의 길입니다. '아래로부터의 길'은 개별 가족들의 자원과 노력을 결합하는 길, 즉 부엌과 세탁소 등을 함께 사용하는 확장된 가족 단위들을 건설하는 길을 뜻합니다. '위로부터의 길'은 국가나 지역 소비에트가 주도해서 집단적 노동자 지구들, 공공 식당·세탁소·유치원 등을 건설하는 길을 뜻합니다. 노동자·농민의 국가에서 이 두 길 사이에는 아무 모순도 있을 수 없습니다. 두 길은 상호 보완적이어야 합니다. 노동자 가족들이 스스로 새로운 생활 방식을 향해 나아가려고 독자적으로 분투하지 않으면 국가의 노력도 실패로 끝나고 말 것입니다. 그러나 개별 노동자 가족들이 아무리 열심히 주도력을 발휘하려고 애쓰더라도 지역 소비에트와 국가 당국의 지도와 지원이 없으면 큰 성공을 거둘 수 없습니다. 가족의 일상생활 변혁이라는 과제는 위와 아래에서 동시에 수행돼야 합니다.

다른 길들과 마찬가지로 이 길을 가로막고 있는 장애물도 물질적 자원의 부족에서 비롯합니다. 그러나 이것은 단지 우리의 기대만큼 빨리 성공하지는 못할 것이라는 점만을 뜻할 뿐입니다. 그렇다고 해서 우리가 빈곤을 이유로 새로운 생활 방식의 건설이라는 문제를 무시하기 시작한다면, 그것은 결코 용납될 수 없을 것입니다.

관성과 맹목적 습관은 불행히도 매우 강력합니다. 그런데 맹목적이고 바보 같은 습관이 가장 강력하게 지배하는 곳이 바로 암담하고 고립된 가족 내부 생활입니다. 그리고 여성 혁명가가 아니라면 과연 누구에게 야만적 가족 상황에 맞서 가장 먼저 투쟁에 나서 달라고 부탁하겠습니까? 그렇다고 해서 계급의식적 [남성] 노동자들이 가족생활의 경제 형태, 특히 급식·육아·교육 형태의 변혁을 위해 애쓸 책임에서 면제된다는 말은 결코 아닙니다. 그러나 새것을 위해 가장 열심히 그리고 끈질기게 싸우는 사람들은 옛것 때문에 가장 고통받는 사람들입니다. 그리고 오늘날의 가족 상황에서 가장 고통받는 사람은 바로 여성, 즉 아내와 어머니입니다.

바로 그 때문에 프롤레타리아 공산당원 여성(과 그 뒤를 따르는 각성한 모든 여성)은 우리의 일상생활을 변혁하는 과제에 자신의 힘과 관심을 대부분 쏟아야 하는 것입니다. 우리의 경제적·문화적 후진성 때문에 많은 어려움이 있고 우리가 이 길을 따라서 느리게 나아갈 수밖에 없다고 하더라도, 모든 여성 노동자의 집단적 여론이 압력으로 작용하게 하고 그래서 우리의 현재 힘과 자원으로 할 수 있는 모든 일이 실행되도록 노력하는 것은 여전히 필요합니다.

오직 이런 식으로만 우리는 가장 후진적이고 혼란에 빠진 여성 노동자와 그 뒤를 따르는 여성 농민에게 사회주의의 왕국으로 가는 문을 열어 줄 것입니다.

여러분의 노력이 모두 성공하기를 바라며 공산주의적 인사를 전합니다.

문화를 위한 투쟁과 모성 보호

레온 트로츠키

동지들, 여러분의 모자 보호 대회가 소중한 이유는 새로운 사회주의 문화를 건설하려는 노력이 다양한 각도에서 동시에 나란히 진행되고 있다는 사실이 여러분의 활동 내용에서 드러나기 때문입니다.

어제에야 저는 여러분의 대회에 제출된 테제들을 수록한 소책자를 읽어 볼 수 있었습니다(아쉽게도 다 읽기에는 시간이 부족했습니다). 옆에서 지켜보는 관찰자나 다름없는 처지에서 볼 때(여러분의 활동에서 옆으로 비켜나 있을 권리가 있는 사람은 근본적으로 아무도 없지만), 그 테제들에서 가장 눈에 띄는 점은 여러분의 활동이 대단히 구체적이고 깊이가 있다는 사실입니다. 즉, 1918~1919년에 우리 문화와 생활의 모든 분야에서 우리를 괴롭혔던 흐릿한 문제들을 이제는 구체적으로 심

출처: 1925년 12월 7일 제3차 전국 모자 보호 대회 연설.

사숙고하고 효율적으로 해결하는 단계에 와 있다는 것입니다. 우리의 공동 경험을 바탕으로, 우리에게 꼭 필요한 전망을 잃지 않고 지엽말단적인 문제로 빠지지 않은 채 그렇게 하고 있습니다. 그리고 이것은 모든 활동 분야에서 우리가 이룩한 위대한 성과이며, 모자 보호를 위한 테제들에서 충분히 그리고 종합적으로 표현돼 있습니다.

동지들, 가장 관심을 끄는 것은(적어도 저에게는 그렇고 이 테제들을 읽는 사람이라면 누구나 그럴 것이라고 생각합니다) 유아사망률에 관한 레베데바 동지의 테제에 나오는 표입니다. 그 표를 보고 저는 깜짝 놀랐습니다. 십중팔구 이미 여기서 이 문제를 더 구체적으로 논의하셨겠지만, 이미 나온 이야기를 되풀이하는 위험을 무릅쓰고라도 저는 이 점을 여전히 강조하고 싶습니다. 이 표는 1913년과 1923년의 1세 미만 유아사망률을 비교하고 있습니다. 이 표는 사실입니까? 그것은 제가 저 자신에게 물어야 하고 다른 사람들에게도 물어야 하는 첫째 질문입니다. 그것은 사실입니까? 어찌 됐든, 그것은 공개 검증을 거쳐야 할 것입니다. 제 생각에는 그 표를 테제에서 발췌해서(왜냐하면 그 테제들은 이 분야 전문가인 여러분만이 손에 넣을 수 있기 때문입니다) 우리 언론 전체(소비에트와 당)의 투쟁 자산으로 만들어야 합니다. 그 표는 통계도 명확해야 하고 교차 검증도 거쳐야 하지만, 만약 그 표가 사실이라면 그것은 우리 사회주의 문화 목록에서 매우 귀중한 성과로 기록돼야 할 것입니다.

1913년의 러시아는 지금 우리보다 상당히 더 부유했습니다. 그렇습니다. 당시 러시아는 하나의 국가, 국민으로서, 아니 여러 민족의 집합으로서 지금 우리보다 상당히 더 부유했습니다.(지금 우리의 생산은 1913년 수준에 가까워지고 있지만 축적은 아직 아닙니다. 그리고 우리가 1913년의 공업·농업 생산 수준과 완전히 같아질 때조차 국부國富의 축적 수준이 1913년만큼 되려면 여전히 오랜 시간이 걸릴 것입니다.) 그런데도 1913년에 29퍼센트였던 블라디미르 주州의 1세 미만 유아사망률이 지금은 17.5퍼센트까지 낮아졌습니다. 그리고 모스크바 주에서는 거의 28퍼센트였던 유아사망률이 약 14퍼센트로 떨어졌습니다.

이것은 사실입니까, 사실이 아닙니까? (청중 "사실입니다!") 저는 감히 반박하지 않겠습니다. 다만 이렇게 말하고 싶습니다. 여러분이 알고 있는 이 사실을 온 나라도 알아야 합니다. 이 수치들의 차이는 신중하고 면밀하게 확인돼야 합니다. 생산력과 축적의 수준이 이토록 낮은 나라에서 유아사망률이 그렇게 급감했다는 것은 놀라운 일입니다. 이것이 사실이라면, 그것은 우리의 새로운 일상생활 문화, 특히 여러분의 조직적 노력이 거둔 가장 명백한 성과입니다. 이것이 사실이라면, 소비에트 연방 안에서만이 아니라 전 세계에 그 사실을 널리 알려야 합니다. 그리고 만약 확인 후 이 사실을 여론 전체가 부인할 수 없게 되면 여러분은 이제부터 더는 전쟁 전의 수준과 비교하지 않겠노라고 엄숙하게 선언해야 합니다.

그 표가 보여 주는 것은 모스크바 주에서 1세 미만 유아사망률이 전쟁 전의 절반으로 낮아졌다는 것입니다. 그러나 전쟁 전에 우리의 문화와 일상생활 조건은 귀족들의 거만함과 천박함이 지배하는, 즉 가장 경멸스럽고 가장 끔찍한 조건이었습니다. 그런 조건에 맞서 성공을 거뒀다는 것은 매우 기쁜 일이지만, 전쟁 전의 조건이 계속 우리의 기준이 될 수는 없습니다. 우리는 뭔가 다른 기준을 찾아야 하고, 지금은 그 기준을 문명화한 자본주의 세계에서 찾아야 합니다. 즉, 자본주의 나라인 독일·프랑스·영국·미국의 유아사망률은 어느 수준입니까?

그리고 여기서 다시 저는 방법의 완전한 유사성, 문제를 다루는 방식의 유사성을 발견합니다(여러분의 노력과 다른 모든 사람의 노력에서 말입니다). 만약 여러분이 우리 공업과 우리 농업의 노력을 유심히 지켜본다면 똑같은 과정을 발견할 수 있을 것입니다. 즉, 어제까지 우리는 전쟁 전의 수준을 목표로 일했고 오늘도 일하고 있다는 것입니다. 우리는 다음과 같이 말합니다. 지난해에 우리 공업은 전쟁 전 수준의 75퍼센트에 이르렀고, 10월 1일부터 시작되는 올해에는 예컨대 95퍼센트에 이를 것이고 일이 잘 풀린다면 100퍼센트도 달성할 수 있을 것이다. 그러나 앞서 말했듯이, 이제는 우리의 성공을 전쟁 전의 수준과 비교하지 말아야 합니다. 우리는 우리의 야만적 역사의 일부가 되고 있는 전쟁 전 수준을 따라잡을 것이 아니라, 외국에서 우리에게 가하고 있는 (경제적·군사적·문화적) 압력에 맞대응해야 합니다. 우리의 적국인 자본주의 나라들은 우리보다 더 문화적이고 우리보다 더 강력합니다. 그들의 공업은 우리보다 더 우수하고, 널리 퍼진 자본주의 구조에도 불구하고 일부 나라의 유아사망률은 우리보다 훨씬 낮을 수 있습니다.

따라서 제가 볼 때, 이 표는 여러분의 활동에서 전환점을 나타내는 이정표가 돼야 할 듯합니다. 이 표를 검증할 때, 그것을 대중의 의식 속에 각인시킬 때 우리는 다음과 같이 말할 것입니다. 지금부터 우리는 전쟁 전의 수준과 비교하지 않고 문화 수준이 가장 높은 국가들과 비교할 것이다.

어머니와 자녀의 운명은 개략적으로 말하면, 즉 가장 기본적인 특징에 대해 말하자면 첫째, 특정 사회의 생산력 발전에, 부의 규모에 달려 있고 둘째, 이 부가 그 사회 성원들 사이에 분배되는 체계, 즉 사회구조에 달려 있습니다. 어떤 국가의 구조가 사회주의보다 더 낮은 사회 단계, 즉 자본주의이면서도 실제로는 사회주의 국가보다 더 부유할 수 있습니다. 바로 이것이 지금 우리가 처한 역사적 상황입니다. 주요 자본주의 나라들은 우리보다 비할 바 없이 부유하지만, 이 부의 유통·소비 체계는 [사회주의] 이전의 역사적 시기, 즉 자본주의에 속합니다. 우리는 우리 사회구조 안에 포함된 가능성을 이용해, 그런 자본주의 나라들이 제공할 수 있는 것보다 비할 바 없이 높은 기준·모범·목표·과제를 혼자 힘으로 찾아야 합니다. 그러나 자본주의의 생산력은 여전히 우리보다 비할 바 없이 풍부하기 때문에 우리가 당장 해야 할 일은 그들을 따라잡는 것이고, 그들을 앞지르는 것은 나중의 과제입니다. 이것이 뜻하는 바는 우리가 하나의 장벽, 즉 전쟁 전의 수준을 넘은 다음에야 둘째 과제(최대한 빨리 가장 선진적인 나라들의 최고 성과와 대등해지는 것)의 해결에 나서야 한다는 것입니다(그런 선진국에서 노동자들의 모자 [보호] 문제가 부르주아지의 관심을 끄는 이유는 부르주아지 자신의 계급적 이해관계 때문입니다).

어머니와 자녀의 지위가 첫째, 생산력 발전에, 그 나라 경제의 일반적 수준에 달려 있고 둘째, 사회구조에, 그 나라의 부가 유통되고 소비되는 방식에 달려 있다고 말하면, 여러분은 다음과 같이 물을지도 모르겠습니다. 그렇다면 우리의 이 특별한 조직의 활동은 무슨 중요성이 있는 거지? 저는 이 물음을 수사의문문으로 제기했습니다. 사회주의 사회구조를 포함해서 어떤 사회구조라도 삶이 개선되고 향상될 수 있는 물질적 가능성은 존재하지만, 심지어 사회주의 사회에서도 과거와의 연계 때문에 또는 낡은 생활 방식을 파괴할 주도력과 용기가 없어서, 느려 터지고 게으른 사고 습관, 굽실거리는 전통, 어리석은 보수성이 존재할 수 있습니다. 그리고 우리 당과 우리 당이 이끄는 여러 사회조직들(여러분의 조직 같은)의 임무는 [새로운] 관습, 일상적 버릇, 심리를 계속 발전시키고, 일상생활의 조건이 사회경제적 가능성에 뒤처지지 않도록 노력하는 것입니다.

기술에 관한 한, 서유럽의 압력이라는 큰 채찍이 있습니다. 우리는 유럽 시장으로 나가서 상품을 사고팔고 있습니다. 기업인으로서 우리, 즉 국가의 관심사는 비싸게 팔고 싸게 사는 것입니다. 그러나 만약 여러분이 사고파는 일을 잘하고 싶다면 싸게 생산해야 하고, 싸게 생산하려면 기술도 좋아야 하고 생산조직의 수준도 높아야 합니다. 그것이 뜻하는 바는 우리가 세계시장으로 나갔을 때 우리는 유럽과 미국의 기술이라는 채찍을 자청한 셈이라는 것입니다. 이 점에서 우리는 좋든 싫든 앞으로 나아가야 합니다. 우리 사회구조의 모든 문제는(그것은 어머니와 자녀의 운명을 뜻하기도 합니다) 우리가 이 전 세계적 경쟁을 견뎌 낼 수 있는지에 달려 있습니다. 우리가 우리나라에서 부르주아지와 거래를 청산했다는 것, 신경제정책을 바탕으로 우리 국가 산업이 번영하고 발전하고 있다는 것, 사적 자본가가 [국내]시장에서 국가 산업을 이길 위험은 없다는 것(이 사실은 명백한 수치에서도 확인됩니다)은 이제 누가 봐도 분명합니다. 그러나 우리가 일단 국제시장으로 나가면 여기서 맞닥뜨릴 경쟁자는 더 강하고 더 힘세고 더 교육 수준이 높습니다. 이것이 우리 경제 분야의 새로운 기준입니다. 즉, 나중에 유럽과 미국의 기술을 뛰어

넘으려면 먼저 그들을 따라잡아야 합니다.

어제 우리는 모스크바에서 130킬로미터 떨어진 곳에 있는 발전소의 문을 열었습니다. 바로 샤투라 발전소입니다. 이것은 위대한 기술적 성과입니다. 샤투라 발전소는 토탄* 늪지 위에 건설됐습니다. 우리나라에는 늪지가 상당히 많고, 만약 우리가 늪지의 잠재적 에너지를 전기라는 운동에너지로 바꾸는 법을 배울 수 있다면, 이것은 어머니와 자녀 모두에게 혜택이 될 것입니다. (청중 박수) 이 발전소 건설자들을 기리는 기념식은 우리 문화 전체의 모습과 함께 그 모순도 분명히 보여 줬습니다. 우리는 모스크바에서 출발했습니다. 모스크바가 어떤 곳입니까? 지방에서 올라오신 대의원들 중에 모스크바에 처음 오신 분들은 모스크바가 우리 소비에트 연방의 중심이라는 것, 노동계급 운동을 이끄는 사상의 세계적 중심이라는 사실을 아셨을 겁니다. (모스크바에서 100베르스타** 남짓 떨어진 곳에 있는) 샤투라[발전소]는 위대한 기술적 성과입니다. 그것은 규모와 건축 면에서 세계 유일의 토탄 발전소입니다.

샤투르카와*** 모스크바를 오가는 기차의 차창 밖으로 보이는 풍경은 잠자고 있는 숲입니다. 사람이 다닐 수 없을 만큼 빽빽한 그 숲은 17세기의 모습 그대로입니다. 그리고 여기저기 흩어져 있는 아주 작은 마을들도 거의 17세기 모습 그대로입니다. 물론 혁명은 이 작은 마을들, 특히 모스크바 인근 마을들의 문화 수준을 끌어올렸습니다. 그러나 아직도

---

* **토탄**土炭 땅속에 묻힌 시간이 오래되지 않아서 완전히 탄화하지 못한 석탄.

** **베르스타** 러시아의 옛 거리 단위로 약 1.067킬로미터.

*** **샤투르카** 샤투라의 애칭이다 — 영어판 편집자.

중세의 관습이나 문화, 끔찍한 후진성의 흔적들이 특히 어머니와 자녀 문제에서 얼마나 많이 남아 있습니까?

그렇습니다. 여러분은 여러 마을에서 처음으로 위대한 승리를 거뒀고, 그 때문에 우리 연방의 의식 있는 시민은 모두 여러분에게 축하를 보내는 것입니다. 그러나 아직도 모든 마을에(심지어 샤투르카와 모스크바를 오가는 길에도) 구악舊惡이 얼마나 많이 남아 있는지가 여러분의 테제들에서 여실히 드러납니다. 그런 마을들더러 모스크바와 샤투르카를 따라잡으라고 촉구해야 합니다. 왜냐하면 샤투르카는 전기화에 바탕을 둔 첨단 기술이기 때문입니다. 여기서 우리는 다시 한 번 V I 레닌의 말, 즉 "사회주의는 소비에트 권력 더하기 [전국의] 전기화다"라는 말을 떠올리게 됩니다.

생활이 기술적 성과에 뒤처지지 않도록 지원하는 것은 여러분에게 매우 중요한 과제입니다. 왜냐하면 일상생활은 지독하게 보수적이고, 기술보다 비할 바 없이 보수적이기 때문입니다. 남녀 노동자와 농민에게는 본보기로 삼고 매력을 느낄 만한 새로운 생활의 직접적 모델이 전혀 없고, 그들이 그런 모델을 따라야 할 강력한 필요성 또한 전혀 없습니다. 기술에 관한 한, 미국은 우리에게 다음과 같이 말합니다. "샤투라를 건설하라. 그러지 않으면 우리가 너희의 사회주의를 뼈까지 통째로 집어삼켜 버리고 흔적도 남기지 않을 것이다." 그러나 일상생활은 굳은 껍질 속에 보존되고 있는 것처럼 보입니다. 이런 껍질은 당장 깨질 것 같지 않고, 따라서 사회 활동의 주도력이 여기서 특별히 필요합니다.

앞서 말씀드렸듯이, 테제를 보면서 저는 여러분이 농촌으로 파고드는 데서 얼마나 위대한 출발을 했는지 알게 됐습니다. 여기 E A 페데르의 테제는 농촌 마을에 보육 시설이 절실히 필요하다는 것뿐 아니라 농민의 엄청난 호응, 즉 농촌에 보육 시설을 설립하려는 의식적 노력도 보여줍니다. 그러나 겨우 얼마 전(1918~1919년)까지는 심지어 도시에서도 보육 시설에 대한 불신이 많았습니다. 이것은 분명히 위대한 승리입니다. 만약 새로운 사회질서가 이 방향에서 농민 가족에게 이미 도달했다면 말입니다. 왜냐하면 농민 가족도 점차 재구성될 것이기 때문입니다. 저는 이 점을 더 깊게 살펴보고 싶습니다. 왜냐하면 여기서도 언론은 우리가 최악의 농민적 편견들을 모방해야 한다고, 이것이 '스미치카'의* 결론이라고 암시하는 말들을 하고 있기 때문입니다. 사실, 우리의 과제는 농촌 마을의 실상에서 출발해(농촌의 후진성·편견·구악은 한 번의 펜 놀림으로는 결코 지울 수 없습니다) '스미치카'를 발견하는 것, 우리 자신을 결부시킬 수 있고 농민 가족을 사회주의의 첫 단계에 이르는 길로 능숙하게 이끌고 나아갈 수 있게 하는 필수적 연결 고리를 발견하는 것이지, 노예제에서 비롯한 기존의 개념과 전통을 수동적으로 모방하는 것이 결코 아닙니다.

가족과 일상생활의 영역에서 우리의 옛 문화는 무엇입니까? 사회 꼭대기에 있던 귀족들은 모든 사회생활에 천박함의 흔적(무지몽매에서 비롯했고 문화가 없는)을 남겼습니다. 그리고 농민에서 성장해 나온 우리의 프롤레타리아는 단 한 번의 도약으로 30~50년 만에 유럽의 프롤레타리아를 따라잡고 계급투쟁과 혁명적 정치의 분야에서는 오히려 그들

---

* **스미치카** 소비에트 국가의 토대인 노동자와 농민의 '결합' 또는 동맹을 가리키는 레닌의 용어였다 — 영어판 편집자.

을 앞질렀지만, 개인적 도덕, 가족, 일상생활의 분야에서는 악취 나는 농노제의 낡은 잔재들이 여전히 우리 프롤레타리아에게 남아 있습니다. 그리고 오늘날의 진정한 농노제는 지식인 가족이나 프티부르주아 가족에서 얼마든지 발견할 수 있습니다. 여러분은 스스로 공상적 과제, 즉 모종의 즉각적인 법률적 도약으로 낡은 가족을 뒤집으려는 과제를 설정해서는 안 됩니다. 그랬다가는 완전히 실패할 것이고 농민은 여러분을 신뢰하지 않게 될 것입니다. 오히려 물질적 가능성 안에서, 이미 확인된 사회 발전의 조건 안에서 가족을 이끌고 미래로 나아갈 수 있도록 행동하려고(법률적 노선도 따르면서) 노력해야 합니다.

여기서 지금 논의되고 있는 혼인법안에 대해 말하고 싶은 생각은 없지만, 저에게도 그 법안에 대한 발언권은 있습니다. 제 생각에는 여러분의 조직도 올바른 혼인법을 위한 투쟁에서 나름대로 구실을 할 것입니다. 저는 다만 갑자기 생각난 주장 하나만 얘기하고 싶습니다. 그 주장은 대략 이런 것입니다. 아니 어떻게 '미혼'모, 즉 혼인신고를 하지 않은 어머니에게 '기혼'모와 똑같이 아이 아버지의 도움을 받을 권리를 부여할 수 있는가? 분명히 이것이 뜻하는 바는, 법률이 허용하지 않았다면 여성이 맺지 않았을 관계 속으로 여성을 밀어 넣는 것 아닌가?

동지들, 이것은 도저히 말도 안 되는 주장이어서 여러분은 다음과 같은 의문이 들 것입니다. 우리가 정말로 사회주의적으로 변모하고 있는 사회, 즉 모스크바나 샤투르카에 살고 있는 것인가? 아니면, 모스크바와 샤투르카 사이의 어디 잠자고 있는 숲 속에 살고 있는 것인가? 여성을 대하는 이런 태도는 공산주의적이지 않을 뿐 아니라, 최악의 의미에서 반동적이고 속물적이기까지 합니다. 여성은 아무리 일시적인 결합이라도 결혼의 결과를 고스란히 감내해야 하는데, 우리나라에서 그런 여성의 권리가 너무 잘 보호받고 있다고 누가 과연 생각하겠습니까? 이런 식의 문제 제기가 도저히 말도 안 된다는 것은 굳이 입증할 필요도 없다고 생각합니다. 그러나 그것은 징후적입니다. 즉, 우리의 전통적 견해·개념·관습 중에는 철저히 분쇄해야 할 정말 어리석은 것들이 아주 많다는 사실을 분명히 보여 줍니다.

우리의 현재 상황에서 어머니와 자녀들을 위해 투쟁한다는 것은 특히 알코올 의존증을 근절하기 위해 투쟁한다는 것을 뜻합니다. 불행히도 저는 여기서 알코올 의존증에 관한 테제를 전혀 발견하지 못했습니다. (청중 "없습니다.") 죄송합니다. 제가 너무 늦게 와서 이 문제를 안건에 포함시키자고 제안하지 못했지만, 저는 알코올 의존증 문제가 여러분의 다음 대회 안건으로 추가되고, 더 중요하게는 여러분의 현재 활동에 추가돼야 한다는 요청을 하고 싶습니다. 여러분은 알코올 의존증에 맞서는 광범한 전선에서 투쟁하지 않으면 어머니와 자녀의 처지를 개선하기 위한 투쟁도 할 수 없을 것입니다.

여러분의 테제는 옳게도 다음과 같이 말합니다. 비정상적 성관계를 규제하는 조항을 법전에서 자의적으로 삭제해서는 안 된다, 잦은 이혼에 반대하는 강력한 사회적 여론이 필요하다 등등. 옳은 말입니다. 그러나 동지들, 우리가 어떤 성관계를 경솔한 것으로 평가할 때는 많은 경우에 다음과 같이 말해야 합니다. 가장 위험한 성관계는 알코올의 영향 아래 술에 취한 상태에서 이뤄지는 성관계이고, 이런 성관계는 문화 수준이 낮은 환경에서 매우 빈번하게 일어난다고 말입니다. 알코올 의존증을 근절하는 투쟁에서 여러분의 조직이 주도력을 발휘해야 한다는 것이 제 생각입니다.

어머니와 자녀의 운명이라는 문제를 여러 갈래의 문제로 나눠서 살펴보면, 그중에서도 특히 알코올 의존증을 근절하는 투쟁 문제를 살펴보면, 가족 관계의 안정성과 합리성을 증대하는 투쟁의 주된 형태는 인간성의 수준을 끌어올리는 투쟁이라는 사실을 분명히 깨닫게 될 것입니다. 추상적 선전이나 설교는 이 문제에서 도움이 되지 않을 것입니다. 인생의 가장 힘든 시기를 겪고 있는 어머니를 보호하고 유아의 생존을 보장한다는 의미에서 법률적 틀은 무조건 필요합니다. 그리고 만약 우리가 법률적으로 어느 한쪽에 더 유리한 조처를 취해야 한다면 당연히 그것은 아버지가 아니라 어머니와 자녀를 위해서, 그리고 어머니의 권리를 보호하는 쪽이 되겠지만, 우리가 발전된 사회주의와 더 나아가 공산주의에 이르기 전까지는 어머니의 권리가 법률적으로 보장되더라도 실제로는 도덕이나 관습 때문에 불충분하게 보호될 것입니다. 따라서 법률적으로 어머니와 자녀를 최대한 지원하는 것, 알코올 의존증을 근절하는 투쟁을 포함해 다양한 경로를 따라 투쟁을 이끄는 것이 필요합니다. 매우 가까운 미래에 이것은 우리 활동의 꽤 중요한 일부가 될 것입니다.

그러나 거듭 말씀드리지만, 근본적 방법은 인간성의 발전 수준을 끌어올리는 것입니다. 사람이 정신적으로 수준이 높을수록 그의 관심사의 성격과 그 수준에 따라서 가까운 사람들에게 요구하는 바도 더 많을 것입니다. 이렇게 서로 요구하는 바가 더 많을수록 유대는 더 강력하고 그래서 깨지기도 더 힘들 것입니다. 이것이 뜻하는 바는 우리 사회 활동의 모든 분야에서 근본적 과제는 공업·농업·복지·문화·교육의 발전에 의해 해결된다는 것입니다. 이 모든 것은 혼란스런 관계로 귀결되는 것이 아니라, 오히려 더 안정된 관계로, 그래서 마침내 법률적 규제가 전혀 필요 없는 관계로 귀결될 것입니다.

농촌에서 활동하는 문제로 다시 돌아가 봅시다. 제 생각에 이 테제들에는 우리의 집단농장에 관한 언급이 전혀 없는 것 같습니다. (청중 "있습니다.") 죄송합니다. 제가 실수했습니다. 얼마 전에 저는 대규모 집단농장 두 곳을 방문했습니다. 하나는 우크라이나의 자포로제 지역에 있는 것이고, 다른 하나는 캅카스 북부의 테르스크 지역에 있는 것입니다. 물론 이 집단농장은 우리 일상생활의 '샤투라'가 결코 아닙니다. 즉, 샤투라가 신기술을 대표하는 것과 달리 이 집단농장은 새로운 가족생활 방식을 대표한다고 말할 수 없습니다. 그러나 그런 조짐들은 보입니다. 특히, 그 집단농장 주변의 농촌 상황과 비교해 보면 이 점을 분명히 알 수 있습니다. 그 집단농장들에는 보육 시설이 있는데, 협력 활동에 바탕을 둔 상설 기관이고 대가족을 구성하는 일부로서 기능하고 있습니다. 그곳에는 여자아이들을 위한 방과 남자아이들을 위한 방이 각각 하나씩 있습니다. 자포로제의 집단농장에는 화가가 있어서 아이들의 방 벽에 멋진 그림이 다채롭게 그려져 있습니다. 그곳에는 공동 부엌과 공동 식당이 있고, 동아리실과 도서관을 겸한 공간도 있습니다. 이것은 정말이지 아이들의 작은 왕국입니다. 공동 주택의 특별히 배정받은 건물에 있는 작은 왕국 말입니다. 이것은 농민 가족과 비교하면 엄청난 진보입니다. 그 집단농장에서 여성들은 스스로 인간이라고 느끼고 있습니다.

물론 동지들, 저는 첫째, 이것이 작은 오아시스일 뿐이고 둘째, 이 오아시스가 스스로 확산될 수 있을지는 아직 입증되지 않았다는 사실을 잘 알고 있습니다. 이런 집단농장의 노동생산성이 높지 않기 때문입니다. 그러나 일반적으로 말해서, 모든 사회형태, 모든 세포는 그 안의 노동생산성이 정체하거나 하락하지 않고 성장한다면 계속 생존할 수 있습니다. 경제성장이라는 바탕 위에서만 사회주의가 건설될 수 있고, 어머니와 자녀의 운명이 보장될 수 있습니다. 경제가 쇠퇴하고 빈곤해진다면, 중세의 야만으로 돌아갈 수 있을 뿐입니다. 그러나 새로운 가능성의 씨앗들은 집단농장에서 분명히 입증됐고, 그것들은 지금 특히 중요합니다. 왜냐하면 지금 농촌에서 상품생산의 발전으로 말미암아 부농과 빈농 사이에서 자본주의적 계층화의 형태들이 어느 정도 나타나고 있기 때문입니다. 따라서 농촌에서는 모든 형태의 협력, 집단적으로 경제·가정·문화·가족의 문제들을 해결하려는 모든 형태가 우리에게 정말 소중합니다. 테제에서도 말하고 있듯이, 농촌에서 보육 시설에 대한 지지가 나타나고 있다는 사실(지금까지는 그런 일이 없었습니다), 그리고 이 지지가 빈농 가족에서 시작돼 중농中農 가족으로 확대됐다는 사실은 엄청나게 중요합니다. 만약 이와 함께 농촌에서 생산·가족·가정생활의 작은 '샤투르카'들이, 즉 집단농장들이 생겨난다면 말입니다. 제 생각에 여러분은 그런 집단농장에 특별한 관심을 기울여야 합니다. 그 가족과 가정구조, 그리고 어머니와 자녀의 지위에 관한 일이라면 말이죠.

제가 매우 흥미롭게 생각하는 것은 농민이 집단농장이라는 '공산주의의 등대'를 대하는 태도입니다. 등대는 매우 의미심장한 단어입니다. 등대는 모든 사람이 멀리서도 볼 수 있게 빛을 내면서 길을 알려 줍니다. 1918년에 우리는 많은 것에 그런 이름을 붙였지만, 우연적이고 근거가 없고 때로는 하찮은 '등대'였음이 드러난 것이 얼마나 많았으며, 그중 얼마나 많은 것이 또 사라져 버렸습니까! 따라서 이런 이름을 살펴보고 그것이 얼마나 정당한지를 확인하는 것은 매우 중요한 일입니다. 또, 비록 이런 '등대'가 주로는 코사크, 부분적으로는 침례교도 등이 거주하는 지역에서 빛을 내고 있기는 하지만(이들은 모두 상당히 보수적인 집단입니다), 집단농장에 대한 과거의 낡은 적대감은 이제 사라졌다는 사실도 말해 둬야겠습니다. 다시 말해, 그런 적대감은 부농 집단에서 분명히 존재하지만, 집단농장이 대체로 우호적으로 기능하기 때문에(예컨대, 집단농장에 있는 트랙터 3대가 여유가 있을 때는 인근 지역의 농사일도 거들어 줍니다) 이런 '스미치카'를 통해 집단농장 주변의 코사크들조차 새로운 형태의 가족과 가정생활에 익숙해지고 있고, 앞서 말했듯이 과거의 적대감은 사라졌습니다. 이것은 진정한 성과입니다.

몇몇 동지들이 저에게 말해 준 내용인데, 일부 소비에트 서클들에서는 집단농장이 지금 부적절하고 시기상조이며 너무 앞질러 나가는 것이라고 보는 태도가 나타나고 있다고 합니다. 결코 그렇지 않습니다. 집단농장은 미래의 맹아 가운데 하나입니다. 물론 미래를 준비하는 주된 노력은 더 기본적인 노선, 즉 공업 발전에 따라 이뤄지고 있습니다. 다시 말해, 공업 발전이 농촌에 농업 발전의 기술적 토대를 제공할 것입니다. 이처럼 협력적으로 경제적 혜택이 분배되지 않으면, 중농을 사회주의로 끌어당기는 일은 불가능할 것입니다. 그러나 이와 동시에, 농촌에서 그런 새로운 경제 형태와 새로운 가족·가정 관계의 생생한 모델을 만들어 내는 것, 그런 가족·가정의 '샤투르카'들을 건설하는 것은 또한, 여성과 아이들을 대하는 새로운 태도가 형성되도록 도와주면서 아래로부터 미래를 준비한다는 것도 뜻합니다.

우리 마르크스주의자들은 사회구조를 평가할 때 생산력 발전을 중요하게 여깁니다. 이것은 결코 부인할 수 없습니다. 그러나 문제를 반대편에서 접근할 수도 있습니다. 우리에게 생산력의 발전은 그 자체로 필요한 것이 아닙니다. 따지고 보면, 생산력의 발전이 필요한 이유는 그것이 새로운 인간성의 기초를 제공하기 때문입니다. 그 새로운 인간은 두려움 때문에 하늘에 있는 상상 속의 주님을 두려워하거나 지상의 주인에게 예속되거나 하지 않는 의식적인 인간입니다. 또 지난 시대의 사상과 창조력이 만들어 낸 최상의 성과를 모두 흡수하고, 다른 모든 사람과 연대해서 전진하고, 새로운 문화적 가치를 창조하고, 새로운 개인적·가족적 태도, 즉 계급 노예제를 바탕으로 생겨난 개인적·가족적 태도보다 더 숭고하고 고결한 태도를 창출하고 있습니다. 생산력의 발전은 더 수준 높은 인간성의 물질적 전제 조건으로서 우리에게 소중하지만, 그 자체로 소중한 것이 아니라 [다른 요인들과] 맞물려서 소중한 것입니다.

이런 관점에서 보면, 십중팔구 앞으로 수십 년 동안 인간 사회를 평가하는 잣대는 그 사회가 여성을, 어머니를, 아이를 대하는 태도일 것이라고 말할 수 있습니다. 그리고 이것은 단지 사회뿐 아니라 개인을 평가하는 잣대도 될 것입니다. 인간의 정신은 모든 부분이 균등하게 발전하지 않습니다. 우리는 정치의 시대, 혁명의 시대에 살고 있는데, 이 시대에 남녀 노동자는 투쟁 속에서 자신을 발전시키고, 무엇보다 혁명적 정치 속에서 성장하고 있습니다. 그리고 가족관觀과 가족 전통, 남성이 다른 남성이나 여성과 아이 등을 대하는 태도가 들어 있는 의식의 세포들은 흔히 아직도 낡은 형태 그대로입니다. 혁명은 아직 그런 세포들에 영향을 미치지 못했습니다. 오늘날 정치적·사회적 견해가 포함된 두뇌 세포들은 사회구조 자체 때문에, 우리가 살고 있는 시대 때문에 훨씬 더

빠르고 급격하게 영향받고 있습니다.(물론 이것은 비유일 뿐입니다. 두뇌의 작동 과정은 이와 다릅니다.) 따라서 앞으로도 오랫동안 우리는 새로운 산업과 새로운 사회를 건설하면서도 인간관계 분야에서는 여전히 중세 시대와 다르지 않은 것들을 많이 목격하게 될 것입니다. 그리고 우리의 문화를 평가하는 기준, 노동하는 남성과 여성 개인, 진보적 농민 개인을 평가하는 잣대 하나는 여성을 대하는 태도, 아이를 대하는 태도일 것입니다.

블라디미르 일리치[레닌]는 노동계급 정당들을 평가하는 잣대는 그들의 태도, 특히 일반적으로 피억압 민족이나 식민지를 대하는 태도라고 우리에게 가르쳤습니다. 왜 그랬습니까? 영국인 노동자를 예로 들어 봅시다. 그가 자기 계급 전체와 연대감을 느끼도록 만드는 것은 아주 쉬운 일이지만(그러면 그는 파업에 참가할 것이고 심지어 혁명으로 나아가기도 할 것입니다), 황색 피부의 중국인 막노동자와 스스로 연대하고 그들을 똑같이 착취당하는 형제로 대우하도록 만드는 것은 훨씬 더 어려운 일일 것입니다. 왜냐하면 수백 년 동안 쌓여 온 민족적 오만이라는 두꺼운 껍질을 깨뜨려야 하기 때문입니다.

이와 꼭 마찬가지로, 동지들, 가족 편견이라는 껍질, 즉 여성과 아이를 대하는 가장家長의 태도 속에 들어 있는 편견이라는 이 껍질(여성은 가족 안에서 중국인 막노동자 같은 존재입니다)은 수백 년이 아니라 수천 년 동안 쌓여 온 것입니다. 따라서 여러분은 우리의 낡은 아시아적 성격, 노예제, 농노제, 부르주아적 편견, 노동자들 자신의 편견에 뿌리를 둔 이 보수성, 농민 전통의 최악의 측면에서 비롯한 이 보수성의 껍질을 깨뜨리는 도덕적 철퇴입니다(그리고 철퇴가 돼야 합니다). 여러분이 마치 지금 건설되고 있는 사회주의 사회의 손에 들린 철퇴처럼 이 보수성의 껍질을 파괴하는 한은 모든 의식적 혁명가, 모든 공산주의자, 모든 진보적 노동자와 농민은 온 힘을 다해 여러분을 지원할 의무가 있습니다. 동지들, 저는 여러분이 큰 성공을 거두기를 바라고, 무엇보다 우리의 여론이 여러분에게 더 많은 관심을 쏟기를 바랍니다. 정말로 [세상을] 정화하고 있고 정말로 유익한 여러분의 활동은 우리 언론의 집중 조명을 받아야 하고, 그래서 우리나라의 모든 진보적 집단들의 지원을 받을 수 있기를, 그리고 여러분이 우리의 생활 방식과 문화를 재구성하는 데 성공할 때까지 계속 도움을 받을 수 있기를 바랍니다. (청중 큰 박수)

사회주의를 건설하는 것은 여성을 해방하고 어머니를 보호하는 것이다

레온 트로츠키

우리의 진보를 측정하는 가장 정확한 방법은 어머니와 자녀의 처지를 개선하고자 실행되고 있는 실천적 조처들을 살펴보는 것이다. 이 지표는 사람들을 속이지 않기 때문에 매우 믿을 만하다. 그것은 넓은 의미에서 물질적 성공과 문화적 성과를 즉시 보여 준다. 역사적 경험을 보면, 억압자들에 맞서 투쟁하고 있는 프롤레타리아조차 주부·어머니·아내로서 억압받는 여성의 처지에 즉각 주의를 기울이지 않는다는 것을 알 수 있다. 이것이 바로 여성의 가족 노예제에 익숙해진 태도가 미치는 엄청난 영향력이다! 농민은 말할 것도 없다. 빈농뿐 아니라 심지어 중농 가족에서도 여성 농민의 운명을 짓누르는 부담과 절망은 십중팔구 오

출처: 〈자 노비 비트〉(새로운 생활을 위해), 1925년 12월.

늘날 최악의 징역살이와도 비교할 수 없을 것이다. 휴식도 없고, 휴일도 없고, 가느다란 희망의 빛조차 없다! 우리의 혁명은 아주 서서히 가족의 토대로 다가가고 있지만, 주로 도시에서 당장은 산업 지대에서 그럴 뿐이고 농촌으로 침투하는 속도는 매우 느리다. 그리고 여기서 문제는 헤아릴 수 없다.

여성의 처지가 근본적으로 바뀌는 것은 사회·가족·가정의 생활 조건이 모두 바뀔 때만 가능하다. 모성 문제의 심각성은 근본적으로 경제적·문화적 노력의 결정적 흐름들이 모두 교차하는 지점이 바로 어머니라는 사실에서 드러난다. 모성 문제는 무엇보다 아파트·수돗물·부엌·세탁소·식당의 문제다. 그러나 그것은 학교나 책, 오락 시설의 문제이기도 하다. [남편의] 알코올 의존증은 주부와 어머니를 가장 무자비하게 괴롭힌다. 문맹과 실업도 마찬가지다. 아파트의 수돗물과 전기는 무엇보다 여성의 부담을 덜어 준다.

모성은 가장 핵심적인 문제다. 모든 흐름이 여기로 모여들고 여기서 다시 모든 방향으로 흘러 나간다. 농촌에서 물질적 충족이 명백히 증대하면, 지금까지보다 비할 바 없이 넓고 깊게 어머니와 자녀를 배려하는 일이 가능해지고 따라서 필수적이게 된다. 우리가 이 분야에 쏟는 에너지가 어느 정도인지를 살펴보면, 우리 생활의 근본 문제들을 해결하는 법을 우리가 얼마나 배웠는지를 알 수 있을 것이다.

농민을 농노제의 구렁텅이에서 해방하지 못하면 소비에트 국가 건설이 불가능한 것과 마찬가지로, 여성 농민과 노동자를 가족과 가정의 속박에서 해방하지 못하면 사회주의로 나아가는 것도 불가능하다. 그리고 전에 우리가 혁명적 노동자의 성숙도를 가늠할 때 그가 자본가를 대하는 태도뿐 아니라 농민을 대하는 태도, 즉 농민을 속박에서 해방할 필요성을 이해하고 있는지도 살펴봤듯이, 이제 우리는 노동자와 진보적 농민의 사회주의적 성숙도를 측정할 때 그들이 여성과 아이를 대하는 태도, 즉 징역살이나 다름없이 생활하는 어머니를 속박에서 해방해 허리를 똑바로 펴고 스스로 사회·문화 생활에 참여할 수 있도록 해 줄 필요성을 이해하는지 살펴볼 수 있고 살펴봐야 한다.

모성은 모든 문제의 중심이다. 따라서 경제적·사회적 건설 과정에서 새로운 정책, 법률, 실천적 조처가 나올 때마다 그것이 가족에 얼마나 영향을 미칠지, 어머니의 운명을 악화시킬지 아니면 호전시킬지, 아이의 처지를 개선할지 아닐지 하는 문제에 비춰서 검토돼야 한다.

우리 도시들에 집 없는 아이가 많다는 사실은 우리가 아직도 모든 방면에서 낡은 사회의 구렁텅이에 빠져 있음을 보여 주는 처참한 증거다. 이 낡은 사회는 몰락하는 와중에도 가장 잔인한 방식으로 자신을 드러내고 있는 것이다. 어머니와 자녀의 처지가 가장 힘들었던 것은 낡은 사회가 새 사회로 바뀌는 전환기, 특히 내전 기간이었다. 클레망소와 처칠의 간섭, 그리고 콜차크·데니킨·브란겔 일당* 때문에 여성 노동자, 여성 농민, 어머니가 가장 혹독한 타격을 받았고, 집 없는 아이들이 전례 없이 많아졌다. 아이들은 어머니를 잃었고, 집 없는 아이들은 무엇보다 어머니가 집을 잃은 결과였다. 어머니를 배려하는 것은 아이의 운명을 개선하는 가장 근본적인 방법이다.

경제가 전반적으로 성장하면서, 가족과 가정생활의 점진적 재구성을

---

* 러시아 혁명을 전복하려 한 자본주의 국가들과 러시아 내 반혁명 세력(백군)을 가리킨다.

위한 조건이 형성되고 있다. 이와 연관된 문제들은 모두 아주 중요하게 다뤄져야 한다. 우리는 나라의 기본적 자본을 복구하는 문제에 다양한 방향에서 접근하고 있다. 즉, 우리는 새로운 기계를 입수해서 낡은 기계를 대체하고 있고, 새로운 공장을 짓고 있고, 철도를 복구하고 있고, 농민에게 쟁기·파종기·트랙터를 제공하고 있다.

그러나 가장 기본적인 '자본'은 사람, 즉 사람들의 힘, 건강, 문화 수준이다. 이 자본은 공장 설비나 농기구보다 훨씬 더 많이 복구돼야 한다. 노예제, 굶주림, 속박의 시대, 전쟁과 전염병의 시대가 흔적을 남기지 않고 지나갔다고 생각해서는 안 된다. 결코 그러지 않았다. 그런 시대는 사람이라는 생명체에게 상처와 흉터를 모두 남겼다. 결핵, 매독, 신경쇠약, 알코올 의존증, 이 모든 질병과 그 밖의 많은 질병이 주민 대중 사이에 널리 퍼져 있다. 국민은 건강해져야 한다. 그러지 않으면 사회주의는 상상도 할 수 없을 것이다.

우리는 [문제의] 뿌리, 근원에 접근해야 한다. 그리고 어머니가 아니라면 국민의 근원이 어디에 있겠는가? 어머니를 등한시하는 태도에 맞선 투쟁을 최우선으로 삼아야 한다! 주택 건축과 어린이집, 유치원, 공공 식당, 공공 세탁소 건립에 관심을 집중해야 하고, 그런 관심은 세심하게 잘 조직돼야 한다. 여기서는 질의 문제가 모든 것을 좌우한다. 육아·급식·세탁 시설은 낡고 폐쇄적이고 고립된 가족 단위, 주부와 어머니의 구부러진 어깨로 겨우겨우 지탱되고 있는 가족 단위에 치명타를 가할 수 있도록 아주 잘 지어져야 한다. 환경 개선은 불가피하게 수많은 요구, 따라서 수많은 조처의 실행을 초래할 것이다. 공공 식당에서 성인에게 식사를 제공하고 공공 시설에서 아이를 돌보는 것이 가정에서 그렇게 하는 것보다 비용이 더 적게 든다. 그러나 물질적 수단이 가족에서 보육 시설이나 공공 식당으로 넘어가려면 가장 기본적인 요구들을 가족보다 사회조직이 더 잘 만족시킬 수 있게 돼야 한다. 지금은 질의 문제에 특별히 주의를 기울여야 한다. 노동 대중의 가족과 가정의 필요를 충족하는 모든 기관과 제도를 세심하게 통제하고 끊임없이 재촉하는 것이 극히 중요하다.

어머니의 해방을 위한 위대한 투쟁에 앞장서는 사람들은 물론 가장 선진적인 여성 노동자여야 한다. 무슨 수를 써서라도 이 운동이 농촌 마을을 겨냥하게 해야 한다. 우리의 도시 생활에도 프티부르주아 농민의 성격이 아직 많이 남아 있다. 많은 남성 노동자의 여성관은 아직 사회주의적이지 않고, 보수적 농민의 여성관, 근본적으로 중세적 여성관이다. 그래서 가족의 질곡에 억눌린 농민 어머니가 노동자 어머니를 끌어내려 함께 뒤처진다. 우리는 여성 농민을 끌어올려야 한다. 여성 농민이 스스로 성장 의욕을 갖게 해야 한다. 즉, 여성 농민을 각성시키고 그들에게 모범을 보여 줘야 한다.

여성을 뒤처진 채로 두고 전진하는 것은 불가능하다. 여성은 국민의 어머니다. 여성의 노예화로 말미암아 편견과 미신이 자라나고, 그 편견과 미신이 새 세대의 아이들을 뒤덮고 있으며 국민 의식의 모든 측면에 깊숙이 침투하고 있다. 종교적 미신에 맞서 투쟁하는 가장 좋고 가장 심오한 길은 어머니를 전면적으로 배려하는 것이다. 어머니가 계몽되고 의식화돼야 한다. 어머니를 해방하는 것은 곧 사람들을 어둡고 미신에 사로잡힌 과거와 연결하는 마지막 탯줄을 끊는 것이다.

4장
사회주의와 가족

성과 계급투쟁

알렉산드라 콜론타이

현대의 인류가 주의를 기울이고 고찰해야 할 많은 문제 가운데 성 문제는 의심할 여지 없이 가장 중요한 문제에 속한다. 전설의 '섬'들을 제외하면 모든 나라나 국가에서 성적 관계에 관한 문제가 심각한 당면 쟁점으로 부각되고 있다. 인류는 오늘날 첨예한 성의 위기를 겪고 있으며, 그 위기는 너무 오래돼서 그만큼 더 해롭고 위험하다.

인류 역사의 긴 여정에 걸쳐 성 문제가 사회생활에서 이토록 중심적 위치를 차지하는 지금 같은 시기는 아마 찾아볼 수 없을 것이다. 오늘날 남성과 여성의 관계에 관한 문제는 곤란을 겪고 있는 수많은 사람들의 관심을 사로잡고 있으며, 성에 관한 이야기들은 모든 종류의 예술에

출처: 1911년 망명지에서 처음 출판했고, 러시아에서는 1919년에 《새로운 도덕과 노동계급》이라는 책의 일부로 출판했다.

영감을 제공하는 끊임없는 원천이 되고 있다.

성의 위기가 계속되고 더욱 심각해지면서 사람들은 점점 더 절망적인 상황에 빠져들고 있고, 이 '해결할 수 없는 문제'를 해결하기 위해 가능한 모든 수단을 동원해 필사적으로 애쓰고 있다. 그러나 이 문제를 해결하기 위해 새로운 시도를 할 때마다 개인적 관계들의 혼란스런 매듭은 더 엉켜 버린다. 이는 마치 단단히 엉킨 매듭을 풀려면 꼭 찾아내야 하는 유일한 실마리 하나를 찾을 수 없는 상황과 같다. 성 문제는 마치 빠져나올 수 없는 악순환의 모순과 같아서, 아무리 겁을 집어먹고 이리저리 뛰어 봐도 그 악순환에서 벗어날 수 없다.

보수적인 사람들은 우리가 과거의 행복한 시대로 되돌아가야 하며, 가정의 오랜 토대를 재정립해야 하고, 잘 다듬어진 성도덕 규범을 확립해야 한다고 주장한다. 반면 부르주아 개인주의의 주창자들은 성 행동에 관한 진부한 도덕률이 부과하는 위선적 제약을 모두 부숴 버려야 한다고 말한다. 이런 쓸모없고 억압적인 '구닥다리'는 박물관에나 보내야 하고, 오직 각 개인의 의식과 의지만이 이런 개인적인 문제들을 결정할 수 있다는 것이다. 한편, 사회주의자들은 사회·경제적 구조를 근본적으로 재조직하기 시작할 때만 성 문제가 해결될 수 있다고 확신한다.

이처럼 '문제 해결을 뒤로 미루는 것'은 사회주의자들이 문제를 풀 수 있는 그 유일한 '마법의 실마리'를 여전히 발견하지 못했음을 뜻하는 것이 아닐까? 엉킨 것을 풀 수 있게 해 주는 그 '마법의 실마리'는 발견할 수 없거나, 어디서부터 시작해야 하는지 가늠조차 해 볼 수 없는 것이 아닐까? 지금, 바로 이 시점에는 그것을 발견할 수 없는 것이 아닐까?

인간 사회의 역사, 즉 목표와 이해관계가 상충하는 다양한 사회집단과 계급 사이의 끊임없는 투쟁의 역사는 우리에게 이 '실마리'를 찾을 수 있는 단초를 제시해 준다.

인류가 성의 위기를 겪는 것은 지금이 처음은 아니다. 새로운 도덕관념과 가치관의 급류가 압박해 오면서 성적 관계에 관한 도덕적 계명들의 분명한 의미가 모호해진 것은 지금이 처음은 아니다. '성의 위기'는 특히 르네상스와 종교개혁의 시대에도 첨예했는데, 그 시대는 사회의 거대한 진보가 절대적 지배에 익숙해져 있던 오만하고 가부장적인 봉건귀족들을 뒤로 밀어내고 부르주아지라는 새로운 사회 세력의 발전과 확립에 길을 열어 준 시기였다.

봉건 세계의 성도덕은 구성원 개인의 의지를 억누르는 씨족장의 권위적 지도력과 집단 경제를 특징으로 하는 '씨족적 생활 방식'에서 유래했다. 이것은 신흥 부르주아지의 새롭고 이질적인 도덕률과 충돌했다. 부르주아지의 성도덕은 봉건제도의 기본 도덕과 날카롭게 대비되는 원칙에 바탕을 뒀다. 조상 대대로 이어져 오는 삶의 촌락적·지역적 경제구조의 특징이던 '집단 노동'에 대한 강조를 철저한 개인주의와 '핵가족'의 고립적 배타성이 대신하게 됐다. 자본주의 사회가 되자 경쟁의 윤리와 개인주의와 배타적 사유재산이라는 승자의 원칙이 자라났으며, 그것은 모든 유형의 씨족적 생활이 어느 정도 공통으로 지닌 공동체 관념의 잔재를 남김 없이 파괴해 버렸다.

삶의 복잡한 실험장이 낡은 규범을 새로운 정식으로 바꿔 가고 도덕관념들이 외관상 조화를 이뤄 가던 한 세기 동안, 사람들은 두 개의 아주 상이한 성 도덕률 사이에서 혼란을 겪으며 양쪽 모두에 자신을 맞춰 가려고 노력했다.

그러나 그 밝고 다채로운 변화의 시기에, 성의 위기는 비록 심각하기는 했지만 오늘날 우리 시대처럼 위협적이지는 않았다. 주된 이유는 르네상스의 '위대한 날들', 즉 새로운 정신문화의 찬란한 빛이 중세의 쇠락해 가는 세계와 삭막하고 단조로운 생활을 밝은 색채로 가득 채우던 그 '새로운 시대'에 성의 위기는 인구의 비교적 소수에게만 영향을 미쳤기 때문이다. 인구의 압도 다수인 농민은 가장 간접적인 방식으로만 영향받았는데, 몇 세기에 걸쳐 조금씩 농촌의 경제적 토대와 경제적 관계에 변화가 발생함으로써만 영향받았다.

사회적 계층 관계의 꼭대기에서는 적대적인 두 세계[봉건귀족과 부르주아지] 사이에서 치열한 전투가 벌어졌다. 여기에는 그들 각자의 상이한 이상과 가치관, 세계관 사이의 투쟁도 포함돼 있었다. 당시 심화하던 성의 위기를 겪으면서 위협을 느낀 것도 바로 그들이었다. 농민은 새로운 것을 받아들이는 데 조심스러워서 조상 대대로 이어져 오며 충분히 검증된 씨족적 전통을 굳게 고수했다. 농민은 도저히 어쩔 수 없는 상황에서만 변화하는 경제 환경에 맞게 이런 전통을 수정했다. 부르주아 세계와 봉건 세계 사이의 투쟁이 절정에 달했을 때조차 이 '납세자 계급'은 성의 위기를 겪지 않았다.

사회의 상층에서 낡은 방식들이 깨져 가고 있을 때, 농민은 오히려 자신들의 전통을 더욱 완고하게 고수하려 한 듯하다. 끊임없는 변화의 회오리바람이 머리 위로 몰아치고 발밑 대지를 뒤흔드는데도 농민, 특히 러시아 농민은 몇 세기 동안이나 자신들의 성 도덕률의 토대를 바꾸지 않은 채 이럭저럭 보존했다.

오늘날의 이야기는 아주 다르다. 농민도 '성의 위기'에서 벗어날 수 없다. 마치 전염병처럼 그것은 '신분이나 지위를 따지지 않고 있다.' 그것은 궁전과 저택에서부터 노동계급 밀집 지역까지 퍼져 있고, 중간계급의 평화로운 주거지를 넘보고 있으며, 농촌의 깊숙한 곳까지 침투하고 있다. 성의 위기는 서구 부르주아지의 호화 저택에서, 노동자 가족의 곰팡내 나는 지하방에서, 농민의 지저분한 오두막집에서 희생자를 낳고 있다. 아무리 튼튼한 울타리를 세우고 빗장을 걸어도 성적 갈등을 막을 수 없다. 사회의 부유층만이 이런 문제로 고통을 겪고 있다고 생각한다면 심각한 오산이다. 성의 위기는 노동자 가정도 위협하고 있으며, '고상한 부르주아 세계'가 겪는 정신적 고통 못지않게 심각한 갈등 상황을 만들어 내고 있다.

성의 위기는 더는 '유산계급'만의 문제가 아니다. 성 문제는 사회의 다수인 노동계급의 일상생활에도 영향을 미친다. 따라서 이처럼 중요하면서도 시급한 주제가 왜 이토록 소홀하게 취급되고 있는지 이해하기 어렵다. 이런 무관심은 용서할 수 없다. 노동계급이 미래의 '포위된 성채'를 공격하는 데서 직면하는 과제 하나는 의심할 여지 없이 남성과 여성 사이에 더 건강하고, 더 기쁨이 넘치는 관계를 정립하는 과제다.

노동계급의 본질적 과제 가운데 하나인 이 문제에 이토록 무관심한 것은 근본적으로 무엇 때문일까? '성 문제'를 집단적 관심이나 노력을 기울일 가치가 없는 '개인적 문제'의 영역으로 치부해 버리는 이런 위선적 태도를 어떻게 납득할 수 있을까? 역사에서 사회적 투쟁의 변함없는 특징 하나가 남성과 여성의 관계와 이 관계를 규정하는 도덕률을 변화시키려는 시도였다는 사실은 왜 무시돼 온 것일까? 또 어떤 사회집단에서 개인 간의 관계가 조직되는 방식이 적대적 사회 계급 사이에서 벌어지는 투쟁의 결과에 매우 중대한 영향을 미쳤다는 사실은 왜 무시돼 온 것일까?

우리 사회의 비극은 단지 일반적 행동 형태와 이 행동을 규정하는 원칙이 붕괴하고 있다는 것만이 아니다. 새로운 생활을 시도하는 자생적 물결이 사회구조의 내부에서 발전하고 있지만 그것이 사람들에게 심어 주고 있는 희망과 이상이 아직은 이뤄질 수 없다는 것도 비극이다.

우리가 사는 세상은 사람들 사이의 관계가 재산을 매개로 이뤄지고 계급 갈등이 첨예하며 개인주의적 도덕이 지배하는 사회다. 여전히 우리는 피할 수 없는 정신적 외로움에 무겁게 짓눌린 채 살며 생각한다. 우리는 떠들썩한 소음과 사람들로 가득 찬 도심이나 친한 친구와 직장 동료와의 모임에서조차 이런 '외로움'을 느낀다. 외로움 때문에 사람들은 이성 가운데서 '영혼의 짝'을 발견하고자 하는 환상에 이기적이고 비정상적인 방식으로 집착하기 쉽다. 사람들은 피할 수 없는 우울한 외로움을 잠시라도 잊게 해 주는 유일한 수단으로 장난꾸러기 에로스를 찾는다.

오늘날처럼 사람들이 줄곧 극심한 정신적 외로움에 시달리는 시대는 결코 없었을 것이다. 사람들이 이토록 우울해하고 이토록 심하게 외로움에 마비된 적은 결코 없었을 것이다.

그럴 수밖에 없다. 어둠은 터널 끝에 환한 빛이 보일 때 가장 어두워 보이는 법이다.

'개인주의자'들은 다른 개인들과 느슨하게만 집단을 이루지만 이제 자신들이 맺고 있는 성적 관계를 맹목적이고 생리적인 것이 아니라 우애와 유대라는 새로운 원칙에 근거하는 것으로 바꿀 수 있는 기회를 맞이했다. [그러나] 오늘날 개인주의적 소유의 도덕은 사람들을 옴짝달싹 못하게 억압하는 것임이 아주 명백히 드러나기 시작했다. 현대인은 성적 관계에서 나타나는 특징을 비판하면서 단지 현재 도덕률에 따른 낡은 행동 방식을 거부하는 수준을 훨씬 넘어서고 있다. 그의 외로운 영혼은 성적 관계의 본질 자체를 쇄신하고 싶어 한다. 현대인은 오늘날 '개인주의자'들이 겪는 우울한 영혼의 외로움을 쫓아 버릴 수 있는 유일한 힘인 '위대한 사랑', 즉 따뜻하고 뭔가 새로운 관계를 애타게 갈구한다.

성의 위기는 주로 외적인 사회·경제적 관계의 결과이지만, 부르주아 지배 이데올로기가 조장하는 우리의 '고상한 개인주의적 심리'도 무시할 수 없는 요인이다. 독일 작가 마이젤헤스가 썼듯이 오늘날 사람들은 '사랑할 수 있는 능력'이 약해졌다. 남성과 여성은 모두 다른 사람을 통해서 커다란 정신적·육체적 즐거움을 얻는 수단을 발견하기를 바라며 서로를 찾는다. 결혼한 관계이든 결혼하지 않은 관계이든 마찬가지다. 그들은 다른 사람의 내면에서 어떤 일이 일어나고 있는지, 남의 감정과 심리에서 무슨 일이 일어나고 있는지 거의 생각하지 않는다.

우리 시대의 특징인 이 '설익은 개인주의'가 성적 관계가 형성되는 방식에서만큼 적나라하게 드러나는 데도 없을 것이다. 외로움에서 벗어나려는 사람은 '사랑한다'는 것이 곧 다른 사람의 영혼에 대한 권리(친밀감과 이해라는 소중한 축복의 빛을 통해 따스함을 느낄 수 있는 권리)를 갖는 것이라고 생각한다. 우리 개인주의자들은 '자아'에 대한 끊임없는 숭배로 감정이 못쓰게 됐다. 우리는 자신의 것을 전혀 포기하지 않고도 가까운 이와 '위대한 사랑'에 빠지는 행복에 이를 수 있다고 생각한다.

우리는 자신의 '파트너'에게 모든 것을 절대적으로 요구한다. 우리는 사랑의 가장 간단한 규칙, 즉 상대방을 아주 사려 깊게 대해야 한다는 규칙조차 따르지 못한다. 남성과 여성의 관계에 대한 새로운 개념은 이미 윤곽이 잡혀 가고 있다.

이 새로운 개념은 우리가 완전한 자유와 평등, 진정한 우정이라는 생경한 생각에 바탕을 두는 관계를 이룰 수 있도록 가르쳐 줄 것이다. 그러나 그 전까지는 인류는 정신적 외로움 속에 떨어야 하며, 사람들 사이의 모든 관계가 '태양신'의 빛에 따뜻해지고, 유대감을 갖게 되며, 새로운 생활 조건에서 교육받을 '더 나은 시대'에 대해서 상상만 할 수밖에 없다.

성의 위기는 인간의 심리가 근본적으로 바뀌지 않는다면, 또 사랑할 수 있는 능력이 개선되지 않는다면 해결될 수 없다. 그리고 인간의 심리가 개선되려면 사회·경제적 관계가 공산주의 노선에 따라 근본적으로 바뀌어야 한다. 이것은 '오랜 진리'이지만 다른 대안은 없다.

성의 위기는 사람들이 어떤 종류의 결혼이나 개인적 관계를 시도하더라도 결코 완화되지 않을 것이다.

온갖 형태의 성매매를 언급하지 않더라도 역사에서 개인 간 관계가 지금처럼 다양한 적은 없었다. '안정적 가족'을 이루는 영속적 결혼, '자유로운 결합', 은밀한 간통, 처녀가 아주 공개적으로 자신의 연인과 동거하는 이른바 '방종한 결혼', 두 사람 간의 결혼, 세 사람 간의 결혼, 심지어 네 사람 간의 복잡한 결혼 등. 한편 농촌에서는 두 개의 도덕률, 즉 오래된 씨족적 생활 방식과 발전하는 부르주아 가족이 혼재돼 공존하는 것도 볼 수 있다. 그래서 '처녀들의 집'을* 여전히 용인하는 태도가 불

---

* 전통적 러시아 촌락에서는 젊은 처녀들이 종종 함께 모여 낡은 오두막집이나 방 하나만을 빌리곤 했다. 그들은 저녁이면 그곳에 모여 이야기나 바느질, 노래 등을 했다. 그들이 벌이는 흥겨운 모임에는 청년들이 합류하곤 했다. 상반된 견해가 있지만, 이런 모임은 난교 파티가 되기도 한 듯하다 — 지은이.

륜, 즉 며느리와 동침하는 것은* 이제 잘못된 일이라는 태도와 공존하는 것을 볼 수 있다.

오늘날 개인 관계의 이런 모순되고 혼란스런 형태들에 직면해 사람들이 도덕적 권위에 대한 신념을 유지할 수 있고, 이런 모순을 이해할 수 있고, 이런 상충하고 어긋나는 도덕률 사이를 이리저리 헤쳐 나갈 수 있다는 것은 놀라운 일이다. 흔히 볼 수 있는 정당화("나는 새로운 도덕에 따라 산다")조차 아무에게도 도움이 되지 못한다. 새로운 도덕은 아직 형성되는 과정에 있기 때문이다. 우리의 과제는 오늘날의 혼란스런 성 규범으로부터 진보적이고 혁명적인 계급의 정신에 부합하는 도덕의 윤곽을 끌어내 그 원칙을 명확히 하는 것이다.

'성의 위기'는 앞에서 언급한 현대인의 심리적 약점(극단적 개인주의, 유행이 돼 버린 이기주의) 외에도 현대인의 다음과 같은 두 가지 심리적 특성 때문에 더 악화한다. (1) 배우자를 '소유한다'는 생각. (2) 남성과 여성은 불평등하고, 성의 영역을 포함한 모든 영역과 모든 측면에서 이런 불평등이 당연하다는 믿음.

부르주아 도덕은 전적으로 사유재산에 기초한 내향적이고 개인주의적인 가족을 통해 한 사람이 다른 한 사람을 완전히 '소유'해야 한다는 생각을 면밀히 발전시켜 왔다. 이것은 아주 성공적이었다. 이 '소유'라는 생각은 과거보다 지금 더 강하게 결혼 관계에 침투했다.

'씨족'의 테두리 안에서 전개된 긴 역사 시기 동안 남편이 아내를 소

---

* 봉건시대 러시아에서는 가장이 자신의 지위를 이용해 가족공동체의 젊은 여성, 특히 자신의 며느리를 첩으로 삼는 경우가 있었다.

유한다는 생각(아내가 남편을 당연히 소유한다고는 결코 생각할 수 없었다)은 단순히 육체적 소유를 넘어서지 않았다. 아내는 육체적으로 정조를 지켜야 했지만, 그녀의 영혼은 자기 것이었다. 기사들조차 아내가 정신적 교감을 나누는 친구와 찬미자를 둘 수 있는 권리와 다른 기사와 음유시인한테서 '헌신적 사랑'을 받을 수 있는 권리를 인정했다. '파트너'의 육체뿐 아니라 감정까지 완전히 소유한다는 원리를 면밀히 발전시킨 것은 바로 부르주아지다. 그 결과 그들은 소유권의 개념을 타인의 정신과 감정 세계 전부에 대한 권리까지 포함하는 것으로 확대했다. 이렇게 해서 가족 구조는 부르주아 계급이 사회를 지배하기 위해 투쟁하던 시기에 강화되고 안정됐다. 우리가 우리의 유산으로 받아들이고 변치 않는 절대적 도덕으로 생각하는 이상이 바로 이런 것이다!

'소유'라는 생각은 '법적 결혼'의 영역에만 국한되지 않고 그보다 훨씬 더 멀리 나아간다. 그것은 가장 '자유로운' 사랑의 결합에서도 피할 수 없는 요소로 느껴진다. 현대의 연인들은 자유를 대단히 존중하지만 자신들이 사랑하는 사람이 육체적으로 바람피우지 않는다는 것을 확인하는 것만으로는 만족하지 못한다. 영원한 외로움의 위협에서 벗어나기 위해 우리는 잔인하고 배려심 없는 태도로 사랑하는 사람의 감정을 차지하기 위한 '공격을 감행한다.' 미래의 세대는 이런 태도를 이해하지 못할 것이다. 우리는 사랑하는 사람의 비밀을 속속들이 모두 알 권리를 요구한다. 현대의 연인은 '정신적' 부정不貞보다 육체적 부정을 더 쉽게 용서한다. 자신들의 '자유로운' 관계 바깥에서 경험하는 감정은 모두 자기만의 보물을 잃어버리는 것으로 여긴다.

'사랑에 빠진' 사람들은 파트너와 제3자의 관계에 대해 배려심이라고는 도무지 찾아보기 어렵다. 우리 모두 이런 묘한 상황을 본 적이 있을 것이다. 서로 사랑하는 두 사람이 서로를 제대로 알기도 전에, 상대방이 그때까지 형성해 온 모든 관계에 대해 권리를 행사하려 하고 상대방 삶의 가장 내밀한 곳까지 들여다보려고 서두르는 상황 말이다. 어제까지 서로 모르던 두 사람이 한순간의 에로틱한 교감 속에 결합해서는 타인의 깊숙한 내면에 도달하기 위해 성급히 서두르는 꼴이다. 그들은 분명한 내력이 있는 이 괴상하고 혼란스러운 심리가 자아의 확장이라고 믿고 싶어 한다.

부부가 서로를 소유한다는 생각은 아주 당연한 것으로 여겨져서 어제까지 각자 별개의 삶을 살던 젊은 부부가 오늘은 서로 상대방 앞으로 온 편지를 당당하게 열어 보고, 한쪽만의 친구인 제3자의 이야기를 공유한다. 이런 행동을 뭔가 비정상적이라고 여기는 사람은 거의 없다. 그러나 이런 종류의 '친밀함'은 오랫동안 삶을 함께해 왔을 때만 가능한 법이다. 대개 어떤 진실하지 못한 친밀감이 이런 진정한 감정을 대신하게 되며, 두 사람 사이에 육체관계가 이뤄지면 상대방의 감정까지도 소유할 수 있다는 그릇된 생각에 스스로를 속이게 된다.

남성과 여성의 '불평등'(권리의 불평등, 육체적·감정적 경험에 대한 불공정한 평가)은 현대인의 심리를 왜곡하는 또 다른 중요한 요인이며, '성의 위기'를 심화시키는 한 원인이다. 봉건 사회와 부르주아 사회 둘 모두에 내재한 '이중 도덕'은 오랫동안 남성과 여성의 심리에 악영향을 미쳤다. 이런 태도는 우리에게 너무 깊은 영향을 미쳐서 부르주아 이데올로기에서만 유래한, 사람을 소유한다는 생각보다도 떨쳐 버리기가 더 힘들다.

남성과 여성이 심지어 육체적·정신적 경험의 영역에서도 불평등하다는 생각 때문에 같은 행동도 남녀 가운데 누가 했느냐에 따라서 달리 여겨진다. 오늘날의 도덕률 전체를 이미 오래전에 배격한 가장 '진보적'인 부르주아조차 이 문제에 걸려 넘어진다. 그들 역시 같은 행동을 남성인지 여성인지에 따라 다르게 판단할 것이기 때문이다.

이 점은 간단한 예만으로도 충분히 알 수 있다. 박식하고 정치·사회 활동도 하는 한 중간계급 지식인(즉 '저명인사'나 심지어 '공인公人')이 자신의 가정부와 동침하기 시작하고(드문 일은 아니다) 심지어 그녀와 법적 결혼까지 한다고 생각해 보자. 부르주아 사회는 이 남성에 대한 태도를 바꿀까? 그 사건으로 사람들이 그의 도덕관을 조금이라도 의심하게 될까?

당연히 아니다. 이제 또 다른 상황을 생각해 보자. 부르주아 사회에서 존경받는 여성(명망가, 학자, 의사나 작가라도 마찬가지다)이 자신의 하인과 사귀다 급기야 결혼까지 한다고 생각해 보자. 부르주아 사회는 지금까지 '존경받던' 이 여성의 행동에 어떻게 반응할까? 당연히 그녀를 '경멸'로 에워쌀 것이다! 그리고 만약 하인인 그녀의 남편이 잘생기거나 다른 '신체적 자질'이라도 있다면 훨씬 더 지독한 험담이 쏟아질 것이다. 위선적인 부르주아지는 "그녀가 무엇에 빠졌는지 뻔하네" 하고 비웃을 것이다.

만약 여성이 얼마간 '개인적'으로 이런 선택을 할 경우 부르주아 사회는 그녀를 용서하지 않을 것이다. 이런 태도는 어떤 의미에서는 씨족 시대의 전통과 비슷하다. 여성이 선택을 할 때 사회는 여전히 그녀에게 자신의 계급과 신분, 가족의 명령과 이해관계를 고려할 것을 요구한다. 부르주아 사회는 여성을 가정의 의무와 미덕이라는 고립된 영역을 벗어난,

자신의 가족 단위와 별개인 독립적 개인으로 보지 않는다.

현대 사회는 여성을 통제하고 여성이 결혼뿐 아니라 연애도 자신에게 '합당'한 사람하고만 하도록 강요한다는 점에서 고대 씨족사회보다 훨씬 더 멀리 나아갔다.

정신적으로나 지적으로나 대단한 자질을 지닌 남성이 정신적 능력이 자신보다 못한 보잘것없는 여성을 평생 반려자로 선택한 경우를 종종 본다. 우리는 이것을 정상으로 받아들이며 크게 신경 쓰지 않는다. 기껏해야 친구들이 어쩌다 그런 아내를 얻었냐며 동정하는 정도일 것이다. 그러나 만약 정반대의 사건이 일어난다면 우리는 호들갑스럽게 걱정하며 떠들어 댈 것이다. "그 여자처럼 빼어난 사람이 어떻게 그 따위 하잘것없는 남자에게 빠질 수 있지? 실망인걸."

이런 이중 잣대는 어디서 비롯하는 것일까? 그 이유는 무엇일까? 의심할 여지 없이 남성과 여성의 '평가 기준이 다르다'는 생각이 수 세기에 걸쳐 인간 심리의 일부를 이루게 됐기 때문이다. 우리는 흔히 어떤 여성을 그녀의 육체적·감정적 경험과 무관하게 개인적 장단점을 지닌 한 인격체로 여기기보다 단지 한 남성의 부속물로 여긴다. 남편이든 애인이든 이 남성의 인격이 그녀를 비춰 주는 후광이며, 우리는 여성 자신이 아니라 바로 이런 후광을 통해 그녀의 정서적·도덕적 자질을 제대로 알 수 있다고 생각한다. 사회의 눈으로 보면 남성의 인격은 성의 영역에서 그가 하는 행동과 더 쉽게 분리될 수 있다. 반면, 여성의 인격은 거의 전적으로 그녀의 성생활과 관련해 판단된다. 이런 태도는 여러 세기에 걸쳐 사회에서 여성이 해 온 구실에서 유래하는 것이고, 지금에야 이런 태도에 대한 재평가가 조금이나마 천천히 이뤄지고 있다.

여성의 경제적 구실이 변화하고 여성이 생산에 독립적으로 참여해야만 이런 위선적이고 그릇된 생각이 약화될 수 있고 또 그렇게 될 것이다.

현대인의 심리를 왜곡하는 세 가지 기본 요인(극단적 이기주의, 부부가 서로를 소유한다는 생각, 육체적·감정적 경험과 관련해 남녀 불평등을 용인하는 것)은 성 문제가 해결되려면 반드시 대면해야 할 문제다. 사람들의 심리에 '배려심'이 충만해져야만, 사람들이 사랑할 수 있는 능력이 더 커져야만, 개인적 관계가 자유로워져야 한다는 생각이 실제 현실이 돼야만, '동지애'라는 원리가 '불평등'과 예속이라는 전통적 관념을 대체해야만 비로소 사람들은 지금의 상황에서 벗어날 '마법의 열쇠'를 발견하게 될 것이다. 성 문제는 우리의 심리가 이렇게 근본적으로 재교육되지 않고는 해결될 수 없다.

그러나 이것은 너무 거창한 얘기가 아닐까? 이런 제안은 공상적이고 근거가 없으며 … 한낱 꿈꾸는 이상주의자의 순진한 생각이 아닐까? 솔직히 말해 어떻게 당신이 인류의 '사랑할 수 있는 능력'을 높일 수 있겠는가? 아득한 옛날부터 부처와 공자, 예수를 비롯한 모든 나라의 현자들이 그 일에 매달려 오지 않았던가? 그럼에도 인류의 '사랑할 수 있는 능력'이 커졌다고 누가 말할 수 있는가? 성의 위기를 해결하겠다는 이런 종류의 선의의 백일몽은 단지 무능함을 시인하는 것이고 '마법의 열쇠'를 찾으려는 노력을 더는 하지 않겠다는 뜻이 아닐까?

실제로 그럴까? 우리의 심리와 성적 관계에 대한 태도를 근본적으로 재교육한다는 것은 전혀 가능할 법한 이야기도 아니고 현실과 동떨어진 이야기일까? 오히려 반대로, 거대한 사회·경제적 변화가 이뤄지는 동안, 우리가 지금까지 이야기한 것에 부합하는 심리적 경험의 새로운 토대를 정립하며 또 그것을 요구하는 조건들이 창출되고 있다고 말할 수는 없는 것일까? 부르주아지와 그들의 이데올로기와 개인주의적 성도덕을 대체할 새로운 사회집단인 또 다른 계급이 전면에 등장하고 있다. 이 진보적 계급은 세력이 성장하면서 사회 계급으로서 자신들이 겪는 문제들과 밀접히 연관돼 형성되는 남성과 여성의 관계에 관한 새로운 생각들을 반드시 발전시킬 것이다.

현재 우리의 눈앞에서 벌어지는 사회·경제적 관계들의 복잡한 변화는 사회생활에서 여성이 하는 구실에 대한 우리의 생각을 변화시키고 있고, 부르주아지의 성도덕을 약화시키고 있다. 그리고 이런 변화는 다음과 같은 두 가지 모순된 결과를 낳고 있다.

한편으로 우리는 변화하는 새로운 사회·경제적 조건에 적응하려는 인류의 지칠 줄 모르는 노력을 목격한다. 그것은 '낡은 형식'을 새로운 내용으로 채워 보존하려는 시도(가령, 상대방의 자유를 실제로는 인정하면서도 겉으로는 엄격한 일부일처제의 영속적 결혼 형식을 준수하는 것)에서나 부르주아 결혼의 도덕률을 이루는 모든 요소를 담고 있지만 형식은 새로운 관계를 수용(가령, 배우자에 대한 강박적 소유욕이 법적 결혼보다 더 강한 '자유로운 결합'의 경우)하는 데서 잘 나타난다.

다른 한편으로 우리는 외형뿐 아니라 그 정신에서도 낡은 규범들과 다른 새로운 형태의 남녀 관계가 서서히 그러나 지속적으로 나타나는 것을 본다.

인류가 아주 확신에 차서 이런 새로운 이상을 향한 길을 모색하고 있는 것은 아니지만, 지금 당장 그런 시도가 아무리 모호할지라도 이에 주목할 필요가 있다. 왜냐하면 그것은 미래의 '포위된 성채'를 함락

할 계급인 프롤레타리아의 과제들과 밀접히 연결돼 있는 시도이기 때문이다. 만약 모순적이고 혼란스런 성 규범들의 복잡한 미로에서 더 건강한 남녀 관계가 시작하는 것을 보고 싶다면, 고상한 개인주의 심리를 가진 부르주아지의 교양 있는 동네를 떠나 다닥다닥 붙은 노동계급의 주거지로 시선을 돌려야 할 것이다. 거기서는 자본주의의 끔찍하고 비참한 모습, 슬픔과 분노가 존재하는 가운데서도 삶의 활기가 샘솟고 있다.

자본주의에 무자비하게 착취당하면서 가혹한 경제적 조건의 압력 아래 살아가야 하는 프롤레타리아의 생활에서 방금 언급한 이중 과정을 볼 수 있다. 즉, 현실에 대한 수동적 적응 과정과 능동적 대립 과정을 모두 볼 수 있다.

자본주의의 파괴적 영향은 노동자 가족의 토대를 흔들고 현재 조건에 무의식적으로 적응할 수밖에 없게 만든다. 이 때문에 노동계급도 남성과 여성의 관계가 다른 사회 계급과 별 다를 게 없다. 노동자는 저임금에 시달려 어쩔 수 없이 늦게 결혼하는 경향이 있다. 20년 전에는 보통 22~25살에 결혼했다면, 지금은 30살쯤에나 가정을 꾸린다. 문화적 욕구가 높을수록(문화생활을 하고, 극장과 강연에 가고, 신문과 잡지를 읽고, 투쟁과 정치 활동에 참여하고, 예술이나 독서 같은 취미 생활에 여가를 할애하는 기회를 소중하게 생각할수록) 더 늦게 결혼하는 경향이 있다. 그러나 육체적 욕구는 재정 상황을 고려해 주지 않는다. 그것은 끊임없이 우리 몸속에서 꿈틀거린다. 노동계급의 독신자들은 중간계급의 독신자들과 마찬가지로 성욕의 배출구로 성매매를 찾게 된다. 이것은 노동계급이 자신들의 열악한 생존 조건에 수동적으로 적응하는 한 예다.

또 다른 예를 들어 보자. 노동자가 결혼을 하면, 저임금 때문에 노동자 가족은 부르주아 가족처럼 출산을 '조절'할 수밖에 없다. 빈번한 영아 살해, 성매매의 증가 따위는 모두 동일한 과정을 나타낸다. 이것은 모두 자신을 둘러싼 현실에 노동계급이 적응하는 것을 보여 주는 예다. 그러나 이런 과정은 단지 프롤레타리아만의 특징이 아니다. 자본주의의 세계적 발전 과정에 구속받는 다른 모든 계급과 부문도 이렇게 반응한다.

억압적 현실에 적응하기보다 그에 맞서 저항하는 능동적이고 창조적인 힘의 작동과 남성과 여성의 새로운 관계를 꿈꾸는 새로운 이상과 시도에 관한 이야기로 넘어가야만 노동계급의 변별성이 드러난다. 오직 노동계급 내에서만 이런 능동적 저항이 형태를 갖춰 가고 있다.

물론 다른 계급과 부문(특히, 사회적 생활환경이 노동계급과 가장 밀접한 중간계급 지식인)이 진보적 노동계급이 발전시키는 '새로운' 형태들을 수용하지 않는다는 뜻은 아니다. 부르주아 계급은 자신들의 생기 없고 무기력한 모습의 결혼에 새로운 숨을 불어넣으려는 본능적 욕망에 따라 노동계급의 '새로운' 생각에 달려든다. 그러나 노동계급이 발전시키는 성도덕의 이상과 도덕률은 부르주아지의 계급적 필요에 부응하지 않는다. 그것은 노동계급의 요구를 반영하며, 따라서 노동계급이 벌이는 사회적 투쟁의 새로운 무기 구실을 한다. 그것은 부르주아지의 사회적 지배를 이루는 토대를 약화시키는 데 도움이 된다. 이 점을 예를 통해서 명확히 해 보자.

영속적 결혼을 더 자유롭고 더 쉽게 헤어질 수 있는 민사혼으로 대체하려는 중간계급 지식인들의 시도는 부르주아 사회의 안정을 이루는 매우 중요한 토대를 파괴한다. 그것은 소유 지향적 일부일처제 가족을 파괴한다.

한편, 남성과 여성의 관계가 더욱 자유로워지는 것은 노동계급의 기본 과제 가운데 하나이며 그것의 간접적 결과이기도 하다. 결혼에서 '순종'이라는 요소를 거부하는 것은 부르주아 가족의 마지막 인위적 족쇄를 파괴할 것이다. 노동계급의 어떤 이가 다른 이에게 '순종'하는 행위는 소유욕에 기반한 관계와 마찬가지로 프롤레타리아의 심리에 나쁜 영향을 끼친다. 자주적이고 혁명적인 계급의 대표가 특정 구성원들로만 '고정'되는 것은 계급의 이익에 어긋난다. 이런 대표들의 의무는 파편화된 개별 가족의 이익보다 계급의 이익을 우선시하는 것이기 때문이다.

파업이나 활발한 투쟁의 시기에 계급의 이익과 가족의 이익이 충돌한다는 사실과 프롤레타리아가 그런 사건들을 바라보는 도덕적 잣대는 새로운 프롤레타리아 이데올로기의 토대를 충분히 입증하는 분명한 증거다.

어떤 사업가가 기업의 재정이 어려운 시기에 자기 가족의 일 때문에 회사 자금을 빼내는 상황을 가정해 보자. 부르주아 도덕은 그의 행위를 분명히 다음과 같이 평가할 것이다. "가족의 이익이 우선이다." 이것을 파업 기간에 가족을 굶기지 않으려고 동료들을 저버리고 출근하는 파업 파괴자에 대한 노동자들의 다음과 같은 태도와 비교해 볼 수 있다. "계급의 이익이 우선이다." 여기 또 다른 예를 들어 보자. 중간계급 남편이 자기 가정에 쏟는 애정과 충실함은 그의 아내를 바깥일에 전혀 무관심하게 만들 수 있다. 그 결과 그녀는 육아와 부엌일에만 매달리게 될 것이다. 부르주아지는 이것을 "이상적 남편만이 이상적 가정을 유지할 수 있다"는 식으로 볼 것이다.

그러나 노동계급의 '의식 있는' 구성원이 아내나 여자 친구를 사회적 투쟁에 눈감도록 만든다면 노동자들은 어떤 시선으로 그를 바라볼까? 개인의 행복을 위해서, 가족을 위해서, 노동계급의 도덕은 여성이 가정 밖에서 펼쳐지는 삶에 참여하기를 요구할 것이다. 여성이 가정에 '갇혀 있는 것', 가족의 이익을 다른 모든 것 앞에 놓는 태도, 아내에 대한 남편의 절대적이고 광범위한 소유권 행사, 이 모든 것은 '동지적 연대'라는 노동계급 이데올로기의 기본 원칙에 의해 깨져 가고 있다. 같은 계급 내에서 어떤 구성원은 다른 구성원보다 불평등하며 그들에게 복종해야 한다는 생각은 동지애라는 프롤레타리아의 기본 원칙과 모순되는 것이다.

동지애라는 이 원칙은 노동계급 이데올로기의 기본이다. 그것은 발전하는 프롤레타리아 도덕 전체에 영향을 미치고 결정짓는데, 이 도덕은 남성이 긍정적 감정을 지닐 수 있도록, 소유욕에 얽매이는 대신 자유를 느낄 수 있도록, 불평등과 복종 대신 동지애를 바탕으로 할 수 있도록 그의 인격을 재교육하는 데 도움을 준다.

경제성장과 물질문명이 진보한 결과로 발전하는 새로운 계급은 모두 인류에게 적합한 새로운 이데올로기를 제공한다는 것은 오랜 진리다. 성 행동의 규범 역시 이런 이데올로기의 일부다. 그러나 프롤레타리아 성도덕은 단지 '상부구조'일 뿐이며 따라서 사회의 경제적 토대가 바뀌기 전까지는 이 영역에서 어떤 변화의 여지도 없다는 낡아 빠진 생각을 비판하기 위해서는 '프롤레타리아 윤리'나 '프롤레타리아 성도덕'에 대해 다음과 같은 것을 지적할 가치가 있다. 그런 낡은 생각에 따른다면,

어떤 계급의 이데올로기는 사회·경제적 관계가 완전히 붕괴해서 그 계급의 지배가 보장될 때만 형성될 것이다! 역사의 모든 경험은 모든 사회집단이 적대적 사회 세력들과 투쟁하는 과정에서 자신의 이데올로기를 만들어 내며, 따라서 성도덕도 마찬가지라는 점을 알려 준다.

계급의 필요에서 창조되고 그에 부응하는 새로운 정신적 가치들이 있어야만, 그 계급은 자신의 사회적 입지를 강화할 수 있을 것이다. 이런 새로운 규범과 이상을 견지해야만 그 계급은 적대적 사회집단들로부터 권력을 성공적으로 쟁취할 수 있을 것이다.

노동계급의 특수한 이익을 반영할 수 있는 도덕의 기본 척도를 찾고 새롭게 발전하는 성 규범들이 그런 기준에 부합하는지 살펴보는 것, 이것이 바로 노동계급의 이론가들이 착수해야 할 과제다.

사회에서 진행 중인 창조의 과정과 새롭게 형성되고 있는 요구·이상·규범을 파악할 때만, 진보적 계급의 성도덕의 토대를 명확히 인식할 때만, 비로소 성적 관계를 둘러싼 혼란과 모순을 분별할 수 있을 것이고, 또 성의 문제들로 단단하게 엉킨 매듭을 풀 수 있는 실마리를 발견할 수 있을 것이라는 점을 이해해야 한다.

우리는 노동계급의 문제들에 부합하는 성 도덕률만이 노동계급의 전투성을 강화하는 데 중요한 무기 구실을 할 수 있다는 것을 명심해야 한다. 역사의 경험은 우리에게 이 점을 풍부하게 가르쳐 준다. 공산주의 체제와 더 깊이 있고 더 즐거운 새로운 남녀 관계를 창출하려 투쟁하는 노동계급을 위해 우리가 이 무기를 사용하는 것을 감히 무엇이 막을 수 있겠는가?

공산주의와 가족

알렉산드라 콜론타이

공산주의 국가에서 가족이 존속할까요? 또 지금과 똑같은 모습일까요? 이 질문은 노동계급 여성의 고민거리이자 그들의 동지인 남성도 고민하는 문제입니다. 최근 들어 이 문제는 특히 모든 노동계급 여성의 근심거리인데, 전혀 놀랍지 않은 일입니다. 바로 우리 눈앞에서 삶이 변하고 있기 때문입니다. 과거의 관습과 풍속은 점차 사라지고, 노동계급 가족의 삶 자체가 지금 매우 새롭고 매우 낯설고 너무나 '기이'해 예측 불가능한 방식으로 발전하고 있습니다.

소비에트 러시아에서 이혼이 훨씬 쉬워졌다는 사실도 오늘날 여성을 더욱 난처하게 만듭니다. 사실 인민위원회가 1917년 12월 18일에 공포한 포고령 덕분에 이혼은 더는 부자만의 전유물이 아닙니다. 앞으로 노

출처: 1918년 모스크바 여성 노동자·농민 대회 연설.

동계급 여성은 자신을 상습적으로 구타하는 난폭한 술주정뱅이 남편과 갈라설 이혼 증명을 받으려고 몇 달, 심지어 몇 년을 기다릴 필요가 없게 됐습니다. 이제 이혼은 기껏해야 1~2주 안에 원만히 처리됩니다.

그러나 결혼 생활이 불행한 여성들만 이런 간편한 이혼을 매우 반길 뿐 다른 여성들, 특히 자기 남편을 '가장'으로 여기고 의지한 사람들이나 여성이 이런 도움을 다른 곳, 다시 말해 이제는 개별 남성이 아니라 사회와 국가에서 찾아야 한다는 점을 아직 이해하지 못하는 사람들은 기겁했습니다.

모계가족부터 오늘날 가족까지

진실을 외면하는 것은 부질없는 짓입니다. 남존여비를 규범으로 삼은 옛 가족, 여성한테 자기 의지나 시간이 허용되지 않는 그런 가족은 지금 나날이 바뀌고 있고, 거의 사라졌습니다. 그러나 이런 상황에 불안해할 필요가 없습니다. 실상 모든 것이 변화하고 있는데도 우리와 관련된 것들은 결코 변하지 않으리라고 굳게 믿는다면 그것은 그저 착각이거나 무지한 것입니다. 흔히들 "늘 그래 왔듯, 앞으로도 그럴 것"이라고 하는데 이보다 틀린 말도 없습니다! 사람들이 과거에 어떻게 살았는지 살펴보기만 해도 모든 것은 변하기 마련이고, 어떤 관습이나 정치조직, 도덕도 변치 않거나 신성불가침한 것은 없다는 것을 곧바로 알 수 있습니다.

인류 생활의 여러 시기에 걸쳐 가족 형태는 계속해서 바뀌었습니다. 과거의 가족은 오늘날 우리가 흔히 보는 가족과 매우 달랐습니다. 모계의 확대가족만 규범으로 삼은 때도 있었습니다. 이런 모계가족은 연장자인 어머니를 중심으로 자식, 손자·손녀, 증손자·증손녀가 집단을 이뤄 공동으로 생활하고 일했습니다. 가부장 가족만을 유일한 규범으로 여긴 때도 있었습니다. 이 경우 가족은 가장인 아버지의 통솔을 받았고 그의 말은 모든 가족한테 법과 같았습니다. 오늘날까지 그런 농민 가족을 러시아의 시골 마을에서 찾아볼 수 있습니다. 사실 농촌의 도덕과 가족 풍습은 도시 노동계급과 다릅니다. 그리고 도시 노동자 가족한테는 이미 사라진 여러 풍습이 농촌에는 지금도 남아 있습니다.

가족의 형태와 풍습은 민족마다 다르기도 합니다. 예를 들어 터키, 아랍, 페르시아 사람처럼 일부 민족은 남성이 아내를 여러 명 두는 것을 법적으로 허용합니다. 여성이 남편을 여러 명 두는 것을 허용하는 정반대의 풍습이 용인되는 부족도 과거와 현재에 모두 존재합니다. 오늘날 남성은 관습적 도덕에 따라 어린 여성한테 혼전 순결을 요구할 수 있지만, 반대로 여성이 많은 연인을 둔 것을 자랑으로 여기고, 그 수만큼 팔찌나 발찌를 둘러 장식한 부족도 있었습니다.

우리에겐 그저 놀랍고 비도덕적으로 보이는 풍습도 다른 사람들한텐 신성한 것이고, 우리의 법과 풍습이 그들 편에서 보면 '죄악'입니다. 그러므로 가족이 변화를 겪고 낡고 뒤떨어진 과거의 잔재가 차츰차츰 폐기되고 남녀 사이에 새로운 관계가 발전한다는 사실에 기겁할 이유가 전혀 없습니다.

우리는 다음과 같이 질문을 던져야 합니다. "우리 가족제도에서 시대에 뒤진 것은 무엇이고, 남성 노동자와 여성 노동자, 남성 농민과 여성 농민의 관계에서 각각 어떤 권리와 의무가 새로운 러시아, 노동자들의 러시아, 다시 말해 소비에트 러시아에서의 삶과 가장 잘 부합할 것인가?" 이런 새로운 조건에 적합한 것은 유지될 것이고, 다른 모든 낡고 형편없는 것, 다시 말해 지배와 예속의 저주받은 시대로부터 물려받았고 지주와 자본가의 특성에서 비롯한 이 모든 것은 착취계급 자체, 노동계급과 빈민의 적들과 함께 제거될 것입니다.

옛 가족생활은 자본주의에서 이미 파괴됐다

지금 형태의 가족도 과거 유산의 하나일 뿐입니다. 사제의 축성을 받아 맺어진 개별적이고 매우 긴밀히 결속한 가족이 모든 가족 구성원한테 똑같이 필요하던 시절이 있었습니다. 가족이 없다면 누가 아이들을 먹이고 입히고 가르쳤을 것이고, 아이들에게 삶에 대해 조언해 줬겠습니까? 당시 고아가 된다는 것은 정말이지 최악의 운명을 겪게 된다는 뜻이었습니다. 우리는 남편이 돈을 벌어 아내와 자식을 부양하는 가족에 익숙합니다. 아내의 본분은 집안일과 자녀 양육을 전담하는 것이었습니다.

그러나 이미 지난 한 세기 동안 이런 관습적 가족 형태는 자본주의가 지배하는 모든 나라, 무수한 공장과 기타 자본주의 기업이 급속히 성장하며 노동자를 고용하는 모든 나라에서 차츰차츰 파괴됐습니다. 가족을 둘러싼 삶의 조건이 전체적으로 바뀜에 따라 가족 풍습과 도덕도 변화하고 있습니다. 가족 풍습이 완전히 바뀐 가장 큰 이유는 의심할 여지 없이 여성의 임금노동이 보편적으로 확산됐기 때문입니다. 과거에는 가족을 부양하는 사람은 오로지 남성이라고 생각했습니다. 그러나 과거 50~60년 사이에 러시아에서는(다른 나라들에서는 좀 더 이른 시기에) 자본주의 체제의 압력에 떠밀려 여성이 가정 밖에서 유급 일자리를 구해야 했습니다.

3000만 여성이 이중의 부담을 지고 있다

남성 '가장'의 임금만으로는 가족의 생계를 유지할 수가 없어서 주부는 보수를 받는 일자리를 찾아 나설 수밖에 없었고 아이 엄마도 공장 사무실의 문을 두드릴 수밖에 없었습니다. 해마다 가정을 벗어나 공장에 취업하거나 날품팔이, 점원, 사무원, 세탁부, 가정부 일을 시작하는 노동계급 여성이 갈수록 증가했습니다.

제1차세계대전 이전에 작성된 통계에 따르면 유럽과 미국에서 스스로 생계비를 버는 여성은 약 6000만 명이었습니다. 전쟁 동안 이 숫자는 크게 늘었습니다. 이 여성들 가운데 반수 이상이 기혼이니 가정생활이 어떨지(다시 말해 주부와 아이 엄마가 하루 8시간씩, 통근 시간까지 합쳐 10시간이나 집을 비운다면 그 가정생활이 어떨지)는 쉽게 짐작이 갈 것입니다! 가정은 어쩔 수 없이 방치되고 아이들은 어머니로부터 어떤 보살핌도 받지 못한 채 자랍니다. 아이들은 거리에서 대부분의 시간을 보내며 온갖 위험에 노출됩니다.

주부이자 아이 엄마이고 노동자인 여성은 동시에 세 가지 일을 해내려고 무진장 노력을 기울입니다. 그녀는 어느 공업이나 상업 시설에서 자기 남편과 마찬가지로 정규 노동시간을 마쳐야 하고, 그 뒤에도 시간을 짜내어 집안일을 하고 아이들을 돌봐야 합니다. 자본주의는 여성한테 헤어나지 못할 짐을 지우고 짓누릅니다. 자본주의는 여성을 임금노동자로 만들었지만 가사와 육아 부담은 조금치도 줄이지 않았습니다. 그래서 삼중의 견디기 힘든 짐에 짓눌린 채 살아가는 여성들은 고통 속에 숨죽여 흐느끼는 나날을 보내고 있습니다. 여성의 삶은 언제나 고통으로 점철돼 있었지만, 거대한 산업 팽창기를 맞아 자본주의의 굴레에 속박된 오늘날의 수많은 노동계급 여성만큼 그 운명이 불행하고 절망적인 적은 없었습니다.

노동자들이 가족생활 없이도 살 수 있게 됐다

여성의 임금노동이 늘기 시작하면서 가족도 점점 더 해체됐습니다. 남편과 아내가 각자 공장 일에 매여 있고 주부한테 자식들 밥 챙길 시간도 없는데 도대체 무슨 가족생활을 말할 수 있겠습니까! 부모가 하루 종일 밖에 나가 일하느라 자기 아이들과 단 몇 분도 같이 보내지 못하는데 도대체 무슨 가족생활이란 말입니까!

과거 가족생활은 아주 달랐습니다. 집안의 안주인인 아이 엄마는 집에 남아 가사를 돌보고 아이를 기르며 한시도 아이한테서 눈을 떼지 않았습니다. 오늘날 여성 노동자는 공장 경적이 울리기 전에 일터에 도착하려고 이른 새벽부터 서둘러야 하고, 저녁이 되면 또다시 작업 종료 경적이 울리자마자 쏜살같이 집으로 돌아와 가족의 저녁을 준비하고 밀린 집안일을 해야 합니다. 그리고 아주 잠깐 눈을 붙인 뒤 다음 날의 단조로운 일상을 시작합니다. 기혼 여성 노동자의 이런 삶이야말로 노역장이나 다름없습니다! 그러므로 이런 조건 속에서 가족의 유대가 느슨해지고 가족 자체가 갈수록 해체된다는 사실은 전혀 놀라운 일이 아닙니다. 과거에 가족을 단단히 결속하던 모든 것이 조금씩 사라지고, 가족의 안정적 기초도 사라지고 있습니다. 이제 가족 구성원한테든 국가한테든 가족은 불필요한 존재입니다. 이제 옛 가족 형태는 그저 장애물로 취급받고 있습니다.

예전에 가족을 강하게 결속하던 것은 무엇이었을까요? 첫째, 남편과 아이 아빠가 가족을 부양했다는 사실입니다. 둘째, 가정이 가족 구성원 누구한테나 필요했다는 점입니다. 마지막 셋째, 부모가 아이를 키웠다는 점입니다. 이 가운데 오늘날까지 남은 것은 무엇입니까? 이미 살펴봤듯 남편은 더는 가족의 유일한 부양자가 아닙니다. 일하러 나가는 주부도 자기 남편과 마찬가지로 부양자 구실을 떠맡기 시작했습니다. 그녀는 자기 자신뿐 아니라 아이와 남편도 먹여 살릴 수 있게 됐습니다. 이제 가족은 사회의 일차적 경제단위이자 어린아이를 양육하고 가르치는 보호자 구실을 할 뿐입니다. 가족이 이런 일에서도 벗어나게 될까요? 지금부터는 이 문제를 살펴봅시다.

가내노동의 필요성이 사라졌다

과거에 하층계급 여성은 시골에서든 도시에서든 평생을 집안일만 하며 보냈습니다. 여성은 바깥일에 완전히 무지했고 대개 알고 싶어 하지도 않았습니다. 그 대신 여성은 가정 내에서 여러가지 일을 잔뜩 떠맡았고, 그것은 가족뿐 아니라 나라 전체에도 굉장히 필요하고 유용했습니다. 그녀는 여성 노동자나 농민이 지금도 하는 일, 다시 말해 밥하고, 빨래하고, 청소하고, 가족의 옷가지를 정돈하거나 수선하는 일을 모두 했습니다. 그러나 그것이 다가 아니었습니다.

당시 여성은 오늘날에는 더는 하지 않는 많은 일도 해야 했습니다. 양털을 자아 실을 뽑고, 베를 짜고, 옷을 짓고, 양말과 레이스를 뜨고, 수중의 재료를 절이고 훈제해 겨울날 준비를 하고, 양초도 스스로 만들었습니다. 당시에 여성이 할 일은 정말이지 끝이 없었습니다! 이것이 바로 우리의 어머니와 할머니가 살아온 방식입니다. 지금도 교통편이 불편한 벽지의 시골 마을에는 '그리운 옛 시절' 방식대로 변함없이 살아가는 사람들이 있습니다. 이런 곳에서는 여전히 가정의 안주인이 대도시와 인구가 밀집한 산업 지역의 여성 노동자들은 이미 오래전부터 하지 않는 여러 일을 하느라 과중한 부담을 지고 있습니다.

여성 가내노동의 산업적 가치

우리 할머니 시절에 이런 집안일은 굉장히 필요하고 유용했고, 가정의 행복에 기여했습니다. 그래서 가정주부가 이런 집안일에 전념할수록 가정 살림살이는 더 나아지고 집안은 더 정돈되고 풍성해졌습니다. 국가도 얼마간 이런 살림꾼 여성들의 덕을 봤습니다. 당시 여성은 수프와 감자만 요리한 게 아니라 천이나 옷, 버터 등 값나가는 것도 손수 많이 만들었기 때문입니다. 이런 것들은 모두 시장에 팔 수 있었고 가치를 지닌 상품으로 볼 수 있었습니다.

물론 우리 할머니와 증조할머니 시절에는 주부의 노동을 돈으로 환산하지 않았습니다. 그러나 농민이든 노동자든 가릴 것 없이 모든 남성은 '손재주' 있는 여성을 아내로 삼고 싶어 했습니다. 여성의 '가내노동' 없이 남성의 수입만으로 가계를 꾸리기가 쉽지 않았기 때문입니다. 그런데 바로 이 점에서 국민국가의 이해관계와 남편의 이해관계는 같았습니다. 다시 말해, 여성이 집안에서 부지런히 일할수록 천, 가죽, 양모 등 시장에서 팔 온갖 물건을 더 많이 만들어 냈으므로 나라 전체도 경제적으로 더 번성했습니다.

그러나 자본주의는 이런 옛 생활 방식을 모두 바꿔 놓았습니다. 과거 가정에서 생산되던 모든 것이 이제는 공장에서 대규모로 제조됩니다. 주부가 손수 하던 일을 기계가 대신합니다. 지금 어떤 주부가 양초를 직접 만들고, 털실을 뽑고, 베를 짭니까? 이런 물건들은 모두 근처 가게에서 살 수 있습니다. 옛날에는 모든 여자아이가 양말 뜨는 법을 배웠습니다. 요즘 젊은 여성 노동자가 양말 뜨는 것을 본 적 있습니까? 무엇보다 여성한테는 시간이 없습니다. 시간이 곧 돈이기 때문에 아무도 무익한 일에 시간을 낭비하고 싶어 하지 않습니다. 노동자이자 주부인 모든 여성은 이제 자기 시간을 들여 양말을 직접 짜기보다 파는 양말을 구입하는 걸 더 선호합니다. 근처 식료품점에서 절임과 잼을 파는데 구태여 오이를 절이고 잼을 만드는 데 시간을 들일 여성 노동자는 흔치 않습니다. 가게에서 파는 물건의 질이 낮고, 공장에서 만든 식품이 집에서 알뜰한 주부의 손으로 만든 것만 못하더라도, 여성 노동자한테는 자기 집에서 이런 힘든 일을 하는 데 쓸 시간과 여력이 없습니다.

형태야 어찌 됐든, 오늘날 가족은 우리 할머니들이 가정 살림에 없어서는 안 될 것으로 여긴 온갖 가내노동에서 점점 더 벗어나기 시작한 것이 분명한 사실입니다. 옛날에 가정에서 생산되던 것들이 이제 공장에서 남녀 노동자들의 손으로 만들어집니다.

개별적 가사 노동

개별 가족은 소비할 뿐 더는 생산하지 않습니다. 이제 주부가 하는 주된 일은 네 가지입니다. 즉 청소(바닥을 닦고, 먼지를 털어 내고, 물을 데우고, 등잔불을 관리하는 것 따위), 요리(식사 준비), 세탁, 옷가지나 이불 등의 관리(해어진 곳을 깁거나 수선하는 것 따위)입니다.

이런 일은 힘들고 고단한 노동입니다. 이런 일을 하느라 여성 노동자는 자기의 시간과 힘을 몽땅 허비하는데, 그녀는 공장에서도 일해야 합니다. 그러나 이런 노동은 한 가지 중요한 점에서 우리 할머니들이 하던 노동과 다릅니다. 위에 열거한 네 가지 일은 여전히 가족을 유지하는 데 기여하지만, 국민경제의 측면에서 보면 아무 쓸모가 없습니다. 새로운 가치를 만들어 내지도, 나라의 번영에 기여하지도 않기 때문입니다.

여성 노동자는 아침부터 저녁까지 집안을 청소하고, 세탁과 다림질을 하고, 옷가지와 이불 따위를 수선하고 정리 정돈하느라 하루를 헛되이 보냅니다. 변변치 않은 재료로 그럭저럭 먹을 만한 식사를 차려 내려고 부단히 애씁니다. 그런데도 하루를 마치고 종일 가사에 시달린 대가로

손에 쥐는 것은 아무것도 없습니다. 바지런히 손을 놀려 집안일을 해내지만 시장에 팔릴 상품은 아무것도 만들지 못합니다. 여성 노동자가 천 년을 산다 한들 그녀의 일은 언제나 똑같을 것입니다. 선반에는 언제나 치워야 할 먼지가 쌓이고 남편은 집에 돌아오자마자 밥부터 찾고 아이들은 항상 진흙투성이가 돼 돌아옵니다. 가정주부가 하는 일은 갈수록 쓸모없고 비생산적인 것이 됐습니다.

집단적 가사 활동의 싹이 트다

개별적 가사 노동은 사라지고 있습니다. 그것은 점점 더 집단적 가사 활동으로 대체되고 있습니다. 머잖아 여성 노동자는 더는 집안일을 돌볼 필요가 없을 것입니다. 미래 공산주의 사회에서 이런 가사 노동은 그 일만 전문으로 하는 여성 노동자들이 수행할 것입니다. 부잣집 부인들은 이미 오래전에 이런 성가시고 고단한 일에서 벗어났습니다. 왜 여성 노동자는 이런 괴로운 일을 계속해야 합니까? 소비에트 러시아에서는 지금까지 부유한 계급 여성만이 누렸던 편안하고, 밝고, 청결하고, 아름다운 삶을 여성 노동자도 누려야 합니다. 공산주의 사회에서 여성 노동자는 더는 자신의 짧디짧은 여가를 요리하느라 몽땅 허비할 필요가 없을 것입니다. 공산주의 사회에서는 누구나 공공 식당에서 자유롭게 식사할 수 있을 것이기 때문입니다.

이런 시설들은 이미 모든 나라에서, 심지어 자본주의 나라에서도 늘어나고 있습니다. 사실 유럽의 모든 대도시에는 50년 새에 식당과 카페가 날이 갈수록 늘어났습니다. 이런 식당은 우후죽순처럼 생겨났습니다. 그런데 자본주의 체제에서는 지갑이 매우 두둑한 사람만 식당에서 식사할 수 있었지만, 공산주의 사회에서는 원하는 누구라도 공공 식당에서 밥을 먹을 수 있습니다.

세탁이나 다른 집안일도 마찬가지입니다. 여성 노동자는 더는 빨래통을 끼고 살 필요도, 양말을 꿰메고 옷가지를 수선하느라 눈을 혹사할 필요도 없습니다. 이런 세탁물은 매주 모아서 공공 세탁소에 가져다주고 깨끗이 세탁되고 다림질된 것을 찾아오면 됩니다. 이 덕분에 여성의 가사 부담은 대폭 줄어들 것입니다. 마찬가지로 전문 수선소 덕분에 여성 노동자는 지금처럼 고된 일을 하며 저녁을 허비하는 대신 유익한 책을 읽거나 운동을 할 수 있을 겁니다.

그러므로 지금도 여성의 짐으로 남은 네 가지 일은 앞에서 살펴봤듯 공산주의 체제가 확립되면 마찬가지로 곧 사라질 것입니다. 그리고 여성 노동자는 이것을 조금도 안타까워하지 않을 것입니다. 공산주의 사회는 여성을 가사의 굴레에서 해방해 더 풍요롭고, 행복하고, 자유롭고, 완전한 존재로 만들 것입니다.

자본주의 사회의 자녀 양육

그런데 이런 개별적 가사 노동이 모두 사라진 뒤에 가족한테 남는 것은 무엇일까요? 우리는 여전히 돌봐야 할 아이들이 있습니다. 그러나 이 문제에서도 노동자 국가는 가족을 대신하게 될 것입니다. 사회는 과거

부모가 졌던 모든 책임을 점차 떠맡을 것입니다.

자본주의 체제에서도 아이 교육은 더는 부모의 책임이 아닙니다. 아이들은 학교에서 교육받습니다. 아이가 학교 갈 나이가 되면 비로소 부모의 숨통이 트입니다. 이때부터 아이의 지적 성장은 더는 부모 책임이 아닙니다.

그런데 가족이 자녀 양육의 책임에서 완전히 벗어난 것은 아니었습니다. 여전히 아이를 먹이고 입혀야 하며, 솜씨 좋고 성실한 노동자가 되도록 도와서 때가 되면 스스로 생계를 꾸리고 나이 든 부모를 부양할 수 있게 만들어야 합니다. 그러나 노동자 가족이 이런 모든 의무를 완전히 충족하는 경우는 드뭅니다. 낮은 임금 탓에 아이를 충분히 먹이지도 못하고, 여가가 부족해 자라나는 세대의 교육에 부모가 온전히 관심을 쏟을 수도 없습니다. 가족이 아이를 길러야 했습니다. 그런데 정말 그랬습니까? 사실 노동계급의 아이들은 거리에서 자랍니다. 노동자의 아이는 우리가 이제껏 우리 부모와 공유했던 가족생활의 즐거움이나 기쁨을 모릅니다.

게다가 부모의 낮은 임금과 그로 인한 금전적 어려움과 빈곤 탓에 노동자의 아이는 10살 무렵이 되면 벌써 일을 찾아 노동자가 됩니다. 이제 아이(남자아이든 여자아이든)가 돈을 벌기 시작하면, 스스로 자립했다고 여겨 부모의 말과 조언은 더는 아무 소용이 없고 부모의 권위는 약해지고 복종은 끝납니다. 자본주의 체제에서 아이들은 노동자 가족에게 자주, 너무나도 자주 무겁고 감당하기 힘든 짐이었지만, 가족의 가사노동이 하나하나 사라지듯 자녀 양육의 책임도 부모 대신 사회가 완전히 지게 될 것입니다.

자녀 양육과 공산주의 국가

공산주의 사회는 부모를 도와 아이를 기를 것입니다. 소비에트 러시아에서는 교육 인민위원회와 사회복지 인민위원회의 노력에 힘입어 많은 발전이 이뤄졌고, 가족의 자녀 양육 부담을 덜어 줄 많은 조치를 이미 취했습니다. 영아 보육 시설, 어린이집, 유치원, 장애 아동 시설, 고아원, 아동 병원, 아동 요양 시설, 식당이 설치됐고, 학교에서 무상 급식을 실시하고 교육기관에서 교과서와 따뜻한 옷과 신발을 학생에게 무상으로 제공합니다. 자녀 양육의 부담을 부모가 아닌 공동체가 지게 됐음을 보여 주는 데 이 정도면 충분하지 않겠습니까?

아이를 보살피는 부모의 일은 세 부분으로 나뉩니다. (1) 젖먹이 육아 (2) 아동 양육 (3) 아동교육입니다. 초등학교에서 이뤄지는 아동교육과 그 뒤 중등학교와 대학교 교육은 국가가 책임지게 됐고, 그것은 자본주의 사회에서도 마찬가지입니다. 노동계급이 하는 일과 생활 조건 때문에 자본주의 사회조차 놀이터, 어린이집, 유치원 등을 제공해야 합니다. 노동자들이 자기 권리를 더 잘 자각하고 더 잘 조직될수록 사회는 가족의 자녀 양육 부담을 더욱더 덜어 줘야 합니다.

그러나 자본주의 사회는 노동계급의 요구를 너무 많이 들어주는 것은 아닌지, 그래서 이런 식으로 가족이 파괴되는 것은 아닌지 걱정합니다. 자본가는 옛 형태의 가족, 다시 말해 여성은 노예 상태고 남성이 가족의 생계와 행복을 책임지는 가족 형태야말로 자유를 찾으려는 노동자들의 노력을 억누르고, 남녀 노동자의 혁명 정신을 약화시키는 최고의 무기임을 아주 잘 알고 있습니다. 가족 걱정에 짓눌린 노동자는 자본과 타협할 수밖에 없습니다. 제 자식이 배를 곯는데 아이 아빠와 엄마가 무슨 일이든 못 하겠습니까?

자본주의 사회는 청소년 교육을 진정한 사회적 과제로 삼을 수 없지만, 공산주의 사회는 자라나는 세대의 사회적 교육이야말로 사회의 법과 관습의 기초라고, 새로운 체제의 주춧돌이라고 여길 것입니다. 옹졸하고 협소한 옛 가족, 부모가 서로 싸우고 제 자식만 챙기는 가족은 미래 사회의 인간을 만들지 못할 것입니다. 새로운 사회를 살아갈 새로운 인간은 운동장, 정원, 교육·생활 시설, 기타 여러 편의 시설을 갖춘 사회주의적 단체에서 길러질 것입니다. 이런 곳에서 아이들은 뛰어난 교육자와 함께 하루의 대부분을 보내며 연대, 동지애, 상호부조, 공동체에 대한 헌신의 중요성을 자각하고 체득한 공산주의자로 자랄 것입니다.

모성 보호

그런데 아이를 양육하고 교육할 책임이 가족한테 있지 않은 지금, 특히 아이를 기르는 데 드는 물질적 부담에서 벗어난 뒤에 아이에 대한 가족의 책임으로 남은 건 무엇일까요? 예외는 아기를 돌보는 데에 엄마의 관심이 여전히 필요하다는 것입니다. 어린 아기는 엄마의 품에서 걸음마를 배우고 엄마 치맛자락에 매달려 커 갑니다. 물론 이 일에서도 공산주의 국가는 주저 없이 일하는 엄마를 돕는 데 나설 것입니다. 아이 엄마가 아기를 안고서 굽신거려야 할 이유가 이제 더는 없습니다! 노동자 국가는 모든 엄마의 출산과 양육을, 정식 결혼을 했든 안 했든 상관없이 아기가 있다면 양육을 책임지고 보장할 것입니다. 노동자 국가는 곳곳에 산부인과와 조산원을 설립하고, 모든 도시와 마을에 어린이집과 육아를 도울 여러 시설을 세워서 여성이 어머니로서뿐 아니라 유용한 방식으로 나라에 기여할 수 있도록 도울 것입니다.

결혼은 더는 족쇄가 아니다

일하는 엄마들이 이를 경계할 이유가 없습니다. 공산주의 사회의 목표는 부모와 아이를 갈라놓거나 엄마 품에서 아기를 떼어 내려는 게 아닙니다. 폭력을 사용해 가족을 파괴하려는 의도는 더더욱 없습니다. 결코 그렇지 않습니다. 그런 일은 공산주의 사회의 목표가 아닙니다.

오늘날 우리가 목격하는 것은 무엇입니까? 낡은 가족이 수명을 다하고 사라지는 것입니다. 가족을 사회적 단위로 지탱한 옛 버팀대들이 제거된 것처럼 가내노동도 모두 차츰차츰 사라지고 있습니다. 가사 노동은 어떻게 됐습니까? 개별적 가사 노동의 유용함은 이미 오래전에 사라졌습니다. 자녀 양육은 어떻습니까? 노동계급의 부모는 이미 아이들을 돌볼 수 없습니다. 이들은 아이들을 제대로 입히고 먹이지도, 교육하지도 못합니다. 이런 상황 때문에 부모와 아이 모두 똑같이 고통받습니다.

그래서 공산주의 사회는 여성 노동자와 남성 노동자에게 다음과 같이 말합니다.

여러분은 젊고, 서로 사랑하는 사이입니다. 행복할 권리는 모든 사람한테 있습니다. 그러니 결혼을 두려워 마십시오. 자본주의 사회에서는 결혼이 남녀 노동자에게 정말로 족쇄였지만 지금은 다릅니다. 아기를 낳아 새로운 노동자와 시민으로 기르는 일을 두려워할 필요가 없습니다. 노동자 사회에는 새로운 노동자가 더 많이 필요합니다. 사회는 세상에 새로 태어난 모든 아이를 축복하며 맞을 것입니다. 당신은 아이의 미래를 걱정할 필요가 없습니다. 당신의 아이는 배고픔이나 추위를 모르고 자랄 것입니다. 그 아이가 자본주의 사회의 어린아이처럼 불행한 삶을 살거나 버려지는 일은 없을 것입니다. 아이가 태어나자마자 공산주의 사회가, 노동자 국가가 나서서 아이와 엄마의 생계를 돌보고 세심히 보살필 것입니다. 아이들은 공산주의 조국의 보살핌을 받으며 먹고, 입고, 교육받을 것입니다. 그러나 공산주의 사회가 아이의 양육과 교육을 책임진다고 해서 자식의 교육에 참여하길 바라는 부모와 아이 사이에 끼어들어 떼어 내는 일은 결코 없을 것입니다. 공산주의 사회는 아이 교육을 책임질 것이지만, 부모가 느끼는 기쁨과 만족을 (이런 기쁨을 소중히 여기고 이해하는 부모로부터) 빼앗는 일은 없을 것입니다.

이것을 두고 가족을 폭력적으로 해체한다고 말할 수 있습니까? 또 아이와 엄마를 강제로 떼어 놓는 것입니까?

새로운 가족: 애정과 동지애로 맺어진 결합

진실을 회피하는 것은 부질없는 짓입니다. 옛 형태의 가족은 이미 한물갔습니다. 그런 쇠퇴는 공산주의 국가 탓이 아니라 삶의 조건이 바뀐 결과일 뿐입니다. 과거에도 그랬듯 가족은 국가에 더는 필요치 않습니다. 오히려 가족은 나쁜 영향을 미치고 있습니다. 왜냐하면 가족은 여성 노동자가 더 생산적이고 더 제대로 된 일을 하지 못하게 쓸데없이 억누르기 때문입니다. 가족은 그 구성원들한테도 더는 필요치 않습니다. 과거에 가족이 짊어졌던 자녀 양육의 책임이 점점 더 공동체로 옮겨 가고 있기 때문입니다.

그렇지만 옛 가족의 폐허 위에서 새로운 형태가 성장하는 것을 곧 볼 수 있을 것입니다. 이 새로운 형태는 남녀 사이에 완전히 다른 관계가 발전하는 것에 기초할 것이고, 애정과 동지애로 맺어진 결합일 것이고, 공산주의 사회의 평등한 두 인간이 맺는 결합일 것입니다. 이렇게 맺어진 남녀는 둘 다 자유롭고 독립적이며 둘 다 노동자일 것입니다. 여성이 가사의 '노예'가 되는 일은 더는 없을 것입니다! 가족 안에 불평등은 더는 없을 것입니다. 남편한테 버림받은 여성이 품 안의 아기와 함께 아무런 지원도 받지 못할까 봐 두려움에 떨 일도 더는 없을 것입니다. 공산주의 도시에 사는 여성은 더는 남편에게 의존하지 않고 자기 일에 기대어 살아갑니다. 남편이 아니라 자신의 튼튼한 두 팔이 여성을 부양할 것입니다. 여성이 자기 자식의 미래를 걱정할 일도 더는 없을 것입니다. 노동자 국가가 아이들에 대한 책임을 떠맡을 것입니다.

결혼에서 모든 물질적 요소, 모든 금전적 이해타산이 제거될 것입니다. 이런 것들은 우리 시대의 가족생활에 흉측한 흔적을 남겼습니다. 지금부터 결혼은 서로 사랑하고 서로 신뢰하는 두 사람이 맺는 숭고한 결합으로 바뀔 것입니다. 이런 결합은 남성 노동자와 여성 노동자한테 모두 가장 완전한 행복, 최고의 만족을 약속할 것입니다. 이런 행복은 자기 자신과 자기 주변의 삶을 자각한 존재만이 누릴 수 있는 것입니다. 이런 자유로운 결합이야말로, 과거의 예속적 부부 관계가 아니라 동지애로 단단히 결속된 이런 결합이야말로 미래의 공산주의 사회가 남성과 여성에게 모두 제공하려는 것입니다.

노동조건이 바뀌고 여성 노동자의 물질적 안정이 크게 개선됐으므로, 교회혼(이것을 두고 이른바 영속적 결혼이라고 부르지만 실상 사기에 불과한 바로 그런 결혼 형태)이 연인이자 동지인 두 남녀의 자유롭고 솔직한 결합으로 바뀐 뒤에는 또 다른 수치스런 골칫거리도 사라지게 될 것입니다. 인류에게 불미스러운 오점이자 가난한 여성 노동자를 무겁게 짓누르는 이 또 다른 끔찍한 악폐는 바로 성매매입니다.

성매매가 사라질 것이다

이런 악폐는 상품생산과 사유재산제도에 그 뿌리를 두고 있습니다. 이런 경제형태를 없애면 여성의 성을 사고파는 일도 자동으로 사라질 것입니다.

그러므로 노동계급 여성은 현재 형태의 가족이 사라질 운명이라는 사실을 걱정할 필요가 없습니다. 노동계급 여성은 새로운 사회가 밝아오는 것을 훨씬 기쁜 마음으로 맞이할 것입니다. 새로운 사회는 여성을 가내노예 상태에서 해방할 것이고, 출산·양육에서 여성의 부담을 가볍게 할 것이며, 마지막으로 여성을 짓누르는 가장 끔찍한 저주, 성매매라 불리는 저주를 끝장낼 것입니다.

남녀의 사회적 평등

노동자의 해방이라는 위대한 대의를 위해 투쟁하는 여성은 새로운 국가에서는 과거의 사고방식에 따른 다음과 같은 편협한 구분이 허용되지 않는다는 것을 이해해야 합니다. "애들이 내 아이들이고, 내 모든 물질적 배려와 애정을 아낌없이 쏟아붓는다. 재들은 당신 아이들이고, 내 이웃의 아이들이다. 재들은 내 알 바 아니다. 내 자식 챙기는 일만으로도 벅차다." 지금부터 노동자 엄마는 자신의 사회적 기능을 자각하고, 남의 자식과 제 자식을 더는 차별하지 않는 법을 배워야 할 것입니다. 이제부터는 우리의 아이들만이 있을 뿐이라는 것, 바로 공산주의 국가의 아이들, 모든 노동자의 공동의 자식들만이 존재한다는 것을 명심해야 할 것입니다.

노동자 국가에서는 남녀 사이에 새로운 형태의 관계가 확립돼야 합니다. 아이 엄마가 자기 자식에게 쏟는 편협하고 배타적인 애정은 위대한 노동자 가족의 모든 아이들에게로 확대돼야 합니다. 여성의 예속 상태에 기초를 둔 영속적 결혼은 사랑과 상호 존중으로 뒷받침되는 노동자 국가의 두 구성원 사이의 자유로운 결합으로 대체돼야 합니다. 이런 결합에서 남녀는 권리와 책임을 똑같이 평등하게 나눠 가질 것입니다. 개별적이고 이기적인 가족 대신에 노동자들의 위대한 보편적 가족이 발전할 것이고, 그 속에서 모든 노동자가, 모든 남성과 여성이 동지가 될 것입니다. 바로 이것이야말로 미래 공산주의 사회의 남녀 관계일 것입니다. 이런 새로운 관계는 자본주의 체제의 상업 사회에서는 경험한 적이 없는, 배우자 사이의 진정한 사회적 평등에 기초한, 이른바 자유로운 사랑이 주는 온갖 기쁨을 인류에게 보장할 것입니다.

건강하고 꽃같이 피어나는 아이들에게 길을 열어 줍시다. 삶에 애착을 가지고 삶이 주는 기쁨을 누리는 활기찬 젊은이들에게 길을 열어 줍시다. 이 젊은이들은 자신의 감정과 애정을 자유롭게 표현합니다. 바로 그런 것들이야말로 공산주의 사회의 목표입니다. 평등, 자유, 사랑의 이름으로 우리는 남녀 노동계급과 농민이 용감하게 그리고 신념을 가지고 인간 사회를 좀 더 완전하고, 좀 더 정의롭고, 개인의 행복을 더욱더 보장하는 사회로 재건하는 일에 나서라고 요청합니다. 사회혁명의 붉은 깃발이 러시아에서 나부끼고 이제 세계의 다른 나라들에서도 그 깃발을 하늘 높이 치켜들고 있습니다. 이 붉은 깃발은 인류가 수백 년 동안 열망해 온 지상천국이 다가왔음을 선언합니다.

낡은 가족에서 새로운 가족으로

레온 트로츠키

가족 내부 관계와 가정사는 본래 조사하기가 매우 어렵고, 통계 자료 구하기도 힘들다. 따라서 오늘날 가족 관계가 (단지 서류상으로만이 아니라 실제 생활에서) 전보다 얼마나 더 쉽게 자주 깨지는지를 말하기는 쉽지 않다. 우리는 대부분 눈으로 본 대로 판단하는 데 만족할 수밖에 없다. 더욱이, 혁명 전 시대와 오늘날은 차이가 있다. 즉, 전에는 노동계급 가족의 모든 문제와 심각한 갈등을 노동자들 자신도 의식하지 못한 채 그냥 지나친 반면, 지금은 상층 노동자의 다수가 책임 있는 직책을 맡고 있어서 그들의 생활이 훨씬 더 주목을 받게 되고 그들의 가정에서 벌어지는 모든 비극이 많은 비판의 대상이 되거나 때로는 한가한 잡담의 소재가 되기도 한다.

출처: 〈프라우다〉, 1923년 7월 13일.

그러나 이런 적잖은 유보 조건에도 불구하고, (프롤레타리아의 가족 관계도 포함해서) 가족 관계가 해체되고 있다는 것은 부인할 수 없다. 이 점은 모스크바 당 선전가 대회에서 확고한 사실로 지적됐으며, 이에 이견을 내놓은 사람은 아무도 없었다. 다만, 대회 참가자들이 받은 인상만 조금씩 달랐을 뿐이다. 즉, 똑같은 사실에서 저마다 다른 감정을 느꼈을 뿐이다. 일부는 커다란 불안감을 느꼈고, 다른 사람들은 신중하게 인정하는 태도를 취했으며, 또 다른 사람들은 당혹스러워하는 듯했다. 어쨌든, 모든 사람에게 분명한 사실은 모종의 거대한 과정이 병적인 형태나 역겨운 형태, 우스꽝스런 형태나 비극적 형태로 번갈아 진행되고 있다는 것과, 그 숨은 가능성이 드러날 때는 아직 아니라는, 즉 가족생활의 더 높은 질서가 새로 시작되려면 아직 멀었다는 것이었다.

가족의 해체에 관한 소식들이 조금씩 언론에서 흘러나오기는 하지만, 아주 가끔 매우 모호하고 일반적인 용어로 보도될 뿐이다. 이 주제를 다룬 어떤 기사에서 나는 노동계급 가족의 해체를 "프롤레타리아가 부르주아지의 영향을 받은" 사례로 거론하는 것을 봤다.

그것은 그렇게 간단한 문제가 아니다. 문제의 뿌리는 더 심각하고 복잡한 곳에 있다. 부르주아적 과거와 부르주아적 현재가 영향을 미치고 있는 것은 사실이지만, 주된 과정은 프롤레타리아 가족 자체의 진화, 즉 점차 위기에 빠질 진화이고, 지금 우리가 목격하는 것은 그 과정의 혼란스런 첫 단계일 뿐이다.

전쟁이 가족에 매우 파괴적인 영향을 미친다는 것은 잘 알려져 있다. 먼저, 전쟁이 일어나면 가족이 저절로 해체돼서 사람들이 오랫동안 헤어지거나 아니면 우연히 만나는 이산가족이 된다. 전쟁의 이런 영향은 혁명에 의해 지속되고 강화됐다. 역사적 전통의 관성에 의해서만 지탱되던 것들이 전쟁 때 모두 산산조각 났다. 차르의 권력, 계급적 특권, 오래된 전통적 가족이 산산조각 난 것이다. 혁명은 새 국가를 건설하면서 시작됐고, 그렇게 해서 가장 간단하고 가장 시급한 목표를 달성했다.

새 국가의 여러 문제 가운데 경제 문제가 훨씬 더 복잡하다는 것이 드러났다. 전쟁은 낡은 경제 질서를 뒤흔들었고, 혁명은 그것을 전복했다. 지금 우리는 새로운 경제 질서를 건설하고 있다. 물론 아직은 낡은 요소들을 새로운 방식으로 재조직하면서 그러고 있다. 경제 분야에서 우리는 최근에야 파괴적 시기에서 벗어나 성장하기 시작했다. 우리의 진보는 여전히 매우 더디고, 따라서 새로운 사회주의 방식의 경제생활을 이룩하는 것은 아직 먼 미래의 일이다. 그러나 파괴와 파탄의 시기가 끝났다는 것은 확실하다. 최악의 시기였던 1920~1921년은 지나갔다.

가족생활에서는 최초의 파괴적 시기가 아직 끝나지 않았다. 해체 과정은 여전히 한창 진행되고 있다. 그 점을 명심해야 한다. 가족과 가정생활은 여전히, 말하자면 나름대로 '1920~1921년 시기'를 지나고 있어서 아직 1923년 수준에 이르지 못했다. 가정생활은 경제생활보다 더 보수적인데, 그 이유 하나는 가정생활이 훨씬 덜 의식적이기 때문이다.

정치와 경제에서 노동계급은 하나의 전체로서 행동하고 계급의 전위인 공산당을 계속 전진시켜서 마침내 프롤레타리아의 역사적 목표를 달성한다. 가정생활에서 노동계급은 가족이라는 세포들로 분열해 있다. 정치체제의 변화와 국가의 경제 질서 변화(공장을 노동자들의 수중에 넘겨주는 것)가 모두 가족의 상태에 어느 정도 영향을 미친 것은 확실하지만, 그 영향은 오직 간접적·외부적이었을 뿐이고 과거에서 물려받은 가정의 전통은 전혀 건드리지 못했다.

가족의 급진적 개혁, 더 일반적으로 가정생활 질서 자체의 급진적 개혁을 위해서는 노동계급 대중 전체의 엄청난 의식적 노력이 필요하고, 문화와 진보를 염원하는 내적 욕구의 강력한 분자력이* 계급 자체 안에 존재해야 한다. 두꺼운 토양을 갈아엎으려면, 땅을 깊게 갈 수 있는 쟁기가 필요한 법이다. 소비에트 국가에서 남성과 여성의 정치적 평등을 제도화하는 것은 가장 간단한 문제에 불과했다. 훨씬 더 어려운 것은 그다음 문제, 즉 공장과 노동조합에서 여성이 불리하지 않게 남성과 여성의 경제적 평등을 제도화하는 것이었다. 그러나 가족 안에서 남성과 여성의 실질적 평등을 이룩하는 것은 엄청나게 더 어려운 문제다. 그것이 실현되려면 먼저 우리 가정의 습관이 모두 혁명적으로 바뀌어야 한다. 그리고 가족 안에서 남편과 아내의 실질적 평등이 존재하지 않는다면(생활 조건에서뿐 아니라 통상적 의미에서도) 우리가 사회 활동이나 심지어 정치에서도 남녀평등을 진지하게 말할 수 없다는 것은 매우 분명하다. 여성이 가사 노동에, 즉 가족을 돌보고 요리하고 바느질하는 데 온통 매여 있는 한은 사회생활과 정치 활동에 참여할 수 있는 기회가 모두 엄청나게 축소될 것이다.

가장 쉬운 문제는 권력을 잡는 것이었다. 그러나 혁명 초기에는 우리의 모든 힘을 그 문제에만 쏟아부어야 했다. 그것은 끝없는 희생을 요구했다. 내전 때는 가장 가혹한 조처들을 취할 수밖에 없었다. 천박한 속물들은 도덕이 땅에 떨어졌다는 둥 프롤레타리아가 잔인해지고 타락했

---

* **분자력** 분자와 분자 사이에 작용하는 끌어당기는 힘과 밀어내는 힘. 아주 가까운 거리에서는 강하게 밀어내고, 이보다 멀어지면 끌어당기는 힘이 작용한다.

다는 둥 떠들어 댔다. 실제로 일어난 일은, 어쩔 수 없이 혁명적 폭력이라는 수단을 사용하게 된 프롤레타리아가 새로운 문화, 진정한 인간적 가치를 위한 투쟁을 벌이고 있었다는 것이다.

[혁명 이후] 첫 4~5년 동안 우리는 끔찍한 경제 파탄의 시기를 지나왔다. 노동생산성은 폭락했고, 생산물의 품질은 형편없이 낮았다. 우리의 적들은 그런 상황 속에서 소비에트 체제의 부패 조짐을 봤거나 봤다고 생각했다. 그러나 사실 그것은 낡은 경제형태가 파괴되고 자력으로 새 경제형태를 만들어 내려는 첫 노력의 불가피한 단계였을 뿐이다.

가족 관계 또는 일반적으로 개인의 생활 방식과 관련해서는 그동안 무심코 지나쳐 온 낡은 것들, 과거부터 물려받은 전통이 해체되는 불가피한 시기도 있어야 한다. 이런 가정생활 분야에서 비판과 파괴의 시기는 더 늦게 시작되고 매우 오래 지속되며 병적이고 고통스런 형태들을 취하지만, 그것들은 매우 복잡하기 때문에 항상 피상적 관찰로 알 수 있는 것은 아니다. 우리는 국가의 상태, 경제와 일반 생활에서 일어나는 이런 결정적 변화의 진보적 이정표들을 매우 명확히 규정해야 한다. 그러지 않으면 우리는 스스로 관찰한 현상을 보고 두려움에 빠질 것이다. 우리는 그런 현상들을 올바로 평가하는 법, 노동계급의 발전 도상에서 그런 현상들의 위치가 어디쯤인지를 제대로 이해하는 법, 새로운 조건들을 사회주의적 생활 방식으로 의식적으로 이끄는 법을 배워야 한다.

경고는 반드시 필요한 것인데, 우리는 이미 경보음을 듣고 있다. 모스크바 당 선전가 대회에서 일부 동지들은 낡은 가족 관계만큼이나 일시적인 새로운 가족 관계 때문에 낡은 가족 관계가 쉽게 깨지는 것을 매우 걱정하는 말을 했는데, 그런 걱정은 자연스러운 것이다. 낡은 가족 관계의 파괴로 인한 피해자는 항상 어머니와 아이들이다. 다른 한편으로, 우리 중에 사적 대화에서 소비에트 청년들, 특히 콤소몰* 청년들의 도덕성 '붕괴'에 대한 불평(개탄까지는 아니더라도)을 들어 보지 않은 사람이 누가 있겠는가? 이런 불평이 모두 과장된 것은 아니다. 거기에는 일말의 진실이 있는 것이다. 우리는 확실히 그런 진실의 어두운 면에 맞서 싸워야 하고 싸울 것이다. 이것은 더 수준 높은 문화와 인간성 향상을 위한 투쟁이다. 그러나 우리의 과업을 시작하려면, 반동적 도덕이나 감상적 낙담에 빠지지 않고 가장 기본적인 문제들을 다루려면, 먼저 사실을 확인하고 실제로 무슨 일이 일어나고 있는지를 분명히 파악하는 데서 시작해야 한다.

앞서 말했듯이, 전쟁과 혁명이라는 거대한 사건들이 낡은 가족 형태를 갑자기 덮쳤다. 그 뒤 가족 관계와 생활 방식에 대한 비판적 사고, 의식적 탐구와 평가가 땅굴을 파는 두더지처럼 살금살금 기어 왔다. 거대한 사건들의 기계적 힘과 각성한 정신의 비판적 힘이 맞물리면서, 지금 우리가 보고 있는 가족 관계의 파괴 시기가 시작됐다. 러시아 노동자는 이제 권력을 장악했으니 자기 생활의 많은 분야에서 문화를 향한 최초의 의식적 조처들을 취해야 한다. 거대한 충돌에 자극을 받은 그는 처음으로 전통적 생활 방식, 가정의 습관과 교회의 관행과 관계를 모두 털어 버린다.

당연히 개인의 저항, 전통적 과거에 맞선 개인의 반란은 처음에는 아나키즘 형태로, 더 노골적으로 말하면 방탕한 형태로 나타난다. 우리는 그것을 정치·군사·경제에서 목격했는데, 여기서 아나키즘의 개인주의

---

* **콤소몰** 공산주의청년동맹의 약자다. 사회주의 정치 교육을 위해 15~26세의 남녀를 대상으로 1918년에 조직한 공산당의 청년 단체다.

는 모든 형태의 극단주의, 파벌주의, 공개 모임의 미사여구로 나타났다. 그리고 당연히 이 과정은 가족 관계에도 가장 친밀한 방식으로, 따라서 가장 고통스러운 방식으로 반작용한다. 그래서 낡은 관행을 버리고 새로운 방식으로 [가족 관계를] 재조직하기를 원하는 각성한 개인은 모스크바 대회에서 맹비난을 받은 '방탕', '사악한 짓' 등 온갖 죄악에 의지한다.

군에 입대해서 익숙한 주위 환경과 단절된 남편은 사회적 전선에서 혁명적 시민으로 거듭난다. 중대한 변화다. 그의 시야는 더 넓어지고, 정신적 열망은 더 커지고 더 복잡하면서도 체계적이 된다. 사람이 달라진 것이다. 그런데 [집에] 돌아와서 모든 것이 실제로는 바뀌지 않았음을 알게 된다. 집안 사람들 사이의 가족 관계에서 옛날의 조화와 이해는 사라지지만, 새로운 이해는 생기지 않는다. 그래서 서로 상대방을 이상하게 여기다가 점차 불만을 품게 되고, 나중에는 악감정으로 바뀐다. 가족은 붕괴한다.

남편은 공산당원이다. 그는 능동적 삶을 살고, 사회 활동에 참여하고, 정신이 성장하고, 개인 생활을 온통 활동에 쏟아붓는다. 그런데 아내도 공산당원이다. 아내는 사회 활동에 참여하기를 원하고, 공개 모임에 참가하고 소비에트나 노동조합에서 일하고 싶어 한다. 가정 생활은 사실상 존재하지 않게 되고, 마침내 두 사람이 그 사실을 깨닫게 되거나 아니면 가정적 분위기가 사라져서 끊임없는 충돌이 일어난다. 남편과 아내는 뜻이 맞지 않는다. 가족은 붕괴한다.

남편은 공산당원이고 아내는 당원이 아니다. 남편은 활동에 몰두하고 아내는 전과 다름없이 오직 가정을 돌보기만 한다. [가족] 관계는 '평화'롭지만, 실제로는 관습적 소외에 바탕을 두고 있다. 그런데 남편의 위원회, 즉 공산당 '세포'에서 집 벽에 걸려 있는 성상聖像을 치워야 한다고 결정한다. 남편은 지극히 당연하다고 생각해서 기꺼이 그러려고 하지만, 아내에게 그것은 재앙이다. 그런 사소한 일을 계기로 남편과 아내의 정신을 갈라 놓은 깊은 간극이 드러난다. 관계는 망가진다. 가족은 붕괴한다.

낡은 가족의 경우, 예컨대 함께 산 지 10~15년 된 가족을 보자. 남편은 좋은 노동자고 가족에 헌신한다. 아내도 가정을 위해 살고 모든 에너지를 가정에 쏟는다. 그러나 아내가 우연히 공산당 여성 기구를 알게 된다. 아내의 눈앞에 새 세계가 열린다. 자신의 에너지를 쏟을 만한 더 넓은 신세계를 발견한 것이다. 아내는 점차 가족에 소홀해진다. 남편은 화가 난다. 이제 막 깨어난 아내의 시민 의식은 상처를 입는다. 가족은 붕괴한다.

이 각각의 가정 비극은 모두 하나의 결말, 즉 가족의 붕괴로 이어지는데, 이런 사례는 끝없이 나열할 수 있다. 가장 전형적인 경우를 예로 들었을 뿐이다. 이 모든 사례에서 비극은 공산당원과 비당원 사이의 충돌 때문이다. 그러나 가족의 붕괴, 다시 말해 낡은 가족 형태의 붕괴는 새로운 상황의 영향을 가장 많이 받는 계급 상층에 국한되지 않는다. 가족 관계를 해체하는 움직임은 더 깊숙이 뚫고 들어간다. 공산당 전위는 계급 전체에게 불가피한 과정을 더 빨리 더 폭력적으로 경험할 뿐이다. 낡은 조건들에 대한 비판적 태도, 가족에 대한 새로운 요구는 공산당과 노동계급 전체의 경계선 훨씬 너머까지 미친다.

종교의식을 통해 신성하다고 선언된 전통적 가족은 아주 오랫동안 살아남은 것처럼 보이지만, 사실은 [종교의식을 하지 않고 신고만 하는] 민사혼 제도에 의해 이미 큰 타격을 입었다. 낡은 결혼 관계 속에 개인적 애착이 적을수록 외부의 힘, 사회적 전통, 더 특별히 종교적인 의식의 구속력은 더 컸다. 교회의 힘에 대한 타격은 가족에 대한 타격이기도 했다. 법적 구속력도 없어지고 국가의 승인도 받지 못하게 된 [교회] 의식들은 관성 덕분에 여전히 남아 있으면서, 비틀거리는 가족을 지탱하는 버팀목 구실을 하고 있다. 그러나 가족 안에 내적 유대가 없을 때, 오직 관성만이 가족의 완전한 붕괴를 막고 있을 때는 외부에서 압력이 가해질 때마다 가족은 산산조각 날 가능성이 높고, 그와 동시에 교회 의식을 고수하기도 힘들어질 것이다. 그리고 외부 압력이 가해질 가능성은 그 어느 때보다 바로 지금 한없이 더 크다. 바로 그런 이유로 가족이 비틀거리다가 회복되지 못한 채 다시 무너지는 것이다. 삶은 그 조건의 옳고 그름을 따지기 마련인데, 가족에 대해서는 잔인하고 고통스런 비난을 통해 그렇게 한다. 역사는 고목古木을 쓰러뜨린다(그러면 나뭇조각들이 바람에 흩날리는 법이다).

그러나 삶은 새로운 가족 형태의 요소들을 조금이라도 발전시키고 있는가? 확실히 그렇다. 우리는 이런 요소들의 성격과 그 형성 과정을 분명히 이해해야 한다. 다른 경우들과 마찬가지로, 여기서도 우리는 물리적 조건과 심리적 조건을, 일반적인 것과 개인적인 것을 구분해야 한다. 심리적으로 새로운 가족의 발전, 새로운 인간관계 일반의 발전이 우리에게 뜻하는 바는 노동계급 문화의 진보, 개인의 발전, 즉 개인의 필요조건과 자기 절제의 수준이 높아지는 것이다. 이런 견지에서 혁명 자체가 물론 거대한 진보였고, 최악의 가족해체 현상들은 단지 계급의 각성과 계급 내 개인의 각성이 고통스런 형태로 나타난 것일 뿐이다. 이런 관점에서 보면 문화와 관련된 우리의 모든 노력, 우리가 하고 있는 일과 우리가 해야 할 일은 모두 새로운 관계와 새로운 가족을 준비하는 것이다. 일하는 남녀 개인의 문화 수준이 높아지지 않으면 더 수준 높고 새로운 가족 형태도 있을 수 없는데, 물론 이 분야에서 우리는 외부의 강요가 아니라 자기 절제에 대해서만 말할 수 있다. 그리고 가족에서 개인의 자기 절제력을 좌우하는 것은 [가족] 내부 생활의 일반적 분위기, 남편과 아내를 결속하는 유대 관계의 범위와 가치다.

또, 새로운 생활과 새로운 가족의 조건을 물리적으로 준비하는 일은 근본적으로 사회주의 건설이라는 일반적 과업과 분리될 수 없다. 아이들에게 공공 교육을 제공하고 가족을 밥짓기와 빨래의 부담에서 해방하는 문제를 제대로 다룰 수 있으려면 노동자 국가가 더 부유해져야 한다. 가사 노동의 사회화와 공공 아동교육은 우리 경제 전체가 눈에 띄게 향상되지 않으면 상상할 수도 없다. 우리에게는 더 많은 사회주의 경제 형태가 필요하다. 오직 그런 조건에서만 우리는 지금 가족을 짓누르며 해체하고 있는 기능과 책임에서 가족을 해방할 수 있을 것이다. 빨래는 공공 세탁소에서, 식사는 공공 식당에서, 바느질은 공공 작업장에서 할 수 있게 만들어야 한다. 아이들은 교직에 진정한 소명 의식을 가진 훌륭한 공립학교 교사들에게 교육받아야 한다. 그러면 남편과 아내의 유대는 외부적이고 우연적인 모든 것에서 자유롭게 될 것이고, 남편이 아내의 삶을 희생시키는 일도 사라질 것이다. 진정한 평등이 마침내 확립될 것이다. [부부 간의] 유대는 애정에 의존할 것이다. 특히 그 때문에 가족은 내부적으로 안정될 것이다. 물론 그것이 모든 사람에게 똑같지는 않겠지만, 어느 누구에게도 강제적이지는 않을 것이다.

따라서 새로운 가족으로 가는 길은 두 갈래다. 하나는 노동계급과 노동계급을 구성하는 개인들의 문화와 교육 수준을 높이는 것이고, 다른 하나는 국가로 조직된 [노동]계급의 물질적 조건을 개선하는 것이다. 이 두 과정은 서로 밀접하게 연결돼 있다.

물론 이렇게 말한다고 해서, 물질적 개선의 특정 순간에 미래의 가족이 곧바로 그 권리를 획득할 것이라는 얘기는 아니다. 그렇지 않다. 새로운 가족을 향해 어느 정도 나아가는 것은 지금도 가능하다. 국가가 아직 아동교육을 책임지거나 가족의 부엌을 개선할 공공 부엌을 설립하거나 옷이 찢어지거나 도둑맞지 않을 공공 세탁소를 설립하는 일을 시작할 수 없다는 것은 사실이다. 그러나 그렇다고 해서, 더 진취적이고 진보적인 가족들이 스스로 그룹을 결성해서 집단적 가사 노동 단위들을 만드는 것이 지금 불가능한 것도 아니다. 물론 이런 종류의 실험은 신중하게 실시돼야 한다. 집단적 [가사 노동] 단위의 기술적 장비는 그룹 자체의 이해관계와 요구를 충족해야 하고 그룹 성원 모두에게 분명한 이점을 제공해야 한다(처음에는 그 이점이 아주 작은 것이더라도 말이다).

세마시코* 동지는 최근 우리의 가족을 재구성해야 할 필요성에 대해 다음과 같이 썼다.

> 이 과제는 실천적으로 아주 잘 실행됐는데, 포고령과 도덕적 훈계만으로는 효과가 거의 없었을 것이다. 그러나 수많은 탁월한 소책자보다 새로운 방식의 본보기, 실례가 더 효과가 있을 것이다. 이런 실천적 선전을 가장 잘할 수 있는 방법은 외과 의사들이 피부이식수술이라고 부르는 방법이다. 외상이나 화상 따위로 피부가 너무 많이 벗겨져서 원상 복구될 가망이 없을 때 환자의 건강한 피부조직을 떼어 내서 벗겨진 부위에 옮겨 붙인다. 이 옮겨

---

* N A 세마시코(1874~1949) 고참 볼셰비키 당원으로 1923년에 공공 의료 인민위원을 지냈다 — 영어판 편집자.

붙인 피부조직이 잘 달라붙어서 성장하면 상처 부위의 피부 전체가 제대로 아물게 된다.

똑같은 일이 실천적 선전에서도 일어난다. 한 공장이나 작업장이 공산주의 방식을 채택하면, 다른 공장들이 그 뒤를 따를 것이다.(세마시코, "죽은 것이 산 것을 붙잡고 있다", 〈이즈베스티야〉 81호, 1923년 4월 14일)

그런 집단적 가사 노동 단위의 경험은 공산주의 생활 방식과 비슷한 최초의, 그러나 여전히 매우 불완전한 방식이지만, 우리는 그런 경험을 신중하게 연구하고 심사숙고해야 한다. 민간의 주도력과 국가권력(무엇보다 지역 소비에트와 경제기구)의 지원을 결합하는 것에 우선순위를 둬야 한다. 새로운 주택 건설(어쨌든 우리는 주택을 건설해야 한다!)은 가족 집단 지역사회의 필요에 따라 조정돼야 한다. 이 방향에서 분명하고 명백한 최초의 성공은 아무리 하찮고 작은 것이라 하더라도 필연적으로 더 광범한 집단들로 하여금 비슷한 방식으로 자신들의 생활을 조직하고 싶은 욕구를 느끼게 할 것이다. 면밀하고 세심한 계획을 위에서 주도하기에는 아직 때가 무르익지 않았다. 국가의 물질적 자원이라는 관점에서 보든 프롤레타리아 자체의 준비라는 관점에서 보든 그렇다. 현재의 교착 상태에서 벗어날 수 있는 길은 오직 모범적 지역사회들을 건설하는 것뿐이다. 우리가 발 딛고 선 지반을 조금씩 강화해야 한다. 너무 멀리 앞서 나가도 안 되고 관료적으로 공상적 실험에 빠져도 안 된다. 어느 순간 국가는 지역 소비에트, 협동조합 등의 도움을 받아서, 사회화 과업을 완수하고 확대·심화할 수 있을 것이다. 이런 식으로 인간의 가족은, 엥겔스의 표현을 빌리면 "필연의 왕국에서 자유의 왕국으로 도약"할 것이다.

소련의 가족 관계

레온 트로츠키

지금 미국에서는 소련을 승인하는 문제가 폭넓게 논의되고 있다. 물론 외교 관계를 승인한다고 해서 두 나라가 서로 상대방의 정치를 지지한다는 뜻은 아니다. 지금까지 소비에트 공화국을 승인하지 않은 것은 주로 도덕적 이유 때문이었다. 〈리버티〉 편집자가 나에게 던진 물음들에 이런 이유들이 담겨 있다.

1. 소련 국가는 인간을 로봇으로 만들고 있는가?

나는 오히려 왜 이런 질문을 하는지 반문하고 싶다. 톨스토이나 러스킨 같은 가부장제 이데올로기 신봉자들은 기계문명이 자유로운 농민과

출처: 1933년 1월 14일자 〈리버티〉(미국의 주간지)에 "소비에트 러시아를 승인해도 좋은가?"라는 제목으로 실렸다. 트로츠키는 〈리버티〉가 미리 제시한 14개 질문에 영어로 답변했다.

수공업자를 따분한 자동인형으로 바꿔 버린다며 기계문명에 반대한다. 지난 수십 년 동안 이런 비난은 주로 미국의 산업 시스템(테일러시스템과 포디즘)을 겨냥했다.

그런데 이제는 기계가 영혼을 파괴한다고 비난하는 격렬한 항의가 시카고와 디트로이트에서 나오는 것인가? 그렇다면 돌도끼와 흙집의 시대로 돌아가는 것은 어떤가? 또, 양가죽 옷으로 돌아가는 것은 어떤가? 그러나 그래서는 안 된다. 우리는 그런 퇴보를 거부한다. 기계화 분야에서 소비에트 공화국은 지금까지 미국의 제자였을 뿐이다(그리고 도중에 그만둘 생각은 전혀 없다).

그러나 아마 이 질문이 겨냥하는 것은 기계의 작용이 아니라 사회질서의 독특한 특징일 것이다. 다시 말해, 소비에트 국가는 기계가 사유재산이 아니라 국가 소유이기 때문에 인간이 로봇이 되고 있는 것 아니냐고 묻고 싶은 것이다. 그 질문의 뜻을 분명히 하는 것만으로도 그 질문이 근거가 없다는 것을 보여 주기에 충분하다.

마지막으로, 정치체제, 냉혹한 독재, 모든 세력의 초긴장 상태, 주민의 낮은 생활수준이라는 문제가 남아 있다. 이런 사실들을 부인하는 것은 터무니없는 짓일 것이다. 그러나 그것들은 새로운 체제의 표현이라기보다는 후진성의 끔찍한 유산이 드러난 것이다.

나라의 경제적 복지 수준이 높아지면 독재는 더 완화되고 부드러워져야 할 것이다. 그러면 인간을 통제하는 현재의 방식은 사물을 관리하는 방식으로 바뀔 것이다. 그것은 로봇으로 가는 길이 아니라, 더 수준 높은 인간으로 가는 길이다.

2. 소비에트 국가는 프롤레타리아 독재라는 외피를 쓰고 과두 권력을 휘두르는 크렘린의 소수 집단이 완전히 지배하고 있는 것 아닌가?

결코 그렇지 않다. 똑같은 계급이 상황에 따라 서로 다른 정치 제도와 방식의 도움을 받아 통치할 수 있다. 그래서 부르주아지는 역사적으로 절대왕정, 보나파르티즘,* 의회 공화국, 파시즘 독재로 자신의 지배를 실행했다. 이 모든 지배 형태의 자본주의적 성격은 국민의 가장 중요한 부富, 생산수단과 학교와 언론을 여전히 부르주아지가 관리하고 통제하는 한, 그리고 법률이 무엇보다 부르주아지의 재산을 보호하는 한 유지된다.

소비에트 체제는 프롤레타리아의 지배를 뜻한다. 권력을 수중에 직접 집중시킨 계층이 얼마나 광범한지는 전혀 중요하지 않다.

3. 소비에트는 아이들에게서 즐거움을 빼앗고 교육을 볼셰비즘의 선전 도구로 만들어 버린 것 아닌가?

아동교육은 어디서나 항상 선전과 관련 있었다. 선전은 손가락보다 손수건이 낫다는 사실을 주입하는 데서 시작되고, [미국의] 공화당 공약이 민주당보다 낫다거나 아니면 그 반대라고 주장하는 데까지 나아간다. 종교 정신의 교육도 선전이다. 사도 바울이 가장 위대한 선전가 중 한 명이라는 사실을 부인하기는 힘들 것이다.

프랑스 혁명으로 널리 보급된 세속적 교육은 뼛속까지 선전으로 물

---

* **보나파르티즘** 계급 지배가 불안정한 시기에 들어서는 독재 체제 또는 독재 체제의 특징을 띤 정권을 가리키는 마르크스주의 용어. 의회 정당이나 대중운동보다는 군대, 경찰, 국가 관료를 기반으로 삼는다 — 영어판 편집자.

들어 있다. 그 세속적 교육의 주요 사상은 모든 미덕이 프랑스 국민, 아니 더 정확히 말하면 프랑스 지배계급에게 고유한 것이라는 견해다.

소비에트의 아동교육도 선전이라는 사실을 부인할 사람은 아마 아무도 없을 것이다. 유일한 차이는 부르주아 나라들에서는 당연하게 여겨지는 낡은 제도와 사상을 존중하도록 아이들에게 주입하는 반면, 소련에서는 새로운 사상을 가르친다는 것이다. 따라서 선전이 바로 눈에 들어온다. 나쁜 의미의 '선전'은 사람들이 보통 원하지 않는 사상을 옹호하고 퍼뜨리는 것을 가리킬 때 쓰는 말이다.

보수주의와 안정의 시대에는 일상적 선전이 두드러지지 않는다. 혁명의 시대에는 선전이 반드시 적대적이고 공격적이기 마련이다. 내가 1917년 5월 초에 우리 가족과 함께 캐나다에서 모스크바로 돌아왔을 때, 우리 아들 둘을 '김나지움'[대략 고등학교에 해당한다 — 영어판 편집자]에 보냈는데, 그 김나지움은 임시정부의 장관 몇 명을 포함한 많은 정치인의 자녀가 다니는 학교였다. 김나지움 전체에서 볼셰비키는 우리 아들 둘뿐이었고 동조자가 한 명 더 있었다. "학교는 정치적 중립을 지켜야 한다"는 공식 규칙에도 불구하고 우리 아들은 겨우 12살이었는데도 볼셰비키라는 이유로 무자비하게 두들겨 맞았다. 내가 페트로그라드 소비에트 의장으로 선출된 뒤 우리 아들은 [이름 대신] '의장'이라고만 불렸으며 갑절로 두들겨 맞았다. 그것은 볼셰비즘에 반대하는 선전이었다.

낡은 사회에 헌신하는 부모와 교사는 '선전'에 반대한다고 떠들어 댄다. [그러나] 국가가 새로운 사회를 건설하려면, 학교에서 시작하는 것 말고 다른 방법이 있겠는가?

"소비에트의 선전은 아이들에게서 즐거움을 빼앗고 있는가?" 무슨 이유로 그리고 어떤 방법으로? 다른 모든 나라의 아이들과 마찬가지로 소련 아이들도 뛰어놀고 노래하고 춤추고 울음을 터뜨린다. 소비에트 체제가 아이들을 비범하게 보살핀다는 것은 심지어 악의적인 관찰자들조차 인정하는 사실이다. 구체제와 비교하면, 유아사망률이 절반으로 낮아졌다.

소련의 아이들이 [그리스도교에서 말하는] 원죄나 천국에 관한 이야기를 전혀 듣지 못한다는 것은 사실이다. 이런 의미에서 아이들은 내세의 즐거움을 빼앗기고 있다고 말할 수도 있겠다. 이[내세] 문제의 전문가는 아무도 없으므로, 나는 그런 손실이 얼마나 큰 것인지를 감히 판단할 수 없다. 그래도 현세의 고통이 내세의 즐거움보다 우선한다는 것은 확실하다. 만약 아이들이 필수 열량을 섭취한다면, 넘치는 생명력이 즐거움의 충분한 이유가 될 것이다.

2년 전에 5살짜리 우리 손자가 모스크바에서 여기[망명지인 터키의 프린키포]로 왔다. 비록 우리 손자는 신에 대해 아무것도 몰랐지만, 나는 그 녀석이 신문지 뭉치로 세면기 배수관을 꽉 막아 버렸을 때를 빼고는 그 애한테서 딱히 범죄 성향이라고 할 만한 것을 전혀 발견할 수 없었다. 우리 손자가 프린키포에서 다른 아이들과 어울려 지내도록 하기 위해 우리는 가톨릭 수녀들이 운영하는 유치원에 그 애를 보내야 했다. 훌륭한 수녀들은 이제 거의 7살이 된 우리 무신론자의 도덕을 그냥 칭찬했을 뿐이다.

바로 이 손자 덕분에 나는 지난해에 러시아의 아동 도서, 즉 러시아인 망명자들이 만든 책뿐 아니라 소비에트의 책도 꽤 잘 알게 됐다. 망명자들의 책에도 소비에트의 책에도 선전은 들어 있다. 그러나 소비에트의 책이 훨씬 더 신선하고, 더 능동적이고, 더 활기차다. 아이들은 이런 책들을 읽거나 [어른들이 읽어 주는 것을] 들으며 무척 즐거워한다. 그렇다, 소비에트의 선전은 아이들에게서 즐거움을 빼앗고 있지 않다.

4. 볼셰비즘은 의도적으로 가족을 파괴하고 있는가?

5. 볼셰비즘은 성에 관한 도덕적 기준을 모조리 파괴하는가?

6. 소련의 제도에서 중혼重婚과 일부다처제가 처벌받지 않는다는 것이 사실인가?

여기서 말하는 '가족'이 결혼 계약, 교회의 승인, 재산권, 단일 여권에* 바탕을 둔 강제적 결합이라면, 그렇다면 볼셰비즘은 이 억압적인 가족을 그 뿌리까지 파괴했다.

여기서 말하는 '가족'이 부모가 자녀를 무제한으로 지배하고 아내는 법률적 권리가 없는 것이라면, 그렇다면 볼셰비즘은 유감스럽게도 이 오래된 사회적 야만의 잔재를 아직 철저히 파괴하지는 못했다.

여기서 말하는 '가족'이 이상적 일부일처제(법률적 의미가 아니라 실질적 의미에서)라면, 그렇다면 운 좋은 예외들 말고는 세상에서 결코 존재하지 않았고 지금도 존재하지 않는 것을 볼셰비키가 파괴할 수는 없을 것이다.

소련의 혼인법이 일부다처제와 일처다부제를 부추긴다는 주장은 전혀 근거가 없다. 결혼 관계를 조사한 통계 자료(실질적 자료)는 구할 수도 없고 존재할 수도 없다. 그러나 길게 나열된 통계 수치들이 없더라도 확실히 말할 수 있는 것은 모스크바의 간통과 결혼 파탄 건수가 뉴욕, 런던이나 파리의 수치와 별로 다르지 않고 어쩌면 훨씬 더 낮을 수도 있

---

* 1914년까지 러시아 기혼 여성은 남편이 허락해야만 자신의 여권을 따로 만들 수 있었다.

다는 것이다.(누가 알겠는가?)

성매매 반대 투쟁은 줄기차게 그리고 상당히 성공적으로 전개됐다. 이것이 입증하는 바는 소련이 성매매에서 가장 파괴적·해악적으로 나타나는 난잡한 성행위를 용납할 의도가 전혀 없다는 것이다.

상호 애정과 협력을 바탕으로 죽을 때까지 오래 지속되는 결혼, 이것이 이상적인 기준이다. 소비에트 학교, 문학, 여론은 흔히 그쪽으로 영향을 미친다. 남성과 여성의 관계가 경찰과 성직자의 속박에서 해방되고 나중에는 경제적 필요라는 속박에서도 해방되면 제 갈 길을 찾을 것이고, 그 길은 생리학과 심리학에 의해서 그리고 인류의 복지에 대한 배려에 의해서 결정될 것이다. 소비에트 체제가 이 문제를 해결하려면 아직 멀었지만, 해결을 위한 만만찮은 전제 조건들은 만들어 냈다. 어쨌든 결혼 문제는 이제 더는 맹목적인 상황의 압력과 무비판적 전통의 문제가 아니다. 그것은 집단적 이성의 과제가 됐다.

해마다 소련에서는 550만 명의 아기가 태어난다. 사망자보다 신생아가 300만 명 이상 많다. 제정 러시아 시절에는 인구가 그렇게 증가한 적이 한 번도 없었다. 이 사실만 봐도 러시아인들의 도덕적 붕괴나 활력 저하 운운하는 것이 어불성설임을 알 수 있다.

7. 근친상간을 형사 범죄로 여기지 않는다는 것이 사실인가?

나는 형사 처벌의 관점에서 이 문제에 관심을 가져 본 적이 없기 때문에, 소련 법률의 근친상간 조항에 관한 정보를 얻기 전에는(그런 조항이 있다면) 답변할 수 없다는 것을 인정해야겠다. 그래도 내 생각에 이 문제 자체는 한편으로는 병리학, 다른 한편으로는 교육의 영역에 속하는 것이지 범죄학의 영역에 속하는 것은 아니다. 근친상간은 인류가 생존하는 데 필요한 바람직한 특성과 능력을 감소시킨다. 바로 그런 이유로 건강한 인간의 대다수는 근친상간을 정상적 기준을 위반한 것으로 여긴다.

사회주의의 목표는 경제 관계뿐 아니라 인간의 생물학적 기능에도 이성을 최대한 많이 투입하는 것이다. 오늘날 이미 소련의 학교들은 인간의 육체와 정신의 현실적 필요에 대해 아이들을 계몽하고자 많은 노력을 기울이고 있다. 내가 다른 나라들보다 러시아에서 병리학적 근친상간 사례들이 더 많을 것이라고 믿을 이유는 전혀 없다. 그와 동시에 나는 바로 이 분야에서 사법적 개입은 이롭기보다는 오히려 해로울 수 있다고 주장하고 싶다. 예컨대, 영국 사법부가 바이런을 감옥에 보냈다면 인류에게 이득이 됐을지 의심스럽다.

8. 요청만으로 이혼할 수 있다는 것이 사실인가?

물론 사실이다. 다르게 묻는 것이 더 적절했을 것 같다. 즉, "혼인 관계에서 어느 한쪽이 요청해도 이혼할 수 없는 나라들이 아직도 있다는 것이 사실인가?"라고.

9. 소련에서는 남성과 여성의 순결을 존중하지 않는다는 것이 사실인가?

내 생각에는 이 분야에서 감소하고 있는 것은 존중이 아니라 위선이다.

예컨대, 평생 소련을 철저히 적대시하고 엄숙한 금욕주의자로 묘사된 '성냥왕' 이바르 크뤼게르가 소련의 콤소몰 청년 남녀는 포옹할 때 교회의 승인을 구하지 않는다며 부도덕하다고 여러 차례 비난한 것은 명백한 사실이지 않은가? [1929년의] 금융 폭락이 없었다면, 크뤼게르는 증권

시장의 의인義人이자 도덕의 기둥으로서 무덤에 묻혔을 것이다. 그러나 지금 언론 보도를 보면, 크뤼게르가 여러 대륙에서 관계를 맺은 여성의 수가 그의 성냥 공장 굴뚝 수보다 훨씬 더 많다.

프랑스·영국·미국의 소설들은 이중 가족, 삼중 가족을 예외가 아니라 규칙으로 묘사한다. 매우 박식한 독일의 청년 관찰자 클라우스 메네르트가 소련 청년들을 다룬 책을 최근 펴냈는데, 거기서 그는 다음과 같이 썼다. "러시아 청년들이 미덕의 모범이 아니라는 것은 사실이지만 … 도덕적으로 그들은 확실히 같은 또래 독일인들보다 결코 수준이 낮지 않다." 나는 이 말이 사실이라고 생각한다.

나는 1917년 2월 어느 날 밤 뉴욕의 전철 안에서 20여 명의 남학생과 여자 친구들을 봤다. 비록 전철 안에는 그들의 일행이 아닌 사람도 많았지만, 아주 발랄한 이 연인들의 행동을 보며 사람들은 모두 다음과 같이 생각했을 것이다. "이 청년들이 비록 원칙적으로는 일부일처제를 신봉하더라도 실천적으로는 여러 우회로를 거쳐 일부일처제에 도달할 것이다"라고.

미국에서 금주법이 폐지된다고 해서 새 정부가 술주정을 부추기려고 애쓴다는 뜻은 결코 아닐 것이다. 마찬가지로, 가정생활, 순결 등을 보호한다는 많은 법률을 소련 정부가 폐지하는 것은 가족의 영속성을 파괴하거나 난잡한 성행위를 부추기려는 노력과 아무 상관이 없다. 그것은 단지 물질적·문화적 수준을 높여서, 형식적 금지나 공허한 설교로는 얻을 수 없는 것을 얻으려는 노력일 뿐이다.

10. 볼셰비즘의 궁극적 목적은 인간 생활에서 벌이나 개미의 단계를 재생산하

려는 것 아닌가?

11. 곤충이 세상을 지배하게 됐다면 널리 퍼졌을 문명 단계와 볼셰비즘의 이상이 다른 점은 무엇인가?

이 두 질문은 인간뿐 아니라 곤충에게도 불공정하다. 개미든 벌이든 인간 역사에 가득 찬 끔찍한 짓들에 책임이 없다. 다른 한편으로, 인간이 아무리 악독하더라도 곤충은 결코 도달할 수 없는 가능성이 인간에게는 있는 법이다. 소련의 임무가 바로 이것, 즉 인간 사회에서 개미의 특성을 파괴하는 것임을 입증하기는 어렵지 않을 것이다.

사실, 개미뿐 아니라 벌도 계급으로 나뉘어 있다. 그래서 일부는 일하거나 싸우고, 다른 일부는 재생산을 전담한다. 사회적 기능의 그런 전문화에서 볼셰비즘의 이상을 볼 수 있을까? 이것들은 오히려 오늘날 우리 문명[자본주의]의 특징이 극한에 이른 것이다. 특정한 종의 개미들이 다른 피부색의 형제 개미들을 노예로 만들고 있는 것이다.

소비에트 체제는 이것과 닮은 구석이 전혀 없다. 개미들은 아직 개미판 존 브라운이나* 에이브러햄 링컨을 탄생시키지 못했다.

벤저민 프랭클린은 인간이 "도구를 만드는 동물"이라고 말했다. 이 유명한 특징 묘사는 마르크스주의 역사 해석의 기초다. 인위적 도구 덕분에 인간은 동물의 왕국에서 벗어나게 됐고 정신노동을 위한 자극을 받았다. 인위적 도구가 노예제에서 봉건제, 자본주의 그리고 소비에트 체제로의 변화를 불러일으킨 것이다.

---

* 존 브라운 미국의 노예제 폐지 운동가. 노예제를 폐지할 수 있는 방법은 무장봉기뿐이라고 생각해서 연방 정부 무기고를 점거했으나 체포돼 반역죄로 처형당했다.

질문의 의미는 분명히 보편적·포괄적 통제가 개성을 죽일 수밖에 없다는 것이다. 따라서 소비에트 체제의 해악은 지나친 통제에 있다는 것이다. 그렇지 않은가? 그러나 일련의 다른 질문들은, 앞서 봤듯이 소련이 인간 생활의 가장 친밀한 분야들, 즉 사랑·가족·성관계 등을 국가 통제 아래 두기를 거부한다고 비난한다. 모순은 더할 나위 없이 분명하다.

소련은 결코 인간의 정신적·도덕적 능력을 통제하는 것을 임무로 삼지 않는다. 오히려 경제생활을 통제해서 모든 인간 개성이 시장의 지배와 시장의 맹목적 힘에서 해방되기를 원한다.

포드는 자동차 생산을 컨베이어 시스템으로 조직했고 그래서 생산량을 엄청나게 늘렸다. 생산기술의 원칙 문제로 들어가 보면, 사회주의의 과제는 컨베이어 시스템 위에서, 즉 부분들의 정확한 조화를 바탕으로 계획을 세워서 전체 국민경제와 국제경제를 조직하는 것이다. 단일 공장에서 모든 공장과 농장으로 이전된 컨베이어 시스템은 포드의 성과조차 디트로이트 곁에 있는 아주 작은 수공업 작업장처럼 보이게 할 만큼 엄청난 생산 실적을 올릴 것이다. 일단 인간이 자연을 정복하게 되면, 일용할 양식을 얻으려고 더는 이마에 땀을 흘리지 않아도 될 것이다. 그것이 바로 개성의 해방을 위한 전제 조건이다.

예컨대, 하루 서너 시간의 노동만으로도 모든 물질적 필요를 대체로 충족할 수 있게 되면 모든 남성과 여성은 일체의 '통제'에서 벗어난 자유 시간을 20시간씩 얻게 될 것이다. [그러면] 교육의 문제들, 즉 인간의 육체적·정신적 구조를 완전하게 발전시키는 문제들이 핵심적 관심사가 될 것이다. 철학과 과학 학파들, 문학·건축·예술 일반의 서로 대립하는 경향들이 처음으로 상류층뿐 아니라 주민 대중 전체에게도 필수적 관심사가 될 것이다. 맹목적 경제력의 압력에서 벗어나게 되면, 여러 집단·경향·학파 사이의 투쟁은 매우 이상적이고 이타적인 성격을 띠게 될 것이다. 이런 분위기에서 인간의 개성은 고갈되지 않을 것이고 오히려 처음으로 활짝 꽃을 피울 것이다.

12. 소련에서는 아이들에게 부모를 존경하지 말라고 가르친다는 것이 사실인가?

그렇지 않다. 그렇게 일반적인 형태의 이 주장은 과장되고 우스꽝스러운 말일 뿐이다. 그래도 기술·사상 또는 방식의 영역에서 일어나는 급속한 진보가 대체로 부모를 포함해서 나이 든 세대의 권위를 떨어뜨린다는 것은 사실이다. 교수들이 다윈의 이론을 가르치면, 이브가 아담의 갈비뼈로 만들어졌다고 믿는 부모들의 권위는 떨어질 수밖에 없는 법이다.

소련에서는 모든 충돌이 비할 바 없이 날카롭고 고통스럽다. 콤소몰의 관습은 자녀를 결혼시킬 때 자신의 현명한 판단에 의지하고 싶어 하는 부모의 권위와 충돌할 수밖에 없다. 트랙터와 콤바인 다루는 법을 배운 적군赤軍 병사는 나무 쟁기로 일하는 아버지의 기술적 권위를 인정할 수 없다.

그 아버지가 자신의 위엄을 지키려고 손으로 성상을 가리키며, 말 안 듣는 아들의 뺨을 때려 봐야 소용없다. 부모들은 종교적 무기에 의존한다. 그러나 학교의 공식적 권위에 스스로 근거한 자녀들은 자신들이 더 잘 무장돼 있음을 보여 준다. 자존심에 상처를 입은 부모들은 흔히 국가를 비난한다. 이것이 바로 새 체제의 근본적 과제들에 적대적인 가족에서 보통 일어나는 일이다. 프롤레타리아 부모의 다수는 국가가 부모 구실을 더 많이 인수함에 따라 자신들의 권위가 상실되는 것을 더 쉽게 받아들인다. 그렇지만, 이 집단들 안에서도 세대 갈등은 있기 마련이다. 농민 사이에서는 세대 갈등이 특별히 첨예하게 나타난다. 이것은 좋은 일인가 나쁜 일인가? 나는 좋은 일이라고 생각한다. 그렇지 않다면 진보는 없을 것이다.

내 경험을 짧게 얘기하고 싶다. 17살 때 나는 집과 결별해야 했다. 우리 아버지가 내 인생의 진로를 결정하려고 하셨기 때문이다. 아버지는 나에게 다음과 같이 말씀하셨다. "300년이 지나도 네가 말한 목표는 실현되지 않을 것이다." 그 목표라는 것도 고작 왕정을 전복하는 것이었을 뿐이다. 나중에 아버지는 당신의 영향력에 한계가 있음을 알게 되셨고, 그래서 나와 우리 가족의 관계는 회복됐다. 10월 혁명 뒤에 스스로 실수를 깨달으신 아버지는 "네가 말한 진리가 더 강력하더구나" 하고 말씀하셨다. 그런 사례는 수천 개나 있고, 나중에는 수십만, 수백만 개라도 들 수 있을 것이다. 그것이 바로 '낡은 속박'이 산산조각 나는 결정적 격변기의 특징이다.

13. 볼셰비즘은 종교를 처벌하고 종교 예배를 법으로 금지한다는 것이 사실인가?

의도적 날조인 이런 주장은 결코 부인할 수 없는 사실·증거·증언에 의해 수없이 많이 반박당했다. 그런데도 왜 항상 새롭게 다시 나타나는가? 왜냐하면 교회가 [정부] 예산과 경찰력의 지원을 받지 못할 때 그리고 교회에 반대하는 사람들이 박해라는 [교회의] 보복에 굴복하지 않을 때 교회 자신이 박해받는다고 생각하기 때문이다.

많은 국가에서 종교 신앙에 대한 과학적 비판을 범죄로 여긴다. 다른 나라들에서는 그냥 용인한다. 소비에트 국가는 다르게 행동한다. 종교 예배를 범죄로 여기지 않고 다양한 종교의 존재를 용인하지만, 그와 동시에 종교 신앙에 반대하는 유물론적 선전을 공공연하게 지지한다. 바로 이런 상황을 교회는 종교적 박해로 해석하는 것이다.

14. 볼셰비키 국가는 종교를 적대하면서도 무지한 대중의 편견을 이용한다는 것이 사실인가? 예컨대, 러시아인들은 성인聖人이라도 사후 시체가 썩어 버리면 하늘나라에 들어갈 수 없다고 생각한다. 그래서 볼셰비키는 레닌의 미라를 인위적으로 보존하는 것 아닌가?

그렇지 않다. 이것은 편견과 적대감이 만들어 낸 완전히 틀린 해석이다. 내가 훨씬 더 자유롭게 이런 주장을 할 수 있는 이유는 아주 처음부터 나는 레닌의 부인 N K 크룹스카야와 마찬가지로 레닌의 시체를 방부 처리하고 영묘靈廟를 건설하는 등에 단호하게 반대했기 때문이다. 만약 레닌이 병상에 누워 있을 때 자신이 사후에 파라오처럼 미라로 만들어질 것이라는 사실을 알았다면 틀림없이 분노해서 미리 당에 호소했을 것이다. 나는 이런 이견을 강력하게 주장했다. 레닌의 시체는 레닌의 정신과 어긋나게 사용돼서는 안 됐다.

나는 또, 레닌의 시체를 방부 처리해서 '썩지 않게' 만들면 종교적 미신을 부추길 수 있다는 사실도 지적했다. 방부 처리 발상을 옹호하고 주도한 것이 분명한 크라신은* 다음과 같이 내 주장에 반대했다. "오히

---

* 레오니트 크라신(1870~1926) 고참 볼셰비키 당원으로 1922~1924년에 대외무역 인민위원을 지냈다 — 영어판 편집자.

려, 신부들에게 기적의 문제였던 것이 우리 손에서는 기술의 문제가 될 것이다. 우리나라에 그토록 위대한 변화를 가져다준 사람이 어떻게 생겼는지를 수많은 사람이 알게 될 것이다. 과학의 도움을 받아서 우리는 대중의 이런 정당한 관심을 충족시킬 것이고, 그와 동시에 그들에게 시체가 썩지 않는 신비도 설명할 수 있게 될 것이다."

틀림없이 영묘 건설은 정치적 목적이 있었다. 스승의 권위를 이용해 제자들의 권위를 끊임없이 강화하는 것이 목적이었다. 그렇지만 여기서 종교적 미신의 활용을 볼 이유는 전혀 없다. 영묘 방문객은 시체가 썩지 않고 보존되는 것은 화학 덕분이라는 설명을 듣게 되니까 말이다.

지금까지 우리의 답변은 소련의 현재 상황을 대충 얼버무리려는 것도 아니었고 경제적·문화적 성과를 과소평가하려는 것도 아니었으며 소련이 이미 사회주의 단계에 도달했다는 것은 더더욱 아니었다. 소련 체제는 지금도 그렇고 앞으로도 오랫동안 모순과 극단적 어려움으로 가득 찬 이행기 체제일 것이다. 그래도 우리는 사실의 발전에 비춰서 사실을 받아들여야 한다. 소련은 로마노프 제국의 유산을 물려받았다. 그리고 15년 동안 적대적 세계에 둘러싸인 채 살아왔다.

포위당한 요새의 상황은 [프롤레타리아] 독재에 특별히 조야한 형태를 부여했다. 일본의 정책들을 보며 러시아는 결코 안전하다고 느낄 수 없다. 그러나 소련 영토에서 소련과 전쟁을 벌였던 미국이 오늘 이때까지도 모스크바와 외교 관계를 수립하지 않고 있다는 사실 또한 소련 내부 체제에 엄청난 영향, 물론 부정적 영향을 미쳐 왔다.

가족 관계의 테르미도르 반동*

레온 트로츠키

10월 혁명은 여성에 대한 의무를 정직하게 이행했다. 신생 혁명정부는 여성의 정치적·법률적 권리를 남성과 평등하게 보장했을 뿐 아니라, 더 중요하게는 여성이 모든 형태의 경제적·문화적 활동을 할 수 있도록 실질적으로 보장하는 데서 지금껏 그 어떤 정부보다 더 많은 일을 했다. 그러나 '전능한' 영국 의회와 마찬가지로, 아무리 대담한 혁명도 여성을 남성으로 바꾸지는 못한다. 다시 말해, 임신·출산·육아의 부담을 남성과 여성에게 똑같이 나눠 줄 수는 없다.

출처: 트로츠키가 1936년 노르웨이에서 쓴 《배반당한 혁명》에서 발췌.

* 테르미도르 반동 프랑스 혁명력으로 테르미도르 9일, 곧 1794년 7월 27일에 일어난 반혁명 쿠데타다. 트로츠키와 그가 이끈 좌익반대파는 스탈린의 권력 장악을 테르미도르 반동에 비유했다.

혁명은 이른바 가정생활을 파괴하고자 영웅적으로 노력했다. 즉, 노동하는 계급의 여성이 어려서부터 죽을 때까지 노예처럼 일해야 하는 낡고 고루하고 침체된 제도를 파괴하려 했다. 계획대로라면, 폐쇄적 소기업 같은 가족은 사라지고 사회적 돌봄 시설과 체계가 완성돼야 했다. 즉, 산부인과, 어린이집, 유치원, 학교, 공공 식당, 공공 세탁소, 응급치료기관, 병원, 요양원, 체육 시설, 영화관 등이 설립돼야 했다. 가족의 가사 기능을 사회주의 사회의 제도들이 완전히 흡수해서 모든 세대를 연대와 상호부조 속에 단결시키면 여성(과 따라서 서로 사랑하는 연인)을 수천 년간 지속된 족쇄에서 진정으로 해방할 수 있을 터였다.

이 핵심적인 문제는 지금까지도 해결되지 않았다. 소련의 4000만 가족 가운데 압도 다수는 여전히 중세의 관습이나 문화, 여성 노예제와 히스테리, 아이들에 대한 일상적 천대, 여성과 아이의 미신이 자라나는 온상이다. 우리는 이 점에 대해 어떤 환상도 품어서는 안 된다. 바로 그런 이유로, 소련에서 가족 문제를 다루는 방식의 잇따른 변화야말로 소련 사회의 실제 성격과 그 지배층의 진화를 가장 잘 보여 준다.

낡은 가족을 단번에 제거할 수는 없었다. 의지가 부족해서도 아니고 가족이 사람들의 마음속에 너무 확고하게 뿌리내리고 있어서도 아니었다. 오히려 정부와 정부가 설립한 어린이집·유치원 등의 시설을 불신한 짧은 기간을 거친 뒤에 여성 노동자(와 나중에 선진적 농민)은 가족 경제 전체의 사회화뿐 아니라 집단적 육아의 엄청난 장점도 인정하게 됐다. 그러나 불행히도 사회가 너무 빈곤하고 문화 수준이 낮다는 것이 드러났다. 국가의 실제 자원은 공산당의 계획이나 의도에 부합하지 않았다. 가족은 '폐지'할 수 없고 대체해야 한다. 여성의 진정한 해방은 "빈곤이 널리 퍼진" 상황에서는 실현될 수 없다. 경험은 곧 이 냉혹한 진실, 즉 마르크스가 80년 전에 이미 명확하게 설명한 진실을 입증했다.

식량이 부족한 시기에 노동자들(과 일부 노동자 가족들)은 가능하다면 항상 공장과 그 밖의 공공 식당에서 밥을 먹었고, 이 사실은 공식적으로 사회주의 생활 방식으로의 이행으로 여겨졌다. 여기서 전시공산주의, 신경제정책, 제1차 5개년계획 등 서로 다른 시기의 특징들을 다시 살펴볼 필요는 없을 것이다. 사실은 1935년에 식량 배급 제도가 폐지되자 형편이 나은 노동자들은 모두 가정의 식탁으로 돌아가기 시작했다는 것이다. 이런 후퇴를 사회주의 체제에 대한 유죄 선고로 여긴다면 맞지 않을 것이다. 왜냐하면 사회주의 체제는 결코 시도된 적이 없기 때문이다. 그러나 관료들이 조직한 '공공 급식'에 대한 노동자들과 그 아내들의 평가는 훨씬 더 통렬했다. 공공 세탁소에 대해서도 똑같은 결론을 내려야 하는데, 공공 세탁소에서는 빨랫감이 세탁되는 것보다 찢어지고 도둑맞는 경우가 더 많았기 때문이다. 그러니 가정으로 다시 돌아가라!

그러나 지금 선전가들과 언론인들이 반쯤은 부끄러워하면서 칭송하는 가정 식사와 가정 세탁은 노동자의 아내들이 다시 냄비와 솥으로 돌아간다는 뜻이다. 즉, 옛날의 노예제로 되돌아가는 것이다. "소련에서는 사회주의가 돌이킬 수 없이 완벽하게 승리했다"는 공산주의인터내셔널의 결의문이 공장 지대 여성들에게 과연 설득력이 있을지 의심스럽다!

농촌의 가족은 가내수공업뿐 아니라 농업과도 밀접한 관련이 있어서 도시의 가족보다 한없이 더 안정적이고 보수적이다. 대체로 활기 없는 소수의 농촌 공동체에서만 첫 시기[전시공산주의]에 공공 식당과 보육 시설을 도입했다. 처음에 [농업] 집산화를 선언한 것은 가족 분야에서 결정적 변화를 선도하기 위한 것이었다. 농민의 소뿐 아니라 닭도 징발한 것은 충분한 이유가 있었다. 어쨌든, 농촌에서 공공 식당이 급속히 확산되고 있다는 보도가 계속 흘러나왔다. 그러나 후퇴가 시작되자 이런 허풍의 그늘에 가려져 있던 현실이 갑자기 나타났다.

농민은 대체로 집단농장에서 자신이 먹을 식량과 가축 사료만을 얻는다. 육류·유제품·채소는 거의 전부 집단농장에 인접한 개인 소유지에서 얻는다. 그리고 가장 중요한 생활필수품을 가족의 개별적 노력으로 얻게 되면, 공공 식당은 더 얘기할 필요도 없어진다. 따라서 [개인 소유의] 소규모 농장들은 가정의 새로운 토대를 만들어 내면서, 여성에게 이중의 부담을 지우고 있다.

1932년에 어린이집의 상시 수용 인원은 겨우 60만 명이었고, 들판에서 일하는 계절에만 어린이집에 수용되는 인원이 약 400만 명이었다. 1935년에 아기 침대 수는 560만 개였지만, 상시 이용 가능한 것은 전체의 극히 일부에 불과했다. 더욱이, 모스크바나 레닌그라드, 그 밖의 대도시에서도 기존 어린이집들은 대부분 별로 까다롭지 않은 요구조차 충족하지 못했다. 그래서 소련의 주요 신문 하나는 "아이가 집보다 더 나쁘다고 느끼는 어린이집은 어린이집이 아니라 저질 고아원일 뿐이다" 하고 불평했다. 형편이 더 나은 노동자 가족들이 어린이집을 기피하는 것은 당연하다. 그러나 고되게 일하는 평범한 노동자 대중에게는 이런 '저질 고아원'조차 수가 부족하다. 아주 최근에 [소비에트] 중앙집행위원회는 버려진 아이들과 고아들이 사설 기관에서 양육돼야 한다는 결의문을 채택했다. 따라서 관료들의 정부는 그 최고 기관을 통해서, 가장 중요한 사회주의의 기능이 실패했음을 인정한 것이다.

유치원 어린이의 수는 1930~1935년에 37만 명에서 118만 1000명으로 늘어났다. 가장 적었던 1930년의 수치도 놀랍지만, 1935년의 수치 또한 소련 가족의 수에 비하면 태평양의 물 한 방울에 불과한 것처럼 보인다. 더 조사해 보면, 이 유치원 가운데 가장 좋은 곳들, 심지어 대부분이 정부 관리나 기술 담당자, 스타하노프 운동원* 등의 자녀가 다니는 곳이라는 사실이 드러날 것이다.

바로 그 중앙집행위원회가 얼마 전에 "어린이 유기와 방치를 근절하기 위한 결의문이 제대로 실행되고 있지 않다"고 공개적으로 인정할 수밖에 없었다. 이 몰인정한 고백의 이면에 숨어 있는 것은 무엇인가? 우리가 신문에 작은 글씨로 인쇄된 기사를 통해서 오로지 우연히 알게 된 사실은 모스크바에서 1000명이 넘는 아이들이 "매우 어려운 조건"에서 살고 있다는 것이다. 또, 수도의 이른바 '아이들의 집'[고아원]에는 갈 데가 없어서 거리로 내몰린 청소년 약 1500명이 있다. 그리고 1935년의 가을 두 달 동안 모스크바와 레닌그라드에서는 "자녀를 돌보지 않고 버린 죄로 법정에 선 부모가 7500명이었다." 그들을 법정에 세운들 무슨 도움이 될까? 얼마나 많은 부모가 법정에 서는 일을 모면했을까? "매우 어려운 조건"에서 사는 아이들 중에 아직 통계에 잡히지 않은 경우는 또 얼마나 많을까? 매우 어려운 조건과 그냥 어려운 조건은 무슨 차이일까? 이런 물음들에 대해서는 아직 답을 찾을 수 없다. 집 없는 아이들이(드러나지 않은 아이뿐 아니라 분명히 드러난 아이도) 엄청나게 많다

---

* 스타하노프 운동 1935년 소련에 도입된 노동생산성 강화 제도였는데, 임금 격차를 크게 늘렸기 때문에 노동자 대중의 광범한 불만을 자아냈다 — 영어판 편집자.

는 것은 낡은 가족이 너무 빨리 해체되는 반면 새로운 제도가 이를 대체하지 못하는 중대한 사회적 위기의 결과다.

바로 이 우연한 신문 기사들과 범죄 기록의 사례들에서 독자는 소련에 성매매, 즉 돈을 낼 수 있는 남성들의 이익을 위해 여성이 극단적으로 타락하는 현상이 존재한다는 사실을 발견할 수 있을 것이다. 지난 해[1935년 — 영어판 편집자] 가을 〈이즈베스티야〉는 갑자기 독자들에게 "프롤레타리아의 수도 거리에서 몰래 몸을 파는 여성이 1000명이나" 체포된 모스크바의 사례를 알려 줬다. 체포된 여성 중에는 노동자 177명, 점원 92명, 대학생 5명 등이 있었다. 무엇이 그들을 거리로 내몰았는가? 낮은 임금과 빈곤, "옷이나 신발을 사는 데 필요한 돈을 약간 벌고 싶어서"가 그 이유였다.

이 사회악의 실상을 대충이나마 알려고 해 봐야 소용없을 것이다. 엄숙한 관료들이 통계학자에게 침묵을 지키라고 명령하기 때문이다. 그러나 그런 강요된 침묵 자체가 소련에 성매매 '계급'이 많다는 것을 보여 주는 명백한 증거다. [성매매는] "과거의 유물"이라는 주장은 근본적으로 말이 안 된다. 왜냐하면 성매매 여성이 젊은 세대에서 나오기 때문이다. 물론 이성적인 사람이라면, 문명만큼이나 오래된 이 상처를 소련 정권 탓으로 돌릴 생각은 하지 않을 것이다. 그러나 성매매가 엄연히 존재하는 마당에 사회주의의 승리 운운하는 것은 결코 용서할 수 없는 일이다. 신문들은 (이 민감한 주제를 다뤄도 좋다고 허가받을 때는) 틀림없이 "성매매는 감소하고 있다"고 주장한다. 이 말은 굶주림과 쇠퇴의 시기(1931~1933년)와 비교하면 사실일 수 있다. 그러나 그때 이후 현물 배급제가 모두 폐지되고 화폐 관계가 복원됐으므로 불가피하게 집 없는 아이뿐 아니라 성매매 여성도 다시 늘어날 것이다. 어디든지 특권층이 있는 곳에는 버림받은 사람들이 있기 마련이다!

집 없는 아이가 많다는 것은 어머니의 곤경을 보여 주는 가장 확실하고 가장 비극적인 징후다. 이 문제에 대해서는 낙관적인 〈프라우다〉조차 때로는 다음과 같이 쓰라린 고백을 할 수밖에 없다. "많은 여성에게 출산은 자신의 처지를 심각하게 위협하는 일이다." 바로 이런 이유로, 혁명적 권력은 여성에게 낙태권을 부여했던 것이다. 내시와 노처녀가 이 문제에 대해 뭐라고 말하든 간에 빈곤과 가족의 고통이라는 상황에서 낙태권은 여성의 가장 중요한 시민적·정치적·문화적 권리들 가운데 하나다. 그러나 그 자체로도 충분히 우울한 이 여성권조차 현재의 사회적 불평등 아래서는 하나의 특권으로 바뀌고 있다. 낙태 시술에 관해서 언론에 조금씩 흘러나오는 정보는 말 그대로 충격적이다. 1935년에 우랄 지방의 어느 군에 있는 한 마을 병원에서만 "산파가 불구로 만든 여성이 195명이나 된다." 그중에는 여성 노동자 33명, 사무직 노동자 28명, 집단농장 여성 65명, 주부 58명 등이 있었다. 이 우랄 지방의 군과 다른 대다수 군의 차이점은 낙태 관련 정보가 우연히 언론에 알려졌다는 것뿐이다. 날마다 소련 전역에서 얼마나 많은 여성이 불구가 되고 있을까?

낙태에 의존할 수밖에 없는 여성들에게 의료 시설과 위생 환경을 제공하지 못하는 무능함이 드러나자, 국가는 갑자기 낙태를 금지하는 쪽으로 방향을 틀고 있다. 그리고 다른 상황에서도 그랬듯이, 관료들은 필요를 미덕으로 바꿔 버린다. 소련 최고재판소 판사인 솔츠는 결혼 문제 전문가인데, 실업자 등등이 없는 사회주의 사회에서는 여성이 "모성의 기쁨"을 거부할 권리가 없다고 강변하면서 곧 실행될 낙태 금지 정책을 정당화한다. 그야말로 경찰의 권력을 가진 성직자의 철학이다. 집권당의 중앙 기관지가 많은 여성에게 출산은 "자신의 처지를 심각하게 위협하는 일"이라고 말했는데, 이것은 압도 다수에게 더 맞는 말일 것이다. 소련의 최고 기관이 "어린이 유기와 방치를 근절하는 일이 제대로 실행되고 있지 않다"고 말했는데, 이것은 분명히 집 없는 아이들이 다시 늘어난다는 뜻이다. 그러나 소련의 최고재판소 판사는 "사는 게 행복한" 나라에서 낙태를 하면 감옥에 갇히는 처벌을 받을 것이라고 말하는데, 이것은 사는 게 서글픈 자본주의 나라들과 똑같다.

서방과 마찬가지로 소련에서도 교도소 간수의 손아귀에 떨어질 사람들은 주로 노동하는 여성, 하인, 농민의 아내일 텐데, 이들의 고통은 주머니 속의 송곳처럼 감추기 힘들기 때문이다. [반면에] 고급 향수를 비롯한 갖가지 사치품의 수요를 창출하는 "우리 여성들"은 전과 마찬가지로 너그러운 판사의 코앞에서 하고 싶은 대로 할 것이다. 솔츠는 집 없는 사람들을 애써 외면한 채 "우리에게는 사람이 필요하다" 하고 결론을 내린다. "그렇다면 직접 아이를 낳으시죠" 하고 수많은 여성 노동자는 그 고위 법관에게 대꾸할 수 있을 것이다. 만약 관료 집단이 그 여성들의 입을 봉해서 침묵하게 만들지 않는다면 말이다. 이 신사 양반들은 사회주의란 여성이 낙태할 수밖에 없게 만드는 원인을 제거하려는 것이지, 역겨운 경찰을 동원해 모든 여성의 가장 내밀한 삶의 영역에 개입해서 "모성의 기쁨"을 강요하려는 것이 아니라는 사실을 완전히 망각했다.

낙태를 금지하는 법률 초안이 이른바 일반 대중의 논의에 부쳐지자, 검열이 극심한 소련 언론조차 격렬한 불만과 억눌린 항의가 터져 나오는 것을 막지 못했다. 그래서 일반 대중의 논의는 시작되자마자 갑자기 중단됐고, 6월 27일 중앙집행위원회는 그 수치스런 초안을 세 곱절 더 수치스런 법률로 바꿔 버렸다. 심지어 관료 집단의 공식 옹호자들 가운데 일부조차 당혹스러워할 정도였다. 루이스 피셔는* 이 법이 불행한 오해 비슷한 것이라고 말했다. (상류층 부인들을 제외한) 여성에게 억압적인 새 법률은 사실, 테르미도르 반동의 자연스런 논리적 결과다.

루블화의 복권과 동시에 일어난 가족의 엄숙한 복권(얼마나 기막힌 우연의 일치인가!)은 국가의 물질적·문화적 실패에서 비롯했다. 소련 지도자들은 "사람들 사이에서 사회주의적 관계를 창출하기에는 우리가 아직도 너무 가난하고 무지하다는 것이 입증됐다. 이 목표는 우리의 다음 세대와 그다음 세대에서 실현될 것이다" 하고 공개적으로 선언하지 않고, 오히려 깨진 가족의 껍질을 다시 접착제로 붙이도록 사람들에게 강요하고 있다. 그뿐 아니라, 극단적 처벌의 위협을 동원해서 가족을 승리한 사회주의의 신성한 핵심으로 여기도록 강요하고 있다. 이런 후퇴의 범위를 눈으로 가늠하기는 어렵다.

입법자와 소설가, 법원과 경찰, 신문과 학교 등 모든 사람과 모든 것이 새로운 방향으로 나아가고 있다. 순진하고 정직한 공산당원 청년 한 명이 대담하게도 콤소몰 신문에 "어떻게 하면 여성이 가족의 족쇄에서 벗어날 수 있는가 하는 문제를 해결하는 데 몰두하는 편이 더 나을 것"이라고 썼다가, 두어 차례 답글에서 세게 두들겨 맞고는 침묵을 지킨다.

---

* 루이스 피셔(1896~1970) 미국인으로 잡지 〈네이션〉의 유럽 통신원이었다. 스탈린주의자였다가 매카시즘 시기에 반공주의자로 전향했다.

공산주의의 ABC는 '좌편향'으로 선언된다. 교양 없는 속물들의 어리석고 케케묵은 편견이 새로운 도덕이라는 이름으로 되살아난다. 그리고 이 광대한 나라의 전국 방방곡곡 일상생활에서 도대체 무슨 일이 일어나고 있을까? 언론은 가족의 영역에서 일어나고 있는 심각한 테르미도르 반동을 아주 미미하게 반영하고 있을 뿐이다.

복음주의의 고귀한 열정은 죄악의 증가와 함께 증대하기 때문에, 소련 지배층 사이에서는 십계명 제7조가* 큰 인기를 얻고 있다. 소련의 도덕주의자들은 문구를 약간 고치기만 하면 된다. 너무 빈번하고 쉬운 이혼에 반대하는 운동이 시작됐다. 입법자들의 창조적 사고는 이혼 신고를 할 때 돈을 내고 이혼이 반복되면 돈의 액수가 올라가는 '사회주의적' 조처 등을 이미 발명했다. 앞에서, 가족의 부활은 루블화의 교육적 구실 증대와 나란히 진행된다고 말한 것은 충분한 이유가 있다. 이혼 신고에 세금을 매기면, 돈을 내기 힘든 사람들의 이혼 신고가 어려워질 것이라는 점은 틀림없다. 아마 상류층 사람들에게는 세금 납부가 전혀 어려운 일이 아닐 것이다. 더욱이, 좋은 아파트, 자동차, 그 밖의 좋은 것들을 소유한 사람들은 불필요하게 공개하지 않고 따라서 신고하지도 않고 개인적 일을 처리한다. 오직 사회 밑바닥 사람들에게만 성매매는 무겁고 수치스런 일이다. 권력과 안락이 결합돼 있는 소련 사회의 상층에서는 성매매가 작은 상호 서비스라는 우아한 형태를 띠거나 심지어 '사회주의적 가족'으로 가장하기도 한다. 이미 우리는 '자동차-하렘[첩] 요인'이 지배층의 타락에서 중요한 구실을 한다는 것을 소스노프스키한

---

* "간음하지 말라."

테 들어서 알고 있다.*

[서방에서] '소련의 친구들'을 자처하는 시인이나 학자, 기타 등등의 사람들은 아무것도 보지 않으려 하는 눈뜬장님들이다. 10월 혁명으로 제정된 혼인법과 가족법은 한때 정당한 자랑거리였는데, 이제는 부르주아 나라들의 법률을 마구 빌려 오는 바람에 자꾸 바뀌어서 만신창이가 되고 있다. 그리고 전에는 이혼과 낙태의 자유를 무조건 지지하기 위해 "여성해방", "개인의 권리 보장", "모성 보호" 같은 주장들을 내세웠지만, 이제는 마치 이를 비웃으며 배신을 과시하려는 듯이 이혼과 낙태의 자유를 제한하고 완전히 금지하기 위해 그런 주장들을 되풀이하고 있다.

이런 후퇴는 역겨운 위선의 형태를 취할 뿐 아니라, 냉혹한 경제적 필요가 요구하는 것보다 한없이 멀리 나아가고 있다. 위자료 지급 같은 부르주아 방식으로 돌아가게 만드는 객관적 원인에 더해서, 지배층은 부르주아 법률을 강화하는 데 사회적 이해관계가 있다. 지금 관료 집단이 가족을 숭배하는 가장 강력한 동기는 그들에게 안정된 위계질서가 필요하다는 것, 그리고 권위와 권력을 뒷받침하는 4000만 개의 거점들을 이용해 청년들을 훈육할 필요가 있다는 것이다.

새 세대 교육을 국가의 수중에 집중시키려는 희망이 여전히 살아 있

---

* **레프 세먀노비치 소스노프스키**(1886~1937) 좌익반대파의 초기 지도자 중 한 명이었고 소련 국내에서 스탈린 분파에게 마지막으로 투항한 사람들 가운데 하나였다. 《배반당한 혁명》의 앞부분에서 트로츠키는 다음과 같이 썼다. "유명한 소련 언론인 소스노프스키는 '자동차-하렘 요인'이 소련 관료 집단의 도덕을 형성하는 데서 특별한 구실을 했다고 지적했다. … 소스노프스키가 전에 쓴 기사들에는 … 새 지배층의 생활에서 나타나는 잊지 못할 일화들이 간간이 나오는데, 이 일화들은 정복자가 피정복자의 도덕에 얼마나 깊이 동화됐는지를 분명히 보여 준다." — 영어판 편집자.

는 동안에는 정부는 '나이 든 사람들', 특히 어머니와 아버지의 권위를 존중하는 데 관심이 없었을 뿐 아니라, 오히려 정체된 생활 방식의 전통에서 아이들을 보호하기 위해 아이들과 가족을 분리하려고 최선을 다했다. 제1차 5개년계획 기간이었던 겨우 얼마 전까지만 해도 학교와 콤소몰은 아이들을 이용해서, 술고래 아버지나 종교적인 어머니를 폭로하고 망신 주고 일반적으로 '재교육'하고 있었다(그것이 얼마나 성공했는지는 또 다른 문제다). 어쨌든, 이 방법으로 부모의 권위는 뿌리째 흔들렸다. 이 중요한 영역에서도 이제 급격한 전환이 이뤄지고 있다. 십계명 제7조와 함께 제5조도* 완전히 복권됐다. 물론 아직 신을 거론하는 단계까지는 나가지 않았다. 그러나 프랑스의 학교들은 이런 [십계명 같은] 보완책이 없어도 보수주의와 판에 박힌 일상을 얼마든지 주입하고 있다.

그렇지만 나이 든 세대의 권위에 대한 배려는 이미 종교 정책의 변화로 이어졌다. 신과 천사와 기적을 부정하는 태도는 혁명적 권력이 아이들과 부모 사이에 박은 가장 날카로운 쐐기였다. 문화의 발전, 진지한 선전, 과학적 교육을 앞지르면서, 교회에 맞선 투쟁은 야로슬랍스키** 같은 자들의 지도하에서 흔히 익살극이나 장난으로 변질됐다. 가족을 기습하는 일과 마찬가지로 천국을 기습하는 일도 이제 중단됐다. 자신들의 체면과 평판을 걱정하는 관료 집단은 젊은 '무신론자들'에게 투쟁의 무기를 버리고 앉아서 책이나 읽으라고 명령했다. 종교와 관련해서, 모

---

* "네 부모를 공경하라."

** 에멜리얀 야로슬랍스키(1878~1943) 종교를 비판하는 선전을 하려고 만들어진 기구인 무신론협회의 지도자였다.

순된 중립 정책이 점차 확립되고 있다. 그러나 그것은 첫 단계일 뿐이다. 상황이 오로지 관료 집단에 의해서만 결정된다면, 둘째·셋째 단계를 예측하기는 어렵지 않을 것이다.

지배적 견해의 위선은 어디서나 항상 사회적 모순의 제곱이나 세제곱으로 발전한다. 이데올로기의 역사 법칙을 수학의 언어로 번역하면 대략 그렇다. 제대로 된 사회주의는 탐욕 없는 인간관계, 질시와 음모 없는 우애, 치사한 이해타산 없는 사랑을 뜻한다. 소련의 공식 독트린은 이런 이상적 규범들이 이미 실현됐다고 선언한다(그러나 현실은 그런 선언에 더 큰소리로 더 집요하게 항의한다). 예컨대, 1936년 4월에 채택된 콤소몰의 새 강령은 다음과 같이 주장한다. "진정한 남녀평등을 바탕으로 새로운 가족이 생겨나고 있다. 이 새로운 가족의 번영이 소비에트 국가의 관심사가 될 것이다."

공식 논평은 이 강령을 다음과 같이 보충한다. "우리 청년들은 평생 친구, 즉 아내나 남편을 선택할 때 오직 하나의 동기, 하나의 자극밖에 모른다. 그것은 바로 사랑이다. 돈을 위한 부르주아 정략결혼은 우리 자라나는 세대에게는 존재하지 않는다"(1936년 4월 4일자 〈프라우다〉). 평범한 남녀 노동자들에 관한 한 이 말은 거의 사실이다. 그러나 "돈을 위한 결혼"은 자본주의 나라의 노동자들도 거의 알지 못한다. 소련의 중간층과 상류층에서는 사정이 사뭇 다르다. 새로운 사회집단들은 저절로 인간관계에 자신의 흔적을 남기기 마련이다. 성의 관계에서 돈과 권력이 만들어 내는 악덕이 소련 관료 집단 사이에서 만연하고 있다. 마치 이 문제에서 서방 부르주아지를 능가하겠다는 목표라도 세운 듯하다.

앞서 인용한 〈프라우다〉 기사와 완전히 모순되게도, "정략결혼"은 소련 언론 자체가 우연히 또는 어쩔 수 없이 솔직하게 실토하듯이 이제는 완전히 되살아났다. 자격 조건, 임금, 직위, 군대 계급장이 점점 더 중요해지고 있다. 그것들이 신발, 모피 코트, 아파트, 욕실 그리고 (가장 선망하는 대상인) 자동차와 직결되기 때문이다. 해마다 모스크바에서는 방 하나를 구하려는 투쟁 때문에 만나고 헤어지는 커플이 적지 않다. 또, 친인척 문제가 특별히 중요해졌다. 장인이 군 사령관이나 영향력 있는 공산당원이고 장모가 고위 관리의 누이라면 많은 도움이 될 것이기 때문이다. 이것이 놀라운 일일까? 그러지 않는 게 놀라운 일일 것이다.

소련에 관한 중요한 책에서 가장 극적인 장章들은 소련 가족의 불화와 해체를 다룬 이야기일 것이다. 남편은 당원, 노동조합원, 군 지휘관, 관리자 등을 거치면서 새로운 삶의 묘미를 얻고 키우고 발전하지만, 아내는 가족에 짓눌려서 옛날 수준 그대로다. 두 세대의 소련 관료 집단이 걸어온 길은 [사회에서] 거부당하고 뒤처진 아내들의 비극으로 점철돼 있다. 똑같은 현상이 이제 새 세대에서도 나타날 것이다. 가장 천박하고 잔인한 짓들은 아마 고위 관료들 사이에서 찾아볼 수 있을 것이다. 왜냐하면 그중에 매우 많은 수가 교양은 거의 없고 자신은 뭐든지 해도 된다고 생각하는 졸부 같은 자들이기 때문이다. 앞으로 언젠가 각종 문서와 회고록 등이 공개되면, 가족 도덕과 강제적인 "모성의 기쁨"을 주장하던 복음주의자들이 아내와 여성 일반에게 저지른 범죄들이 고스란히 드러날 것이다. 그들이 비록 지금은 자신들의 지위 덕분에 처벌을 면하고 있지만 말이다.

그렇다, 소련 여성은 아직 해방되지 않았다. 법 앞의 완전한 평등은 지금까지 여성 노동자나 특히 여성 농민보다는 상류층 여성, 관료적·기술적·교육적 노동의 대표자, 일반적으로 정신노동의 대표자들에게 한없이 더 많은 것을 제공했다. 사회가 직접 나서서 가족의 물질적 걱정을 해결하지 못하는 한, 여성-어머니는 집안일을 거들어 줄 보모·하인·요리사 등의 백인 노예가 있을 때만 자신의 사회적 기능을 성공적으로 해낼 수 있다. 소련 인구를 구성하는 4000만 가구 가운데 5퍼센트, 어쩌면 10퍼센트는 이런 가내노예의 노동에 직접 또는 간접으로 의지해서 '가정생활'을 영위한다. 소련 하인의 정확한 인구 통계는 소련 여성의 처지를 사회주의적으로 평가하는 데서 소련 법률 전체(아무리 진보적인 것처럼 보이더라도)만큼 중요할 것이다. 그러나 바로 그 때문에, 소련의 통계는 "일하는 여성"이나 "기타 등등"이라는 항목 아래 하인의 존재를 숨기고 있는 것이다!

어느 가족의 어머니가 존경받는 공산당원인데, 집에 요리사도 있고 전화로 가게에 물품을 주문하고 심부름용 자동차도 있다고 치자. 이런 여성의 상황과 평범한 여성 노동자의 상황, 예컨대 가게까지 뛰어가야 하고, 직접 식사를 준비해야 하고, 걸어서 유치원까지 왔다 갔다 해야 하는(실제로 유치원을 이용할 수 있다면) 상황은 공통점이 거의 없다. 아무리 사회주의라는 딱지를 갖다 붙여도 이런 사회적 차이는 숨길 수 없다. 이 차이는 서방 나라의 부르주아 여성과 프롤레타리아 여성 사이의 차이만큼이나 뚜렷하다.

진정한 사회주의 가족이라면, 견딜 수 없고 수치스런 근심 걱정의 일상적 부담을 사회가 제거해 줄 것이므로 어떤 통제도 필요 없을 것이고 낙태와 이혼을 법률로 규제한다는 생각 자체가 성매매 업소나 인신 공양을 떠올리는 것만큼이나 끔찍한 소리로 들릴 것이다. 10월 혁명으로 제정된 법률은 그런 가족을 향해 대담한 발걸음을 내디뎠다. 그러나 경제적·문화적 후진성은 잔인한 반동을 불러왔다. 테르미도르 반동으로 제정된 법률은 이제 부르주아 모델로 서둘러 후퇴하면서, '새로운' 가족의 신성함 운운하는 거짓말로 그런 후퇴를 은폐하고 있다. 이 문제에서도 사회주의의 파산은 위선적 품위로 은폐돼 있을 뿐이다.

진지한 관찰자들은 특히 아동 문제를 살펴보면서 고귀한 원칙과 추악한 현실의 차이에 충격을 받는다. 집 없는 아이 문제를 해결하려고 가혹한 형사 처벌 조처가 취해졌다는 사실만으로도 여성과 아동을 보호한다는 사회주의 법률이 순전히 위선에 불과하다는 것을 충분히 알 수 있다. 다른 관찰자들은 법률과 행정기관의 형태로 위장된 사상의 관대함과 너그러움에 속아 넘어간다. 궁핍한 어머니, 성매매 여성, 집 없는 아이들을 보면서 이 낙관주의자들은 물질적 부가 더 늘어나면 점차 사회주의 법률에 피와 살이 붙을 것이라고 스스로 말한다.

이 두 가지 태도 중에 어느 것이 더 틀렸고 해로운지를 가늠하기는 쉽지 않다. 역사에 무지한 사람들만이 사회적 계획의 광범함과 대담함, 그 계획의 최초 실행 단계의 중요성과 그에 따른 엄청난 가능성을 보지 못한다. 그러나 다른 한편으로, 사회적 모순의 심화에는 눈을 감은 채 미래를 지켜보며 스스로 위안을 느끼는 사람들의 수동적이고 근본적으로 무관심한 낙관주의에도 분개하지 않을 수 없다. 그들은 미래의 열쇠를 관료 집단의 손에 공손히 갖다 바치고 있다. 바로 그 관료 집단이 남성과 여성의 권리 평등을 권리 박탈의 평등으로 바꿔 버리지 않았다는 듯이 말이다! 그리고 마치 소련 관료 집단이 자유 대신 새로운 억압을 도입하지 않을 것이라는 굳은 약속이 예언서에 쓰여 있기라도 한 것처럼 말이다.

어떻게 남성이 여성을 노예로 만들었는지, 어떻게 착취자가 남성과 여성을 모두 지배하게 됐는지, 어떻게 일하는 사람들이 노예제에서 스스로 해방되려고 피의 대가를 치르며 싸웠지만 결국 이 사슬을 저 사슬로 바꾸고 말았을 뿐인지, 이 모든 것에 대해 역사는 우리에게 많은 것을 이야기해 준다. 사실, 역사는 다른 이야기는 아무것도 들려주지 않는다. 그러나 어떻게 아이를, 여성을, 인간을 실제로 해방할 것인가? 이와 관련해서 우리가 믿을 만한 모델은 아직 없다. 과거의 역사적 경험은 모두 완전히 부정적이다. 따라서 노동 대중은 무엇보다 통제받지 않는 특권의 수호자들을 철저하게 불신해야 한다는 것이 역사의 교훈이다.